云南省哲学社会科学创新团队成果文库

多维视野下的
清代黔铅开发

The Development of Guizhou
Lead-zinc Deposit in the Qing Dynasty
in Multi-dimensional View

马 琦 著

社会科学文献出版社
SOCIAL SCIENCES ACADEMIC PRESS(CHINA)

《云南省哲学社会科学创新团队成果文库》
编辑说明

《云南省哲学社会科学创新团队成果文库》是云南省哲学社会科学创新团队建设中的一个重要项目。编辑出版《云南省哲学社会科学创新团队成果文库》是落实中央、省委关于加强中国特色新型智库建设意见，充分发挥哲学社会科学优秀成果的示范引领作用，为推进哲学社会科学学科体系、学术观点和科研方法创新，为繁荣发展哲学社会科学服务。

云南省哲学社会科学创新团队 2011 年开始立项建设，在整合研究力量和出人才、出成果方面成效显著，产生了一批有学术分量的基础理论研究和应用研究成果，2016 年云南省社会科学界联合会决定组织编辑出版《云南省哲学社会科学创新团队成果文库》。

《云南省哲学社会科学创新团队成果文库》从 2016 年开始编辑出版，拟用 5 年时间集中推出 100 本我省哲学社会科学创新团队研究成果。云南省社科联高度重视此项工作，专门成立了评审委员会，遵循科学、公平、公正、公开的原则，对申报的项目进行了资格审查、初评、终评的遴选工作，按照"坚持正确导向，充分体现马克思主义的立场、观点、方法；具有原创性、开拓性、前沿性，对推动经济社会发展和学科建设意义重大；符合学术规范，学风严谨、文风朴实"的标准，遴选出一批创新团队的优秀成果，根据"统一标识、统一封面、统一版式、统一标准"的总体要求，组织出版，以达到整理、总结、展示、交流，推动学术研究，促进云南社会科学学术建设与繁荣发展的目的。

编委会

2017 年 6 月

目 录

序 ·· 001

前　言 ··· 001

第一章　清代黔铅开发与产业兴衰 ··························· 001
第一节　清代铅锌的用途、供需与矿政演变 ················ 001
第二节　清代前期黔西北的社会变革与黔铅开发 ········· 011
第三节　清代黔铅采冶技术及其特征 ····················· 016
第四节　清代中后期全国铅锌矿产中心的形成及演变 ······· 029

第二章　清代黔铅矿厂与厂务管理 ··························· 041
第一节　清代黔铅矿厂置废及其时空分布 ················ 041
第二节　莲花特大白铅厂 ····································· 058
第三节　福集大型白铅厂与柞子大型黑铅厂 ············· 070
第四节　其他主要矿厂 ·· 082

第三章　清代黔铅产销关系与储备调节 ··················· 095
第一节　黔铅产量波动 ·· 096
第二节　官铅运销量变化 ····································· 104
第三节　官铅采办与厂店储备 ······························ 120

第四章　清代黔铅运销与管理 ……………………………………… 131

第一节　联运枢纽与局店销售 ………………………………… 131

第二节　陆路分运与管理 ……………………………………… 139

第三节　水路长运的管理与监督 ……………………………… 156

第五章　清代黔铅矿业与贵州经济发展 ……………………… 176

第一节　矿业人口与外来移民 ………………………………… 176

第二节　矿区物质供给与农矿业发展 ………………………… 190

第三节　矿业带动下的交通、商业与城镇发展 ……………… 202

第六章　清代黔铅矿务与贵州地方行政 ……………………… 209

第一节　黔铅矿利与贵州财政 ………………………………… 209

第二节　矿政兼顾下的地方行政 ……………………………… 226

第三节　矿政冲突、协调及其影响 …………………………… 235

结语　多维视野下的清代黔铅开发 ………………………………… 245

主要参考资料 ………………………………………………………… 250

后　记 ………………………………………………………………… 258

序

继《国家资源：清代滇铜黔铅开发研究》后，马琦又一本关于清代西南边疆矿业研究的力作即将付梓，作为他在该领域研究的见证者，在表示祝贺的同时，我更愿意将其十年来曾经与我分享的研究旨趣和多维视野拓展的体会贡献出来。

以往学界在地方经济开发史视角下研究矿业开发史或矿业经济地理的成果盈篇累牍，但却常常陷于一些问题难以解决的困境。历史上，我们的先民很早就认识各类矿种，但某些矿种真正意义上的大开发则晚于矿种认识很多年。例如"铅"的大规模开发利用就是典型的例子。早在7000多年前，人类已经认知了金属铅。我国文献中，《史记·夏本纪》称青州有"丝、枲、铅、松、怪石"① 等物产，《管子·地数篇》说"上有铅者，其下有银"，《史记·货殖列传》载"江南出柟、梓、姜、桂、金、锡、连、丹沙、犀、瑇瑁、珠玑、齿革"，《史记集解》徐广注曰："（连）音莲，铅之未链者。"② 据此推论，早在公元前2000年的夏朝，先民就已经认知了金属矿物铅，先秦时代将尚未冶炼的铅矿称为"连"，并知晓了铅银伴生矿。青铜时代，青铜器铸造中已经用了铅，铅主要作为铸造青铜器的配制原料使用。然而，作为铸钱的币材，铅则是严禁的。《史记·平准书》指出郡国犯奸铸币的重要特征是在铜钱中"杂以铅锡"，致"钱多轻"，故"县官以令禁之"③。说明西汉铸钱禁止掺杂铅锡。此后历代铸币几乎都禁"杂铅锡"，避免劣币泛滥，扰乱国家币制稳定。故在很长的历史时期，铅主要作为铸造铜制器皿的配制原料使用，铅的用途和开发极其有限。但是

---

① 《史记》卷2《夏本纪》，中华书局，1959，第55页。
② 《史记》卷129《货殖列传》，第3268页。
③ 《史记》卷30《平准书》，第1430页。

到了清代，深埋于西南边疆少数民族聚居区的黔铅得以大规模开发，其驱动因素就不能简单地局限于地方经济视角，而必须结合铅的用途扩大及其在国家战略层面价值意义的提升而综合考量。基于此，马琦以多维视野展开清代黔铅开发研究。

首先，作者在国家资源视野下研究清代黔铅开发。人类社会就是利用自然资源的发展史。矿产是自然资源的重要构成部分，但对矿产资源的利用程度则取决于人类对资源的认识水平和利用技术。进入文明时代，人类对资源的利用日趋多样化、复杂化，形成了自然人和国家两类资源利用主体。个体的自然人为了生存和更好的生活而不断加深对资源的认识和利用；而国家往往掌握部分特种资源，如作为币材资源的铜进行垄断性开发，以保证全国的币制稳定、经济安全和社会发展。马琦以国家资源观为切入点，对清代币制进行充分研究，发现清朝康乾盛世时期，经济快速发展，导致货币需求量剧增，而原有的货币铸造发行规模已不能满足社会经济发展的需要，出现"钱荒"①。为了解决"钱荒"，国家一方面允许外洋白银流入，另一方面被迫调整钱法，扩大币材的来源、加大铸币量。正如马琦研究所指出的，康熙、雍正时期钱法调整中的一大特点是加大了制钱中的铅含量，形成"铜六铅四"的配铸比来应对铜的供应不足，以满足国家的铸币需求，铅成为清代仅次于铜的重要币材。马琦研究得出"从雍正二年至道光八年，黔铅总产量达8.72亿斤，年产839万斤，其中，白铅产量占清代全国的67%~84%，绝大多数用于供给中央及各省鼓铸"，将黔铅开发上升到国家特控资源和国家经济安全的高度，这是矿业开发史研究的重大突破。

其次，在国家安全视野下研究黔铅开发。孙子曰："兵者，国之大事，死生之地，存亡之道，不可不察也。"进入热兵器时代的现代战争实际上是资源消耗的对抗。清代处于冷热兵器混用时代，热兵器在战争中的作用日益凸显，具有军事价值的矿产资源成为提高武器性能、保障军队战力、巩固国防安全的关键。火药在我国很早就应用于军事领域，并发明了火药燃烧产生高压气体推进发射物急速运动的射击类杀伤性武器。宋元以来，

---

① 袁一堂：《清代钱荒研究》，《社会科学战线》1990年第2期。

我国火器的发射物主要是石块、铅丸和铁弹，而铅以其熔点低、硬度弱、可塑性强及有毒性等特点，逐渐成为明清时期火器弹丸的标配，"制备铅弹，以供枪炮之用"①，铅便成为重要的军事战略资源。因此，马琦将黔铅开发与清代军事装备发展，以及边疆重大战事结合起来研究，发表了《铜铅与枪炮：清代矿业开发的军事意义》②一文。他又在本书研究中进一步深化，发现在黔铅大规模开发之前，清代军铅严重短缺，军队"枪手演习，止放空枪，从未装入铅子打把，似此则信手高低，漫无准则"③。雍正时期黔铅开发全面展开，故从雍正七年开始，清军训练一律"用铅子打把"④。马琦研究得出"清军火器常规操演，每年所需军铅在 20 万～26 万斤上下，这些黑铅绝大多数产自贵州"。黔铅开发保障了清军火器弹丸的有效供给，黔铅的军事用途在历次维护统一和边疆安全的重大战役中得到充分体现，康熙、雍正平定准噶尔时，清军已能"炮火铅弹，多带备用"⑤。乾隆征缅战争中，云贵总督彰宝奏："军营火药铅弹前已运过五万五千余斤，现在腾越存贮尚多。"⑥ 虽然军铅并非全部产自贵州，但清军装备改善、重大边疆战事中铅弹供给充足与黔铅大规模开发的时间吻合，折射出黔铅开发在军备战略物资与国家安全方面所发挥的特殊作用。

再次，在国家治理的视角下探讨矿产资源开发、区域经济发展与边疆社会稳定之间的互动关系。马琦通过对清代黔铅矿分布和开发区域的细致考察，指出清代黔铅开发的重点地区位于贵州西北部的彝、苗等少数民族聚居区，该地元代为部落首领充任"蛮夷官"的辖制区⑦，明代为土司辖地，国家只能通过土司对该区域和当地少数民族进行间接管理。明代虽然急需铅矿资源，但无法深入土司辖区进行大规模开采。清代黔铅开发得益于两个重大的政策调整：其一，在边疆少数民族地区实施大规模"改土归

① 《大清高宗皇帝实录》卷 175，乾隆七年九月丁丑。
② 马琦：《铜铅与枪炮：清代矿业开发的军事意义》，《中国矿业大学学报》（社会科学版）2012 年第 2 期。
③ 《大清世宗皇帝实录》卷 84，雍正七年闰七月乙亥。
④ 《大清世宗皇帝实录》卷 84，雍正七年闰七月乙亥。
⑤ 《大清世宗皇帝实录》卷 107，雍正九年六月甲午。
⑥ 《大清高宗皇帝实录》卷 847，乾隆三十四年十一月，是月。
⑦ 陆韧：《元代湖广行省溪洞地理环境下的蛮夷官制》，《中国历史地理论丛》2015 年第 1 期。

流"，清康熙三年（1664）平定水西宣慰使安坤叛后，设置为大定府，下辖黔西、平远、威宁三州和毕节县，使黔铅主要矿区从土司间接管理变为国家直接治理，为国家主导下的黔铅大规模开发和战略资源全面管控创造了条件；其二，马琦研究发现，改土归流使边疆民族地区国家治理逐步深入的同时，自康熙时代起，政府实施了具有区域导向性的"开边禁内"的矿业开发政策。"改土归流"与"开边禁内"两项边疆民族地区国家治理政策的互动作用，促使西南边疆大规模改土归流的同时，为国家大规模资源开发创造了条件。黔铅的兴盛吸引了大量的内地移民，促进了黔西北的垦殖开荒和水利兴修，带动了贵州工矿业、交通运输业、商业贸易和城镇的发展，而黔铅产销所产生的巨额收益也成为贵州地方政府进行公共事业建设和社会经济管理的主要财政来源。国家资源开发与地方经济发展、边疆社会稳定三者之间相辅相成的良性互动得到了有力诠释。

最后，用历史经济地理与经济史的理论和方法，对清代黔铅开发进行了全方位的实证研究和量化分析，这是该书用力最深勤、研究最精到、创新最突出的地方。马琦研究发现黔铅采冶地虽然在贵州，但作为国家战略资源的需求则遍布全国各地，影响国家经济、军事、政治等诸多领域，所以清代黔铅开发研究必须跳出了地方开发史的窠臼和主要运用地方志的局限，以多维的视野进行国家全局性的思考，并在全国范围内收集档案、实录、会典、方志等资料。例如长期困扰研究者的矿产量估算问题，马琦便在清宫中档中找到了雍正至道光时期相关官员向中央上报的黔铅逐年生产、贮存、购销、运输奏报，以及地方志中无法反映的黔铅开发制度体系、地方官兼职矿务管理的运作机制等方面的资料。在大量新发现资料的支撑下，作者在清代黔铅开发的市场需求、产地转移、采冶技术、政府影响与产业兴衰；清代黔铅矿厂运作、抽买制度与管理机制；清代黔铅产销关系演变与国家战略资源储备调节；黔铅运输交通地理与分销渠道；黔铅开发与贵州经济发展；黔铅矿务与贵州地方行政六个方面对清代黔铅开发进行了迄今为止最系统、最全面的实证研究。多维视野下的研究思考和全方位的资料收集，为该书取得超迈前人的研究进展奠定了基础，成为矿业开发史研究方法创新的典范，更能客观准确地揭示清代黔铅开发的地位、作用和影响。

当作者通过扩大视野，将清代黔铅开发研究引向国家资源、国家安全、国家治理层面而取得重大突破时，我们不难发现，作者忽略了一些对后世影响深远的地区性问题的思考。例如该书就缺乏生态环境史视野下的黔铅开发的研究，贵州铅锌矿集中的黔西北地区是典型的喀斯特地貌，其生态脆弱，加之清代150余年传统采冶方式下的高强度黔铅开发，必然造成难以逆转的生态危机。黔铅开发的衰败除了作者书中探寻的原因外，生态环境的破坏使黔铅开发无以为继也是重要原因。黔铅开发辉煌退去之后造成的石漠化，成为当地居民长期深度贫困的重要原因，其影响至今，使黔西北成为全国14个连片特困地区的扶贫攻坚难度最大的滇黔桂石漠化区的核心地带。因此生态环境史视野下的矿业开发史研究，理应成为研究者的关注重点。再有，清代"开边禁中"政策下西南边疆矿业开发中的民族关系、边疆社会变迁、生产生计方式变化等问题，也值得深入探讨或专题研究。因此该书拓展了清代黔铅开发研究的思考维度，取得了重大的突破，然仍有许多问题需要去拓展、去思考、去探索，期待作者继续努力，不断创新。

陆 韧

云南大学呈贡校区天水家园

2018 年 3 月 30 日

前　言

资源是人类社会赖以生存和发展的基础，对战略性资源的管控是国家或政权关注的重大问题，古今中外皆然。探讨古代国家认识、开发、利用战略资源的实践过程，总结、归纳传统社会管控战略资源的政策、措施及其成败得失，可为现代国家提供历史借鉴。因此，古代资源开发研究一直是中国古代史、经济史、矿业史、历史地理等学科的热点问题。

矿产资源分布不均衡，且不可再生，替代性差，在资源中具有重要地位。在中国矿产资源开发史中，清代矿产资源开发成就最为突出，以滇铜、黔铅采冶为代表。清代滇铜开发研究起步较早，成果丰硕；然而作为与滇铜齐名的黔铅，其研究成果则寥寥无几。有鉴于此，本书在前人研究基础上，对清代黔铅开发进行系统性研究。

一　黔铅是清代国家战略资源

黔铅是清代文献中的专有名词，是指贵州所产的金属锌和金属铅。因铅与锌在清代统称为铅，别以黑白二色。清代铅锌主要用于鼓铸制钱。乾隆《钦定大清会典则例》载，顺治元年（1644）"以红铜（金属铜）七成、白铅（金属锌）三成配搭鼓铸"，康熙二十三年（1684）改为"铜六铅四配铸"，雍正五年（1727）变为铜铅各半，乾隆五年（1740）改"用红铜五十斤、白铅四十一斤八两、黑铅（金属铅）六斤八两、点铜锡（金属锡）二斤，配搭改铸青钱"，乾隆五十九年（1794）后恢复黄钱鼓铸，以铜六铅四搭配。① 可见，锌是清代制钱的主要原料，配铸比例长期稳定

---

① 乾隆《钦定大清会典则例》卷四十四《户部·钱法》；嘉庆《钦定大清会典事例》卷一百七十三《户部·钱法》。

在 40% 以上。

清代前期，随着铸钱量的持续扩大，币材锌的用量亦从顺治十八年（1661）的 105 万斤增至乾隆二十五年（1760）的 962 万斤。[①] 据笔者研究，从雍正二年（1724）至道光八年（1828），黔铅总产量达 8.72 亿斤，年产839 万斤，其中，白铅产量占清代全国产量的 67%~84%，绝大多数用于供给中央及各省鼓铸。[②] 铅在清代制钱配铸中的比例过低，且仅在鼓铸青钱时掺用，作为币材的用量有限。但是，铅在清代的军事用途，即制造火器弹丸却长期被学界所忽视。笔者曾专门探讨过这一问题，认为清军火器常规操演，每年所需军铅在 20 万~26 万斤上下，这些黑铅绝大多数产自贵州。[③]

由此可见，清代贵州是全国铅锌的最主要产地，承担着京师及各省铅锌币材的供给重任。黔铅关系全国货币铸造和经济运行，是国家重要的经济战略资源。同时，清代军队所需军铅绝大多数来自贵州，黔铅是制造鸟枪、火炮弹丸的主要原料，关系清代的军备制造和国家安全，是重要的军事战略资源。基于经济和军事两方面，黔铅属于清代国家战略资源。

二　学术史评述

在清代，黔铅与滇铜均为国家战略资源，关系全国货币铸造和军备制造，理应铜铅并重。乾隆年间，谢圣纶称："黔中产铅最富，岁运京局数百万，以资鼓铸，与滇南铜厂均为国计民生所利赖。"[④] 但地方官员却重铜轻铅。乾隆四十年（1775），吏部奏称："窃思运京铜斤，关系户、工二局鼓铸，固应上紧趱运，严定处分，而外省派赴滇黔诸省采办铜斤等项，亦均关紧要。……且运京铅锡，与铜斤事同一例，原例内专言铜斤，不及铅锡，立法亦未详备。"[⑤] 嘉庆十一年（1806），上谕内阁："京运铜铅攸关鼓铸，

---

① 马琦：《国家资源：清代滇铜黔铅开发研究》，人民出版社，2013，第 29 页。
② 马琦：《清代黔铅的产量与销量：兼对以销量推算产量方法的检讨》，《清史研究》2011年第 1 期。
③ 马琦：《铜铅与枪炮：清代矿业开发的军事意义》，《中国矿业大学学报》（社会科学版）2012 年第 2 期。
④ 谢圣纶：《滇黔志略》卷二十四《物产》，乾隆刻本。
⑤ 《大清高宗皇帝实录》卷九百九十七，乾隆四十年闰十一月，吏部奏。

乾隆年间曾钦奉谕旨，特派藩臬大员经理其事，业经定有章程，系指滇铜而言。其实钱局需用铜、铅并重，近年以来各该省办理拘泥，于滇铜过境之日尚知照料催趱，而于铅船到境时则不复留意，以致节年京局需用铅斤多有迟滞，殊于鼓铸有碍，嗣后铜船铅、船沿途经过之处，著责成派出之各该省藩臬等一体实力催趱，毋得少有延误。"①

清代重铜轻铅的思想导致现存记载滇铜黔铅的文献多寡不均。关于清代滇铜的记载，除了实录、政书、地方志等文献之外，还有《滇南厂矿图略》《云南铜志》《铜政便览》等专门性文献，史料较为集中；而黔铅的记载则散见于档案、正史、政书、奏疏、方志、文集等不同类型的文献，史料搜集难度较大。清代重铜轻铅的思想也影响着现代学者的研究视野。清代滇铜研究持续长达一个世纪，成果丰硕，堪为清代矿业研究的代表；而黔铅进入学术视野才短短十余年，研究成果寥寥。

2007年，温春来的《清前期贵州大定府铅的产量与运销》是第一篇专门研究清代黔铅的论文，作者在考察清代前期大定府铅矿产量的基础上，对其运输和销售进行了梳理。② 2010～2015年，笔者发表了一系列关于清代黔铅研究的论著，分别探讨了清代黔铅兴盛的原因和背景、采冶技术、矿厂分布、产销量变化、运输路线、京运制度等方面的问题，并以滇铜黔铅为例，考察了清代的矿业布局、奏销制度及其军事用途，③ 极大地推进了清代黔铅研究进程，扩展了清代矿业的研究视野。

---

① 《大清仁宗皇帝实录》卷一百六十二，嘉庆十一年六月，上谕内阁。
② 温春来：《清前期贵州大定府铅的生产与运销》，《清史研究》2007年第2期。
③ 参见马琦《清代黔铅兴盛的原因与背景》，《贵州大学学报》2010年第3期；《清代黔铅运输路线考》，《中国社会经济史研究》2010年第4期；《清代黔铅的产量与销量：兼对以销量推算产量方法的检讨》，《清史研究》2011年第1期；《矿业监管与政府调控：清代矿厂奏销制度述论》，《中国经济史研究》2011年第3期；《试论清代黔铅的地理分布》，周长山、林强主编《历史环境与边疆——2010年中国历史地理国际学术研讨会论文集》，广西师范大学出版社，2012；《铜铅与枪炮：清代矿业开发的军事意义》，《中国矿业大学学报》（社会科学版）2012年第2期；《"莲花"与"妈姑"：清代最大矿厂名实考辨》，《贵州文史论丛》2012年第3期；《清代黔铅的采冶技术及其特征》，李昆声、黄懿陆主编《中华历史文化探源：云南抚仙湖与世界文明学术研讨会论文集》，云南人民出版社，2012；《清代前期矿产开发中的边疆战略与矿业布局：以铜铅矿为例》，《云南师范大学学报》（哲学社会科学版）2012年第5期；《国家资源：清代滇铜黔铅开发研究》，人民出版社，2013；《清代黔铅京运研究》，《中国历史地理论丛》2014年第2期；《清代皇帝矿产资源观与矿政演变：以铜铅矿为例》，《文山学院学报》2015年第2期。

近十年来，虽然清代黔铅研究成果逐渐增多，但一些关键性问题仍未得到解决，如清代黔铅开发对贵州经济社会的影响、清代黔铅开发的地位和作用。同时，随着新材料的陆续发掘，已经研究过的问题有进一步完善和深化的空间，如清代黔铅产量、矿厂、管理等问题。最为重要的是，迄今为止，还没有一部关于清代黔铅研究的系统性专著，这对于学术界全面认识并了解清代黔铅开发至关重要。有鉴于此，本书在前人研究的基础上，通过大量发掘新资料，对清代黔铅开发进行了系统性研究。

三 研究内容和主要资料

本书研究内容包括以下六个方面。（1）清代黔铅开发与产业兴衰，主要论述清代黔铅兴衰的原因和背景，从市场需求、产地转移、采冶技术、政府影响四个方面分析清代黔铅的兴盛与衰落。（2）清代黔铅矿厂及其管理。在考证矿厂置废和时空分布的基础上，重点考察莲花、福集、柞子等大型铅锌矿的产量演变、抽买制度、管理机构等内容。（3）清代黔铅产销关系与储备调节。以清代档案中的奏销数据重建黔铅产销量序列，分析产销量变化原因，突出厂店储备制度在调节产销关系中的作用。（4）清代黔铅运销与管理。考证清代黔铅运销的数量与路线，复原黔铅的运销网络和管理体系，揭示京运的动态过程。（5）清代黔铅开发与贵州经济发展。在考证黔铅矿业人口和矿区所需物资的基础上，分析黔铅开发对贵州农业、手工业、交通运输业、商业贸易及城镇发展的影响，考察清代黔铅开发与贵州经济发展的关系。（6）清代黔铅矿务与贵州地方行政。通过考察黔铅矿利收入促进贵州公共事业发展、矿政兼顾下贵州地方行政的演变、矿政冲突对贵州地方行政的影响，分析清代黔铅开发对贵州社会的影响。

本书的主要资料来源包括五个方面。一是清代档案。如中国第一历史档案馆、台北数位典藏的清代档案，已经正式出版的《康熙朝汉文朱批奏折汇编》《雍正朝汉文朱批奏折汇编》《宫中档雍正朝奏折》《宫中档乾隆朝奏折》《明清档案》等奏折汇编。二是清代实录、政书。如《清实录》和清代五部会典、三部会典事例、两部户部则例。三是地方志书。现存清代贵州的省、府、州、县志及《黔南识略》《黔南职方纪略》《黔记》等地方史书。四是云贵督抚奏折。如现存杨雍建、高其倬、鄂尔泰、裴宗锡、孙玉庭、朱理、贺长龄等云贵总督、贵州巡抚的奏折汇编和诗文集。五是近现代矿冶调查和实地考察。如民国时期贵州省政府编《今日贵州》，唐八公、汪允庆等人的调查文章，以及实地考察发现的碑刻资料等。

清代黔铅开发与产业兴衰

黔铅是清代文献中的专有名词，包含白铅和黑铅，是指贵州所产的金属锌和金属铅。清代黔铅兴起及全国铅锌矿产中心在贵州的确立，不但是全国铅锌矿产用途扩大、市场需求增加的结果，而且是矿政演变和矿产地转移的产物，并与政府运作密切相关。清代黔铅生产涉及面广，不但有探矿、采矿、矿石、冶炼等技术层面问题，而且有以矿厂为单位、以厂官为代表的组织和管理问题，还有以矿课、产量为指标的生产规模及演变问题。这些因素是考察清代黔铅矿业兴衰过程和分析其原因的主要方面。

第一节　清代铅锌的用途、供需与矿政演变

矿产开发与其用途密切相关。我国金属铅的开发历史悠久，商周时期的青铜器即为铜、锡、铅合金，铅制的酒器和武器在商代墓葬中也有发现。[1] 但是，自从进入铁器时代以后，铅的用途发生了变化，主要作为币材和丹粉使用，如北宋政和七年（1117），"十一月，尚书省言：'徐裎以东南黑铅留给鼓铸之余，悉造丹粉，鬻以济用'"。[2] 此外，明清之际是我国从冷兵器向热兵器转变的重要时期，以火炮和鸟枪为代表的火器在战争

---

①　夏湘蓉、李仲均、王根元等编著《中国古代矿业开发史》，地质出版社，1980，第20页。
②　脱脱：《宋史》卷一百八十五《食货志下七·坑冶》。

中的作用日益突出。铅是制造火器弹丸的主要原料，其军事用途长期被学界所忽视。[①]

我国金属锌的开发利用相对较晚。明末宋应星《天工开物》中有用红铜和炉甘石冶炼黄铜的记载[②]，其后方以智《物理小识》中亦有相似的记载："铜有白赤，加倭铅与炉甘石者皆黄。""其曰倭铅，非矿铅也，乃炉甘石泥罐火炼而成者，与铜收伏，入火即成烟飞去。"[③] 明代所称的倭铅即金属锌，主要以炉甘石为原料提炼。据自然科学史学者的研究，明嘉靖朝前后是我国冶炼金属锌的初创时期。[④] 明清时期，锌的用途主要是铸造制钱。如明万历四年四月，工部言："制钱所以足国便民，然必使民不敢盗铸，而后可以经久，宜以五铢钱为准，用四火黄铜铸金背，二火黄铜铸火漆，务求铜质精美，其粗恶及渣滓者罪之，……督以侍郎何□，责成员外郎沈文及主事韩济分理。"[⑤] 黄铜即铜锌合金，不过万历朝铸钱所用黄铜乃炉甘石点炼红铜而成，以单质金属锌配铸制钱则始于天启元年（1621）[⑥]。

由此可见，明清时期的铅锌不但是主要的币材，也是火器制造的主要原料。虽然黄铜（铜锌合金）也被广泛用于制造生活器皿和宗教塑像，如铜盆、佛像等，而铅亦被用于制造丹粉，但因缺乏系统的统计资料，本书不予涉及。

一 明清之际的铸币、火器制造与铅锌需求

明代币制多变，赵轶峰将其划分为四个阶段：洪武七年（1374）以前的铜钱时期、洪武八年（1375）至宣德十年（1435）的纸钞时期、正统元

① 马琦：《铜铅与枪炮：清代矿业开发的军事意义》，《中国矿业大学学报》（社会科学版）2012 年第 2 期。

② 宋应星：《天工开物》卷下《五金》。

③ 方以智：《物理小识》卷七《金石类》。

④ 周卫荣：《中国古代用锌历史新探》，《自然科学史研究》1991 年第 3 期。

⑤ 《大明神宗显皇帝实录》卷四十九，万历四年四月。

⑥ 周卫荣、樊祥熹、何琳：《中国古代使用单质锌黄铜的实验证据——兼与 M. R. Cowell 商榷》，《自然科学史研究》1994 年第 1 期。

年（1436）至嘉靖初的银钱钞三币兼用时期、16 世纪 20 年代后货币白银化完成的银两制时期。① 但正如张宁所论，明代后期，虽然"铜钱的流通一直处于危机状态，近半地区为'不行钱之地'，流通铜钱的地区受到官铸钱不足和私铸泛滥的困扰"。但是，"宝钞退出货币流通后，除了某些落后地区和农村在日常交易中使用实物媒介外，白银和铜钱成为货币流通的主力，确立了银钱并用币制"。② 虽然铜钱一直是明代法定货币，但从实际流通情况来看，前期以纸钞为主，后期以白银为主，而且"明代流通的铜钱中，明钱只占一小部分，大部分是唐宋钱"。③ 故明代制钱铸造不但时断时续，正统、景泰、天顺、成化、正德等朝根本没有开铸，而且数量较少。如彭威信称："明朝钱比元代多，但比其他朝代少，尤其是万历以前，不但比不上宋代，就连汉唐也远不如。""明钱不但铸造少，而且有一部分流到国外去。"④

再来看明代钱法，即币材种类和比例。虽然据《大明会典》记载，洪武朝铸钱用"生铜"，弘治时"每铜一斤加好锡二两"，嘉靖万历时期以"二火黄铜"或"四火黄铜"与"水锡"配铸。⑤ 但仍无法确定币材的种类及配比。兹将自然科学史学者通过现代化学检测和光谱定量分析对明代制钱的检测结果列表如下。

表 1-1　明代制钱币材平均含量*

单位：%

	铜	铅	锡	铁	锌
洪武通宝	75.14	15.29	8.42	0.21	—
永乐通宝	72.71	17.49	7.76	0.06	—
宣德通宝	73.64	18.63	6.52	0.20	—
弘治通宝	76.13	13.87	7.28	0.12	—
嘉靖通宝	71.98	—	6.45	0.19	15.91

① 赵轶峰：《试论明代货币制度的演变及其历史影响》，《东北师范大学学报》（哲学社会科学版）1985 年第 4 期。
② 张宁：《铜钱危机视野下的明代币制变革》，《湖北大学学报》（哲学社会科学版）2014 年第 6 期。
③ 彭威信：《中国货币史》，上海人民出版社，1958，第 442 页。
④ 彭威信：《中国货币史》，第 433、472 页。
⑤ 李东阳：《大明会典》卷一百九十四《铸钱》。

续表

	铜	铅	锡	铁	锌
隆庆通宝	70.15	—	4.89	0.10	21.11
万历通宝	65.83	—	1.35	0.31	28.55
泰昌通宝	63.43	—	0.15	0.22	31.91
天启通宝	63.27		2.47	0.38	28.80
崇祯通宝	61.67		0.32	0.28	33.93

此表据赵匡华、周卫荣、郭保章、薛婕、刘俊祺《明代铜钱化学成分剖析》(《自然科学史研究》1988 年第 1 期)文中表 1《明代铜钱化学成分分析结果》中的数据统计而来。

从表 1 - 1 可见,除了铁作为杂质不计外,明代前期和后期的币材种类和比例有显著的变化:前期从洪武至弘治,制钱由铜、铅、锡三种币材构成,其平均百分比分别为 74.4%、16.32% 和 7.50%;后期从嘉靖至崇祯,制钱由铜、锌、锡三种构成,其平均百分比分别为 66.06%、26.70% 和 2.61%。也就是说,在明代后期,锌代替了铅,成为仅次于铜的重要币材;而且铜和锡的比例逐渐下降,锌的比例急剧增加。

因史料缺乏,明代铸币量无法确定,也无法详细考证币材的实际需求。但根据前文对现有研究成果的梳理可知,明代铸钱量相对较少,铅锌币材需求量亦应不大。

清代沿用明代后期银钱并用的货币制度。彭威信称:“清朝的币制,大体上是银钱平行本位;大数用银,小数用钱。”[1] 关于清代制钱铸造,《清史稿》言:“世祖定鼎燕京,大开铸局,始定一品。于户部置宝泉局,工部置宝源局。”[2] 康熙《钦定大清会典》钱法篇亦载:“国家开局铸钱,颁行天下,所以重王制、利民用也。自部铸外,各省镇或设或停,随时更定,其设官监铸、采铜搭放,咸有成法,私铸及行使废钱,禁例尤严。”[3] 即中央设宝泉局和宝源局负责鼓铸,分隶户、工二部,地方各省钱局随时调整。

至于清代前期铸钱量,前辈学者多有论述,众说纷纭。如彭威信认

---

① 彭威信:《中国货币史》,第 521 页。
② 《清史稿》卷一百二十四《食货志五·钱法条》。
③ 康熙《钦定大清会典》卷三十一《户部·钱法》。

为，顺治、康熙、雍正三朝《清实录》中每年岁末铸钱数仅为户部宝泉局铸钱量，但无具体例证。① 30 年后，萧清以《清文献通考》中的相关记载，认为清代铸钱量大致在三四十万串至六七十万串。② 其后，杜家骥将《清实录》中的数据看作中央户、工二局铸钱量之和，并对彭威信提出批评。③ 而杨端六则将顺治、康熙、雍正三朝《清实录》中每年岁末铸钱数作为清代全国铸钱量。④

有鉴于此，拙著《国家资源：清代滇铜黔铅开发研究》曾对清代前期铸钱量进行了系统考证，认为《清实录》中记载的岁末铸钱量仅为中央铸钱量的 72.8%，实为户部宝源一局所铸，并据此比例推算出顺治、康熙、雍正三朝中央铸钱量，同时，考证乾隆十年（1745）中央铸钱量为 14.94 亿文和乾隆二十年（1755）前后各省铸钱量约 30.91 亿文。⑤

表 1－2　顺治、康熙、雍正三朝中央铸钱数量

单位：文

时　　间	《清实录》所载铸钱量	推算中央铸钱量	时　　间	《清实录》所载铸钱量	推算中央铸钱量
顺治十八年	291584600	400528297	康熙四十年	238065800	327013462
康熙五年	295879800	406428297	康熙四十五年	238075800	327027198
康熙十年	290475830	399005261	康熙五十年	374933400	515018407
康熙十五年	231365360	317809560	康熙五十五年	398969900	548035577
康熙二十年	294851480	405015769	康熙六十年	437325800	600722253
康熙二十五年	289869800	398172802	雍正五年	723528000	993857143
康熙三十年	289921050	398243201	雍正九年	1048759660	1440603929
康熙三十五年	237063050	325636058			

如果笔者考证无误，则表明清代前期铸钱量增长显著，仅中央铸钱量从顺治十八年的 4 亿文增加至乾隆十年的 14.94 亿文，如再各省局铸

① 彭威信：《中国货币史》，第 827 页。
② 萧清：《中国古代货币史》，人民出版社，1984。
③ 杜家骥：《清中期以前的铸钱量问题——兼析所谓清代"钱荒"现象》，《史学集刊》1999 年第 1 期。
④ 杨端六：《清代货币金融史稿》，武汉大学出版社，2007，第 9 页。
⑤ 参见马琦《国家资源：清代滇铜黔铅开发研究》，人民出版社，2013。

钱量，乾隆二十年前后全国铸钱量应不下 35 亿文，短短百余年内增长了近 8 倍。

铸钱量的增长意味着币材需求的增加，但要考察币材需求量变化还需明确币材的种类、配铸比例及铸重变化。据乾隆《钦定大清会典事例》记载："顺治元年，置户部宝泉局，设炉五十座，铸顺治通宝钱，一面铸宝泉二字，用清文，一面铸年号，用汉文，颁行天下，每文重一钱，以红铜七成白铅（即金属锌）三成配搭鼓铸，每铜百斤准耗十有二斤……二年（1645）题准，铸钱每文重一钱二分。……八年（1651）议准，宝泉局鼓铸制钱，每文改重一钱二分五厘……十四年（1657）题准，宝泉局铸钱改重一钱四分……。康熙二十三年议准，鼓铸制钱每文重一钱，以铜六铅四配铸，……四十一年（1702）覆准，宝泉局鼓铸制钱仍照顺治十四年钱式，每文重一钱四分，每铜百斤准耗九斤，……。康熙五十四年（1715），改配铸为铜六铅四……（雍正）五年定，嗣后铜铅（白铅，即金属锌）各半，配搭鼓铸……十二年（1734）题准，制钱改铸一钱二分……。（乾隆）五年议准，嗣后宝泉、宝源二局鼓铸，按铜铅百斤内，用红铜五十斤，白铅四十一斤八两，黑铅（金属铅）六斤八两，点铜锡二斤，配搭改铸青钱。"[1] 则顺治十八年铸钱 4 亿余文，每人铸重一钱四分，红铜与白铅七三配铸，推算中央铸钱年需白铅（即金属锌）105 万余斤，耗钱不计。康熙二十三年后，铸重改为一钱，则康熙二十五年（1686）约需白铅 99 万余斤。康熙四十一年又改铸重为一钱四文，康熙五十四年配铸改为铜六铅四，则年需白铅 191 万余斤。雍正五年又定铜铅各半，则该年需白铅 434 万余斤，雍正九年（1731）需白铅 630 万余斤。雍正十二年改铸重为一钱二分，乾隆五年改铸青钱，以铜、锌、铅、锡配铸，比例分别为 50%、41.5%、6.5% 和 2%，以乾隆十年中央铸钱量推算，需锌 465 万斤，需铅 72.8 万斤。如以乾隆二十年前后全国铸钱 35 亿文推算，则所需锌 1089 万余斤，需铅 170 万余斤。

此外，值得注意的是，明清时期火器逐渐普及，鸟枪所发铅丸和火炮所设铅弹进一步拓展了铅的用途，而铅的军事用途一直被学界所忽视。笔

---

[1] 乾隆《钦定大清会典事例》卷四十四《户部·钱法》。

者曾撰文论述清代火器配制与军铅需求，[①] 认为清代前期非常重视发展火器，顺治初已有专门的鸟枪兵，康熙三十八年（1699）设立八旗火器营，至少在雍正初年，火器装备就已形成定制："兵千名设立炮十位"，"腹内省分每兵千名，设鸟枪三百杆"，"沿边沿海省分每兵千名，设鸟枪四百杆"，定期实弹演习；并且根据清代不同时期军队数量、枪炮装备比例、弹药消耗比、铅弹回收率推算出和平时期常规操演每年所需军铅在 20 万 ~ 26 万斤之间，如果发生战事，军铅需求则更大。

二 清代前期铅锌供给与矿政演变

清代前期铸币和军事对铅锌的需求越来越大，那么，与需求相对应的供给情况如何？要解答这一问题，首先必须讨论清代前期铅锌的供给方式和来源。清初，以收购旧钱及废旧黄铜器皿为币材的主要供给方式之一。如顺治三年（1646）五月，户部奏："制钱渐广，旧钱日贱，应概革不用。惟崇祯钱暂许行使，其余旧钱悉令送部，每介给价八分，以资鼓铸。"[②] 顺治十六年（1659）收购"旧铸铜钱二十万一千二百一十有奇"[③]。旧钱乃清代以前所铸铜钱，为铜铅锡合金或铜锌合金，而黄铜器皿亦为铜锌合金，仅熔铸即可，无须另行添加锌。只有采办的红铜配铸时才需要锌，然关于清初锌的供给方式则因缺乏史料而无法获知。

然旧钱与旧铜器的数量毕竟有限，势必越收越少，政府不得不另辟蹊径，增加币材供给。康熙十八年（1679），经户部议定的《钱法十八条》颁布，除了继续收购旧钱和旧铜器皿之外，还规定："开采铜铅。凡一切有铜及白黑铅处所，有民具呈愿采，该地方督抚即选委能员，监管采取。"[④] 从矿业政策来看，铜铅矿被排除于"矿禁"政策之外，这是清初以来的重大调整。政府允许商民开采铜铅，以此增加币材产量，缓解供给压

---

① 马琦：《铜铅与枪炮：清代矿业开发的军事意义》，《中国矿业大学学报》（社会科学版）
　 2012 年第 2 期。
② 《大清世祖皇帝实录》卷二十六，顺治三年五月庚戌，户部奏。
③ 《大清世祖皇帝实录》卷一百四十三，顺治十六年十二月丁卯。
④ 《大清圣祖皇帝实录》卷八十五，康熙十八年十月丙寅，户部等衙门会议钱法十二条。

力。在其后的两三年内，河南涉县、浙江富阳、湖南衡永、甘肃凉州等地铜铅矿陆续开采，"照例抽税"①。

但是，铜铅开禁的政策效应并没有达到预期。康熙二十三年九月，九卿等议复管理钱法侍郎陈廷敬疏称："再查产铅铜地方，因地方官收税，种种作弊，小民无利，不行开采。此后停其收税，任民采取，则铜日多而价自平。相应俱照所请，通行各省遵行。"得旨："依议。开采铜介听民自便，地方官仍不时稽察。"② 故政府再次加大政策力度，取消矿税，鼓励开采。然结果并不乐观，如湖南郴州，康熙"十九年（1680）下听民采铜之令，复开葛藤坪、黄泥凹、柿竹园、白水垄、水浪石等处，……。二十三年，偏院丁公莅任，州守陈公以请停：'有限铅锡恩，锡无穷民命，防患未然，以靖地方等事。'剀切上达，院宪灼知郴州大害无逾坑冶，特委衡永郴道朱公，将外来异棍亲临驱逐，一切无名小坑概行封禁，浩荡鸿恩真永垂万世矣。二十四年，奉部文停其抽税，听民采取，可谓损上益下，法良意美者也。在郴民贫苦已极，田畴不足供赋税，乐岁难以糊家口，岂非袖手乐贫不思少沾微息，但目前之十害已觉剥床及肤，后此之深忧更同积薪厝火，岂可贪锱铢微利而贻百世之灾患也哉？"③ 郴州铜铅矿，康熙十九年响应政策而开，康熙二十三年因开矿影响社会稳定而封闭，康熙二十四年（1685）的免税政策也未能引起郴民再次开矿的热情。

就在取消矿税的当年，政府开放"海禁"："凡商贾有挟重赀，愿航海市铜者，官给符为信，听其出洋，往市于东南日本诸夷，舟回司关者，按时直收之，以供官用，有余则任其售于市肆，以便民用。"④ 此后日本洋铜大量进入中国⑤，缓解了币材供给压力。故康熙三十七年（1698），停止旧钱收购。⑥ 康熙四十三年（1704），降旨："闻开矿事情，甚无益于地方，

---

① 康熙《钦定大清会典》卷三十五《课程四·杂赋》金银诸课。
② 《大清圣祖仁皇帝实录》卷一百十六，康熙二十三年九月丙寅。
③ 康熙《郴州总志》卷六《坑冶》，康熙五十八年刊本。
④ 《钦定大清会典》（乾隆朝）卷十四《户部·钱法》。
⑤ 陈希育：《清代日本铜的进口与用途》，载《中外关系史论丛（第四辑）》，天津古籍出版社，1992。
⑥ 《大清圣祖仁皇帝实录》卷一百九十四，康熙三十八年七月辛卯，管理钱法户部右侍郎鲁伯赫奏请："宝泉局中现令收贮废钱，搀铸四年尚属有余，且红铜钱铅多铜少，以致折耗甚多。请将红铜钱、小钱停其交送宝泉局。"

嗣后有请开采，俱著不准行。"① 这意味着对康熙十八年《钱法十二条》中允许铜矿开采政策的否定。

康熙朝后期矿业政策的转变可能只是针对铜矿而言，因为日本洋铜的进口只能缓解铜材的供给压力，而无法改变铅锌币材供不应求的状况。从这一时期的矿业发展来看，铅矿开发仍在继续。如康熙四十九年（1710）三月，工部议复盛京工部侍郎席尔图疏言："锦州采铅请改于辽阳州采取。应如所请。"下旨复议，寻议奏："自改在大碑岭等处采铅以来，将近十年，铅介足用，今席尔图不思事之有无裨益，题请更改，甚属不合。应交吏部议处。"② 次月，吏部遵旨议复："锦州大碑岭等处采铅，奉行已久，今盛京工部侍郎席尔图请改归辽阳州采取，纷更成例，殊属不合，应降二级调用。"③ 这条奏议表明，康熙朝曾在盛京的辽阳州和锦州等地长时间开采铅矿，且锦州大碑岭等处采铅"将近十年，铅斤足用"，可见产量应该不小。

康熙五十一年（1712），因四川总督能泰在奏请"不准行"的情况下仍然开采一碗水矿山④，故皇帝将此事下九卿议。次年（1713），九卿会议结果："除云南督抚雇本地人开矿，及商人王纲明等于湖广、山西地方各雇本地人开矿不议外，他省所有之矿，向未经开采者仍严行禁止，其本地穷民现在开采者姑免禁止。"⑤ 也就是说，除了云南之外，其余各省未开之矿一律禁止。

至于商人王纲明在湖广、山西所开则为铅锌矿。如康熙五十年（1711）复准，"山西沁水县采铅地方，该抚交与商人刨挖"；五十二年题准，"湖南大凑山、黄沙等三处，于一年内开采，获铅税三十六万二千一

---

① 《军机处录副奏折》，康熙四十三年六月十四日，抄录户部奉旨停止开矿咨稿，转引自《清代的矿业》，第68页。
② 《大清圣祖仁皇帝实录》卷二百四十一，康熙四十九年三月辛巳，工部议覆盛京工部侍郎席尔图疏。
③ 《大清圣祖仁皇帝实录》卷二百四十二，康熙四十九年四月丁巳，吏部遵旨议覆。
④ 《大清圣祖仁皇帝实录》卷二百五十二，康熙五十一年十一月辛卯，上谕大学士等；《大清圣祖皇帝实录》卷二百五十五，康熙五十二年五月庚辰，谕大学士等。
⑤ 《大清圣祖仁皇帝实录》卷二百五十五，康熙五十二年五月辛巳，大学士九卿等遵上旨议覆开矿一事。

百余斤"；五十三年（1714）复准，"川省麂子厂，获有黑铅，开采纳课"。① 而王纲明的身份，据康熙五十四年户部尚书赵申乔奏称："商人王纲明领库帑采办铜介，历年悬欠，请停其承办。"其后又言："现在钱局乏铜，商人现有买来铜铅五百五十六万余介，请令交与宝泉局以资鼓铸，其采买铜介，请照旧交各关差、盐差、海差承办。"② 王纲明等人专为政府采办铜铅，以供鼓铸，应为内务府商人。可见，康熙五十四年以前，中央币材的供给方式是由内务府商人领银采办，转购日本洋铜，铅锌则在国内湖南、山西、四川等地开采。

商人办铜迟滞，可能与当年（1715）日本限制铜材出口量有关。针对赵申乔改变币材供给方式的建议，当年十二月，九卿遵旨议复："宝泉、宝源二局需用铜介，请匀交江南等处八省巡抚，择贤能官，动正帑采买；铅由户部发银，给商人采买。"③ 但铅锌仍由内务府商人采买，或购买商铅，或开采铅矿。如雍正三年（1725），据铅商范毓馨等呈称："奴才等三家，康熙四十九年，蒙皇恩赏给湖广矿山，每年节省银五千两，五十三年铜斤腾贵，钱粮不敷分拨工本之用，随将郴州九架夹等处白铅矿暂行告停，只开桂阳一州，所出铅砂不足以供额办，兼之刨挖多年，日出铅砂微细，以致今年发去钱粮空堆桂阳。"④ 但因矿砂衰微，不少矿厂封闭。如康熙十九年所开浙江富阳铜铅矿，次年即停止开采；康熙五十年，"湖南产铅地方山深谷邃，境通黔粤，苗徭杂处，开采不便，永行封闭"；康熙五十三年开四川麂子黑铅厂，五十七年（1718）"川省各厂通行停止"⑤。铅锌产量下降，致使官商采办愈发艰难。康熙五十九年（1720），户部又奏："见在局铅商办不易，桂阳州有上年税铅十二万三千三百十一斤，应令解交京局，并自今五十九年以后，税铅俱停其变价，每年起运，以十分之七解户部，十分之三解工部，配铜鼓铸，仍照商人办铅之例，每

---

① 雍正《钦定大清会典》卷五十三《课程五·杂赋》金银诸课。
② 《大清圣祖仁皇帝实录》卷二百六十四，康熙五十四年六月戊辰。
③ 《大清圣祖仁皇帝实录》卷二百六十六，康熙五十四年十二月甲申。
④ 雍正三年二月初八日，总理户部事务和硕怡亲王臣允详等《奏为奏闻事》，《雍正朝汉文朱批奏折汇编》第四册，第 427～428 页。
⑤ 雍正《钦定大清会典》卷五十三《课程五·杂赋》金银诸课。

斤给水脚银三分。"① 针对官商采办困境，政府一方面扩大铅锌供给方式，即将桂阳州税铅而是运交京局配铸，不再像以前"变价充饷"；另一方面，提高采办价格，如康熙六十一年（1722），因"铅价昂贵，每斤增价二分"。②

但是，随着币材需求的扩大，如果不能提高矿产量，仅仅改变供给方式，难以从根本上解决供求矛盾。因此，从康熙末年开始，政府设立的铅锌矿厂数量激增。除了上文所列各厂之外，康熙五十九年开贵州威宁府观音山黑铅厂，雍正二年开贵州大定府马鬃岭、威宁府七家湾、普安县丁头山和云南罗平州卑块白铅厂，雍正三年复开湖南郴州九架夹白铅厂，雍正七年（1729）复开湖南桂阳州大凑山，新开贵州毕节县大鸡、广西宣化县饶钹山白铅厂。③ 这些矿厂的开设使铅锌产量大增，如雍正八年（1730），贵州巡抚张广泗奏称："马鬃岭、丁头山等厂，并续开之大鸡、砂朱、大兴等厂，每年产铅，除完交课项外，尚约有余铅三四百万斤。"④ 贵州所产铅锌转运永宁、汉口等地售于京商，不但从根本上解决了京师币材的供需矛盾，而且成为此后黔铅京运的先声。

第二节　清代前期黔西北的社会变革与黔铅开发

黔铅的开发历史可以追溯至明代中期，但清初却不见记载，直到雍正时期，黔铅矿业突然呈现出井喷式的发展，而作为黔铅主产地的黔西北地区正是清代前期改土归流的地区之一。因此，本节试图通过清代前期黔西北的社会变革与清代中期矿业开发的时空关联阐释黔铅勃兴的时代特征。

---

① 《皇朝文献通考》卷十六《钱币考四》。

② 乾隆《钦定大清会典事例》卷四十四《户部·钱法》办铅锡。

③ 乾隆《钦定大清会典事例》卷四十九《户部·杂赋上》铜铁铅锡课；雍正二年十一月二十一日，云贵总督高其倬《奏节省铅价调剂钱法折》，《雍正朝汉文朱批奏折汇编》第四册，第54页。

④ 雍正八年三月二十七日，贵州巡抚张广泗《奏报地方政务折》，《宫中档雍正朝奏折》第16辑，第82页。

一 雍正朝以前的贵州铅锌矿开发

贵州铅锌矿开发，明代以前不见于记载。正统十年（1445）六月，巡按贵州监察御史虞祯奏"乌撒卫掌卫事都指挥佥事干羽，欺隐田税，及役军盗矿，宜究其罪"①。景泰七年（1456），"敕监察御史李敏抚捕贵州乌撒等卫盗矿贼徒"②。明乌撒卫隶属贵州都司，康熙二十六年（1687）并入威宁府，在今贵州省毕节市威宁县境，地处黔西北乌蒙山区。乌撒卫盗矿问题比较严重，但均为言明所盗为矿种。成化十四年（1478），政府"封闭乌撒卫天生桥、稻田坝、奈章场等处银峒，以矿脉微细，且密迩夷境，恐生边患"③。可见，正统景泰年间驱逐盗矿之后，政府曾在乌撒卫等处设厂开矿，虽云"银峒"，然据现代矿产调查，黔西北地区炼银矿石多为含银方铅矿，产银同时亦出铅。万历年间的记载更为清晰。万历四十六年（1618），"贵州毕节、乌撒二卫军民王应星等奏开彼处铅厂，以充兵饷"④。可能起先银铅并产，随着含银品位降低，万历时期以产铅为主。

除了黔西北的乌撒之外，还有播州。成化二十二年（1486），刑部左侍郎何乔新奉命迁往播州查勘宣慰使杨爱与其兄宣抚使杨友纠纷，据其调查："成化五年（1469）闰二月内，有忠州等处逃民刘钞等，在于真州长官司管下瞭蛮坎等处，偷挖铅矿，蒙四川布政司左参政陈述等，督同（播州宣慰使）杨辉，将刘钞等赶散，弃下黑铅五百余担，当将前坎填塞。"其后"（杨爱）擅开银场，递年煎银万千余两，黑铅数万余担"⑤。播州宣慰司明代隶属四川，清雍正五年划归贵州，其所辖真州长官司在今贵州遵义市道真县境。可见，成化初年真州长官司境内银铅矿曾被盗采，而其后播州宣慰使杨爱私自开设银厂，银铅并采，所获不菲。此外，据万历《贵

---

① 《大明英宗实录》卷一百三十，正统十年六月，巡按贵州监察御史虞祯奏。
② 《大明英宗实录》卷二百七十，景泰七年九月甲申。
③ 《大明宪宗实录》卷一百七十六，成化十四年三月。
④ 《大明神宗实录》卷五百六十七，万历四十六年三月。
⑤ 何乔新：《椒邱文集》卷三十二《奏议集略》之《题为勘提处置夷情事》，《大明宪宗纯皇帝实录》卷二百八十二，成化二十二年九月，亦有相关记载。

州通志》记载，贵州宣慰司、都匀府、思州府均出铅。①

明末清初，西南经历了长期的战乱，贵州文献中也缺乏铅锌矿开发的记载。康熙十八年颁布《钱法十二条》，开放全国铜铅矿开采。康熙二十一年（1682），贵州巡抚杨雍建奏称："黔地不产铜铅，所属各府州县苗多汉少，不谙使钱，其废铜贼钱自恢复以来，远方商贩陆续赴黔，收买已尽，无从收取，难以开炉鼓铸。"② 两年后，杨雍建再奏："黔地不产红铜，铅锡亦无捐助之人。"③ 但是，田雯所撰《黔书·凯里铅》中详细记载了贵州省都匀府清平县凯里县丞所辖香炉山铅矿采冶的具体过程。④ 田雯于康熙二十七年（1688）至三十年（1691）任贵州巡抚，表明当时凯里产铅。另据康熙三十七年所撰《贵州通志》记载，都匀府府治和思州府都坪司均产铅，且有明确的产地。⑤

那么，杨雍建为何称"黔地不产铜铅"？第一种解释：康熙十八年开放铜铅矿开采的目的是缓解币材供给压力，当时以铜和白铅配铸制钱，此处所谓的"铅"可能专指白铅，即金属锌。杨雍建所指应为不产白铅，凯里、都匀、思州都坪所产均为黑铅。第二种解释：贵州传统铅产地的黔西北虽早已"改土归流"，但流官根本无法掌土治民，而播州并非黔省管辖，以杨雍建为首的贵州地方政府根本无法对全省矿产资源进行全面调查。

二　清代前期黔西北的社会制度变革与黔铅开发

康熙三年（1664）闰六月，吴三桂率兵进剿水西宣慰使安坤，五年（1666）二月，正式设立平远、大定、黔西三府，同年九月，改乌撒土府为威宁府，隶贵州省统辖。⑥ 然而，水西的政治体制并未就此稳定下来。

---

① 万历：《贵州通志》卷四《贵州宣慰司·方产》、卷十四《都匀府·方产》、卷十六《思州府·方产》。
② 杨雍建：《抚黔奏书》卷四《题为铜斤无可采买等事》。
③ 杨雍建：《抚黔奏书》卷七《题为进贡红铜事》。
④ 田雯：《黔书》下《凯里铅》。
⑤ 康熙《贵州通志》卷十二《物产》。
⑥ 《大清圣祖皇帝实录》卷十二，康熙三年闰六月。吴三桂疏报；《大清圣祖皇帝实录》卷十八，康熙五年二月；《大清圣祖皇帝实录》卷二十，康熙五年九月。

在平定吴三桂叛乱的过程中，"水西土司安胜祖等效顺助饷，又率其属阿五等协力剿贼"有功①，平定吴三桂叛乱后，朝廷上下针对原水西地区的政治体制问题展开了激烈的讨论："或云土司系外彝，即令土官管理，易于行事，不可遽取其地；或云土司予以大职，令其管理事务，恐有权柄，不为我节制；或云我所取之地何复令彼管理，仍取之为便；或云设流官管理可多得钱粮。"② 康熙皇帝亦举棋不定："朕观平越、黔西、威宁、大定四府土司，原属苗蛮，与民不同，以土司专辖方为至便。"③ 于是，派遣兵部侍郎库勒纳会同云贵总督蔡毓荣实地勘察。虽然最后决定仍然实行流官体制④，但还是重新设立了水西宣慰司，与黔西北四府并存，且有直接管辖的区域。直到康熙三十七年，因"贵州水西宣慰使安胜祖病故，承袭无人，请将宣慰使停袭，其水西土司所属地方改归大定、平远、黔西三州流官管辖"。⑤ 至此，水西流官体制基本确立。

从表面上看，废除土司，设立流官，"改土归流"业已实现。其实不然，当时黔西北新设的大定、平远、黔西三府及由乌撒土府改置的威宁府，因"均属苗户，暂免编丁"，除了"其地亩照卫田征粮"外⑥，征收赋税、征派夫丁、治安、司法仍由当地土目管理。雍正五年，川陕总督岳钟琪在奏疏中建议将东川、威宁等地的土目迁往内地，其民事由流官管理。"云南东川府会理州、贵州威宁府属之阿底盐仓等处、永宁之各夷屯归流已久，其土目各治其民，流官向土目收粮，终非久计，请将土目迁往腹地，其催粮之里长甲首，令内地轮流充当，其土民悉令薙发，男妇俱照内地服饰。……，均应如所请。"⑦ 至此，水西的改土归流才名副其实。

---

① 《大清圣祖皇帝实录》卷九十五，康熙二十年三月，征南将军都统穆占疏报。

② 《大清圣祖皇帝实录》卷一百八，康熙二十二年三月，谕差往贵州酌议土司事宜兵部侍郎库勒纳等。

③ 《大清圣祖皇帝实录》卷一百六，康熙二十一年十二月，九卿会议云南贵州总督蔡毓荣条奏土司事宜，上谕大学士等。

④ 《大清圣祖皇帝实录》卷一百十三，康熙二十二年十二月，吏部议覆差往贵州料理土司事宜兵部侍郎库勒纳会同云南贵州总督蔡毓荣疏。

⑤ 《大清圣祖皇帝实录》卷一百九十，康熙三十七年十月，兵部议覆云南贵州总督王继文疏。

⑥ 《大清圣祖皇帝实录》卷二十六，康熙七年七月。

⑦ 《大清世宗皇帝实录》卷六十，雍正五年八月，工部等衙门议覆川陕总督岳钟琪奏。

由此可见，水西地区的政治体制变革，从康熙三年至雍正五年，持续了60 余年，而在此期间，流官并未掌土理民，土司、土目是实际上的管理者。

水西之地矿藏富饶，开矿获利在明代已有明证。虽然吴三桂的原奏早已遗失，其对水西改土归流的初衷不得而知。但康熙二十五年所编《平定三逆方略》言："（吴三桂）诳称水西土司反叛，请攻灭之，阳居拓地之切，而阴擅其利。"① 康熙四十五年（1706），皇帝亦说："从前吴三桂自水西、乌蒙土司地方进兵取云南，因知其地产银，遂于康熙初年奏请进剿水西。"② 可见，当时人们的看法比较一致，吴三桂为获取水西矿利而奏请改土归流。

但是，吴三桂对水西的改土归流并不彻底，基层社会管理仍由土司、土目把持，流官并未真正掌土治民。对于当时的黔西北而言，不排除小范围的开矿获利，但大规模的矿产资源开发则不现实。因为这不但需要大范围的组织和协调，而且需要大量的人力、财力和技术的投入，还必须打通与外界的联系以获得更大的市场。这可能是雍正以前黔西北铅锌矿未能大规模开发的原因。

随着黔西北地区的流官体制逐渐深入基层社会，代替土司、土目掌土治民，黔铅开发又再次开启。如康熙五十七年，贵州大定府猴子、威宁府观音山两地银铅矿被批准设厂开采。③ 除了官府正式设立的矿厂之外，官商私自开矿问题也比较严重。如雍正三年威宁镇总兵石礼哈奏："康熙五十八年（金世扬）升授黔省巡抚时，（矿商）王日生又同至黔省，到威宁府开采天桥、腻书、阿都、柞子等厂，至四川重庆府发卖，亦伏巡抚之势，所过威宁府与永宁、毕节县等处之税俱不纳国课。……王日生在威宁府开矿贩卖铅斤二三年之久，乃兵民人人共知之事。"④ 雍正二年，贵州巡抚毛文铨奏报："黔省如阿都、贰书、猴子等银厂已经题报外，尚有丁头山、齐

---

① 《平定三逆方略》卷一。
② 《大清圣祖皇帝实录》卷二百二十五，康熙四十五年四月，上谕大学士等。
③ 雍正三年五月初一日，毛文铨《奏猴子厂落龙硐矿砂衰微将尽续采有弊无益折》，《雍正朝汉文朱批奏折汇编》第四册，第 871 页。
④ 雍正三年四月二十二日，贵州威宁镇总兵石礼哈《奏报恶棍王日生开矿贩卖等劣迹事》，《雍正朝汉文朱批奏折汇编》第四册，第 813 页。

家湾等处铅厂，昔日俱属私开。"① 次年五月，经贵州大定镇总兵丁士杰巡查，大定府所属有铅矿九处，除马鬃岭一处奉文开采外，其余各处厂民约八千余人，炉房三千八百余间，硐口四十余处，俱系私采。② 这一时期贵州地方官的主要任务除了设立新厂之外，还对原来私开矿洞进行查勘，报部审批后正式设厂，纳入官府的矿业监管体系。

贵州商民对开矿热情较高。雍正五年，贵州巡抚何世璂奏报："黔西商民纷纷具呈请开矿厂"，实因"黔省土瘠民贫，不习纺织之业，复不擅商贾之资，止籍耕获营生，而山高岭峻，转运维艰，惟矿厂一项乃天地自然之利"③。至雍正七年，马鬃岭、大鸡、砂砾、江西沟、丁头山、柞子六厂黑白铅年产量已超过 400 万斤。④

第三节 清代黔铅采冶技术及其特征

矿产资源的储量与分布、矿石的类型与品位、矿山开采及矿石冶炼的技术与工艺均与矿业发展密切相关，这些因素是决定矿业兴衰的前提和基础。因此，了解清代黔铅的资源状况与技术条件不可或缺。

一 矿石与品位

明代宋应星《天工开物》载："凡产铅山穴，繁于铜、锡。其质有三：一出银矿中，包孕白银，初炼和银成团，再炼脱银沉底，曰银铅矿。此铅云南为盛。一出铜矿中，入炉炼化，铅先出，铜随后，曰铜山铅，此铅贵

---

① 雍正二年五月二十九日，毛文铨《奏清查私开矿厂酌议抽收款项归公折》，《雍正朝汉文朱批奏折汇编》第三册，第 118 页。
② 雍正三年五月十三日，丁士杰《为行查大定汛属矿厂事》，《宫中档雍正朝奏折》第 4 辑，第 316～317 页。
③ 雍正五年闰三月二十六日，何世璂《奏报黔省矿厂事宜及开挖盐井折》，《雍正朝汉文朱批奏折汇编》第九册，第 509 页。
④ 雍正七年十一月初七日，鄂尔泰《奏为奏明调剂黔省铅斤并办获滇省铅息事》，《雍正朝汉文朱批奏折汇编》第十七册，第 159～160 页。

州为盛。一出单生铅穴，取者穴山石，挟油灯寻脉，曲折如采银矿，取出淘洗煎炼，名曰草节铅。此铅蜀中嘉、利等州为盛"，此外还有钧脚铅、杂铜铅、阴平铅等。① 可见，明末，人们关于铅矿石的认知已经较为丰富。据夏湘蓉等研究，古代文献所说的草节铅就是方铅矿（含铅 86.6%），银矿铅应指含银方铅矿，而铜山铅指一种多金属石英脉矿床中的铅矿石，这类矿床中所含金属矿物成分有方铅矿、闪锌矿、黄铜矿、孔雀石及蓝铜矿等。②

也就是说，明清时期云贵地区炼铅所用矿石多为方铅矿或含银方铅矿，这也可以从清代贵州铅矿厂的记载中得到证明。如乾隆九年（1744）贵州总督张广泗引用雍正五年贵州巡抚何世基奏称："威宁府属阿都厂附近之白蜡、羊角、柞子等处产有银矿，前据厂民蔡隆吉、邓子泰等恳请，移硐就课。"③ 但雍正八年，贵州巡抚张广泗提报此三厂抽课情况时称，一年内"抽收柞子厂课银二万七千七十四两三钱九分一厘零，抽获炉底铅课变价银四千七百八十七两九钱八分六厘，尚存厂未变课铅四千四百一十四斤。又羊角厂课银二百六十五两零，炉底铅课变价银一十九两九钱七分八厘。"④ 此三厂当时因产银设立，理应抽收课银，然"炉底铅课变价银"及"存厂未变课铅"表明，此三厂银铅并产，所采应为含银方铅矿。康熙末年，贵州威宁府属猴子、腻书、阿都等银厂，除抽课银外，也抽炉底课铅⑤，所产矿石应与白蜡、羊角、柞子相同。再如乾隆十四年封闭的新寨黑铅厂，据乾隆十二年（1747）厂民刘万兴禀报，"新开黑铅矿多系浮面矿砂采取易尽，所出银铅逐月减少"⑥。可见，清代贵州铅厂所采矿石基本为含

① 宋应星：《天工开物》下卷《五金》。
② 夏湘蓉、李仲均、王根元编著《中国古代矿业开发史》，地质出版社，1980，第278～280页。
③ 乾隆九年［月份不详］四日，贵州总督兼管巡抚事张广泗《题恳准开厂裕课便民事》，《内阁大库档案》，编号：000096542。
④ 户科史书：雍正八年正月二十九日，总理户部事务和硕怡亲王允祥等题，引自《清代的矿业》，第319～320页。
⑤ 雍正七年十二月十三日，贵州巡抚张广泗《为会堪威宁等事》，《明清档案》：A42-21。
⑥ 乾隆十四年四月二十日，大学士兼管吏部户部事务傅恒《题覆贵州威宁州属大化里新寨地方白铅矿厂出产白铅甫经试采旋即衰微浮矿业已采尽应准封闭事》，《内阁大库档案》，档号：NO 000102637。

银方铅矿。

我国单质锌的记载见于明代后期，称倭铅。明末宋应星《天工开物》中记载："凡倭铅，古书本无之，乃近世所立名色。其质用炉甘石熬炼而成，繁产山西太行山一带，而荆、衡为次之。"[①] 据夏湘蓉等研究，古代文献所说的炉甘石即菱锌矿（smithsonite $ZnCO_3$，含锌量 52.1%），也可能包含异极矿，主要产于硫化多金属矿床的氧化带中。[②] 可见，明清之际，炼锌主要以菱锌矿石为原料，清代贵州也不例外，这可以从民国时期对黔西北铅锌矿的调查予以证实。1940 年，汪允庆调查黔西北铅锌矿，见"前人遗弃荒堆中之锌矿，为紫、黄、白各色之菱锌矿与闪锌矿"。[③] 1942 年，唐八公调查贵州威宁一带铅锌矿，"在一般旧隧道中偶然能捡得色泽如银，解理清晰之方铅矿，至锌矿则多为菱锌矿，闪锌矿较不多见"。[④]

关于清代贵州铅锌矿石品位，文献记载较少。乾隆四十七年（1782），云贵总督富纲因遵旨复查湖南会同县民林卓范京控案，委派云南迤东道道员特昇额亲赴柞子厂，"督令带去炉户将挖出矿砂亲自试煎，每炉用矿砂四千五百斤，煎炼一昼夜，炼获黑铅六百三十六斤，……又试一炉，获铅六百四十五斤"[⑤]。推算每百矿石斤可炼出铅 14 斤。据乾隆十年贵州总督张广泗奏请增加官购余铅价格时称："查得莲花厂开采多年，硐深矿淡，……每矿一百五十斤，掺用本厂旧矿一百斤，每日每炉烧罐一百二十个，每罐烧铅一十二两，共用矿二百五十斤，……。查得砂硃厂开采年久，矿山距厂十六七里，硐深质淡，每罐出铅只八九两，每煎铅百斤需用矿三百五十斤。"[⑥] 据此推算，在当时"矿淡"的情况下，莲花厂矿石百斤仍可炼锌 36 斤，砂硃厂矿石百斤仍可炼锌 28.57 斤，那么两厂初开之际，每百斤矿石可炼出的锌应该更多。乾隆四十二年（1777），贵州巡抚觉罗

---

① 宋应星：《天工开物》下卷《五金》。
② 夏湘蓉、李仲均、王根元编著《中国古代矿业开发史》，第 280～281 页。
③ 汪允庆：《叙昆路沿线矿产调查报告（二）》，经济部矿冶研究所编《矿冶半月刊》1940 年第 4 卷第 7～16 期。
④ 唐八公：《贵州西部铅锌矿业之调查》，《西南实业通讯》1942 年第 6 卷第 2 期。
⑤ 乾隆四十七年九月二十四日，云贵总督富纲奏《奏为查审复奏事》，《宫中档乾隆朝奏折》第 53 辑，第 135～137 页。
⑥ 乾隆十年五月初七日，贵州总督张广泗《题为贵州白铅不敷供铸请以乾隆十年三月为始增价收买余铅以济运解事》，中国第一历史档案馆藏，档号：02-01-04-13868-010。

图思德奏报新开白铅厂时称："今新寨厂矿砂甚旺，业已设炉五十座，每日每炉出铅一百七八十斤，……。月亮岩矿质比新寨较薄，设炉一十二座，每日每炉出铅七八十斤。"[1] 按每炉用矿 250 斤推算，新寨厂、月亮岩厂每矿百斤分别可炼锌 70 斤和 30 斤。

由于清代铅锌冶炼技术的原因，遗留矿渣中还存在一定的铅锌，以致民国时期黔西北铅锌冶炼基本以清代旧矿渣为原料。1940 年，汪允庆到柞子厂调查，化验清代遗留的老铅渣中的铅含量为 6.44%，老矿洞中的菱锌矿石中锌含量为 35.66%；当地炼铅"每炉每用铅渣千八百公斤，用焦炭四百五十公斤，每日晨昏出铅各一次，每日约二十八公斤。据说昔日开原矿砂炼铅时，每日可出铅四次，每次约六十公斤"；炼锌每炉用锌渣 230公斤，产净锌 17.5 公斤。[2] 1942 年，唐八公到威宁妈姑一带考察黔西北铅锌矿业，新发厂炼铅，每炉两班，"每班五担约三箩"，焦煤"三百五十斤"，"每班平均得铅四十五斤"；炼锌"每一火需用矿渣一百二十斤，合两担"，"佳矿渣每炉可得四十余斤，通常约二三十斤，……。至旧时每矿能获八十斤至一百斤至佳矿石，今已不可多得矣"。[3] 结合两人的调查结果，民国时期黔西北用旧渣炼铅锌，每铅渣百斤可出铅 3.6 ~ 7.5 斤，每锌渣百斤可出锌 7.6 ~ 10.4 斤。但是，即使到民国时期，因技术和工艺问题，在冶炼过程中仍有大量铅白和锌白流失。如唐八公言："据此次调查，锌质受氧化作用，成为锌白之数量，至少占全数三分之二。"[4] 如将铅白和锌白考虑在内，清代贵州矿渣中的铅锌含量应该更高。至于汪、唐二人提及的"老矿洞中的菱锌矿""昔日原矿"及"旧时佳矿石"，推算铅锌品位分别为 31.2% 和 37.5%，其时间可能在清末或民初，当时已属罕见。

抗战前夕，贵州省政府曾对黔西铅锌矿业进行调查，并检测过这一区域铅锌矿石的品位，铅矿石的品位在 40.4% ~ 59.2%，平均品位接近

---

① 乾隆四十二年十一月十五日，贵州巡抚觉罗图思德《奏为新开铅矿已著成效仰祈圣鉴事》，《宫中档乾隆朝奏折》第 41 辑，第 5 ~ 7 页。
② 汪允庆：《叙昆路沿线矿产调查报告（二）》，经济部矿冶研究所编《矿冶半月刊》1940年第 4 卷第 7 ~ 16 期。
③ 唐八公：《贵州西部铅锌矿业之调查》，《西南实业通讯》1942 年第 6 卷第 2 期。
④ 唐八公：《贵州西部铅锌矿业之调查》，《西南实业通讯》1942 年第 6 卷第 2 期。

47%；锌矿石品位在 26.3% ~ 50.1%，平均品位 41%。① 一般而言，在开采技术和冶炼工艺不变的情况下，矿石平均品位会随开采时间的增加而逐渐降低，商民经营状况因生产成本增加而恶化，以致产量下降。如上述乾隆四十七年柞子厂每铅矿石百斤可炼铅 14 斤，然该厂设立于雍正五年，至乾隆四十七年已开采长达 55 年。因为铅矿石的平均品位已经严重下降，故在乾隆四十六年（1781），政府将"向例余铅全归官买"，改为"官买四十斤，通商四十斤"②，通过市价与官价之差改善商民经营状况，以提高柞子厂铅产量。由此推知，清代贵州铅锌矿的品位应该高于民国时期的品位。

二 矿山开采

清代贵州铅锌矿的勘探，现存资料很少。乾隆四十一年（1776），贵州巡抚裴宗锡奏称：贵州"向来原有随处刨挖得矿者，缘本地民彝，鲜识引苗，复无外来殷实客商，力能出资开采，故黔省矿硐旋开旋闭"③。因缺乏探矿技术，随意开挖，故矿厂旋开旋闭。乾隆后期，檀萃《黔囊》中称："威宁多铅厂，商民开矿，视其命运。"④ 嘉庆时，李宗昉《黔记》中亦有相似的记载。⑤ 可见，探矿知识缺乏是清代黔铅开发的一大问题，导致矿厂持续时间普遍不长，大多开采几年后，就因"硐老山空"而被迫封闭。道光时期《滇南厂矿图略》总结勘探矿苗时称："矿藏于内，苗见于外，是曰闩引"，并列出憨、铺山、竖生、磨盘、跨刀、大等六类闩引及对应的矿床状况，这些闩引"唯老走厂者能辨之"⑥。清代黔铅矿厂应有类似之人。

---

① 据京滇公路周览会贵州分会宣传部编印《今日之贵州》之《贵州矿产纪要》（1937）制作。

② 《大清高宗皇帝实录》卷一千一百四十二，乾隆四十六年十月，贵州巡抚李本奏。

③ 朱批奏折：乾隆四十一年八月十二日，贵州巡抚臣裴宗锡《奏为筹请广采山矿以补民生仰祈圣训事》，引自《清代的矿业》，第 336 页。又见裴宗锡《滇黔奏稿录要》，第 271 ~ 274 页。

④ 檀萃：《黔囊》，《小方壶斋舆地丛钞》第七帙。

⑤ 李宗昉：《黔记》卷四。

⑥ 吴其濬：《滇南厂矿图略》卷一《云南矿厂工器图略·引第一》，《续修四库全书》第 800 册，上海古籍出版社，2013，第 137 页。下文在论述清代贵州矿山开采技术时，因贵州资料缺乏，引用当时云南会泽者海矿山厂资料予以说明，该厂距离清代黔铅矿区中心直线距离不超过 100 公里，两地铅锌矿采冶技术应差别不远。

至于矿山开采，文献记载较为形象。康熙二十六年至三十年任贵州巡抚的田雯，在其《黔书·凯里铅》中记载："取之者，清平凯里香炉山之阳有穴焉，深可二三丈，再深则倍之。于是躧其壂，勘其牖，捶其埏，而后影见焉。或仰以升，或俯以缒，伛偻焉，手与膝并也；籧篨焉，足与尻张也。又虞土之崩也，木度揳之；火之迷也，松肪照之，而后铅获焉。"① 此段文字对矿井的开凿、防护、照明、运输等开采过程均有涉及，但因记载简略，仅能确定当时贵州铅矿开发通过人工开凿矿井，坑道中用木材支撑以防垮塌，以松脂照明，由人工运送矿石出井。

嘉庆时期，赵雷生曾赋诗曰："黔阳旧产铅，黑白有二钟；深谷潜韫藏，高山森龍崷；开辟烦五丁，混沌现窦孔；两手持斧凿，两足拨荒茸；一火衔口内，闪烁微风动；曲折入幽深，岩窟泉溶溶；破顶下水车，雪珠天半湧；暵其洞中泥，燦似沙裹汞。"② 赵雷生嘉庆七年（1802）至九年（1804）任贵州镇宁州知州③，诗中所言"黔阳"应泛指贵州，而非湖南黔阳县。其因有三：首先，清代湖南东南部的郴州、桂阳州产铅锌，未见沅州府黔阳县产铅的记载，而贵州安顺府镇宁州邻近水城、威宁，此二处是清代黔铅的主产地；其次，诗中还言"上者运神京"，应指黔铅京运；最后，赵雷生任镇宁知州之际正值黔铅衰落，作者将其归咎为管理不善，故有感而发。因此，此诗所言铅厂是指黔铅矿厂，黔阳乃是贵州的泛称。此诗的第三至第七句形象地描绘了黔铅坑道开采的大致情形，"开辟烦五丁，混沌现窦孔"反映出黔铅仍然凿矿取矿，坑道"曲折入幽深"说明开采时间较长，而"一火衔口内，闪烁微风动"表明坑道不但仍以油脂燃灯照明，而且具有一定的通风能力，至于"岩窟泉溶溶"反映出因坑道深入地下，渗水、积水情况较为严重，而"破顶下水车"说明当时利用水车清理坑道积水。

其实，在赵雷生之前已有关于矿硐被淹及排水方面的记载。乾隆五十三年（1788），贵州巡抚李庆菜奏称："黔省福集、莲花二厂，……，日形支绌。查厂产不旺之故，实缘开采已久，槽峒日深，且挖取时遇山泉，常

① 田雯《黔书》下《凯里铅》。
② 赵雷生：《铅厂》，张应昌编《清诗铎》卷二十五《采矿·采铜铅铁》，中华书局，1960，下册，第 929 页。
③ 民国《镇宁县志》第二卷《职官志·知州》。

需雇工淘水，工费更增。"① 矿硐积水须用将积水排干，以便继续开采。嘉庆十五年（1810），贵州巡抚鄂云布称："因该（莲花）厂硐道深远，最浅最近之处亦有百十余丈始抵矿槽，深及地泉，时多积水，一遇春夏大雨时行，硐水不能车戽，须俟秋杪始能动车，冬底方可戽干，计一年之内仅有两三月施工，实属限于地利，非人力所能补苴。"② 可见，受排水影响，当时贵州矿山的开采时间每年仅有几个月而已。时人李宗昉亦言："威宁多铅厂，旧矿产铅不旺，且每岁夏时中多积水，车戽之费较昔日增。"③ 如道光八年（1829），贵州福集厂"新发、白岩子厂，夏间雨水过多，硐被淹，招丁车水，需费不少，炉户倍形疲乏"，因此户部奏请减课一成抽收，缓解厂民困境④。可见，至清代后期，因黔铅开采年久，坑道深远，积水、渗水时有发生，影响坑道作业，是导致黔铅衰落的重要因素。

道光时期的《滇南厂矿图略》中载有关于矿山坑道的开凿、照明、通风、排水、运输等方面的工具、用法及所用人工情况，借此可了解清代西南矿山的开采技术。兹摘引如下：

硐第二

闩引既审而后可得矿矣。凿山而入，隧之中，或九达焉，各寻其脉，无相侵越，故记硐。

硐之器第三

曰槌：一以铁打，如日用铁槌，而形长七八寸，木为柄，左右持尖，而右手持槌，一人用之；一以铁铸，形圆而稍扁，重三四五斤，攒竹为柄，则一人双手持槌，一人持尖。

曰尖：以铁为之，长四五寸，锐其末，以藤横箍其梗，以籍手。

曰錾：铁头木柄，各长有尺，形似铁撬。

---

① 《大清高宗皇帝实录》卷一千三百十一，乾隆五十三年八月［日期不详］，贵州巡抚李庆棻奏。

② 朱批奏折，嘉庆十五年八月二十四日，贵州巡抚鄂云布《奏为黔省妈姑福集两厂开采年久出铅短缩以致缺铅情形恭折奏闻仰请圣恩俯准减额另筹子厂赡运事》，引自《清代的矿业》，第339～340页。

③ 李宗昉：《黔记》卷四。

④ 《大清宣宗皇帝实录》卷一百四十八，道光八年十二月丙寅，谕内阁嵩溥奏请暂减课铅成数一折。

曰麻布袋：形如搭裢，长四五尺，两头为袋，塘硖皆以此盛用，则一头在肩，而一头在臀，硐中多伏行也。

曰风柜：形如仓中风米之箱，后半截硐中，窝路深远，风不透入，则火不能然，难以施力，或晴久不则太燥，雨久则湿蒸，皆足致此，谓之闷亮，设此可以救急，仍须另开通风。

曰亮子：以铁为之，如镫盏碟，而大可盛油半斤，其柄长五六寸，柄有钩，另有铁棍，长尺，末为眼，以受盏钩，上仍有钩，可挂于套头上，棉花搓条为捻，计每丁四五人，用亮子一照。

曰竜：或竹或木，长自八尺以至一丈六尺，虚其中，径四五寸，另有棍，或木或铁，如其长，剪皮为垫，缀棍末，用以摄水上行，每竜每班用丁一名，换手一名，计竜一条，每日三班，共用丁六名，每一竜为一闸，每闸视水多寡，排竜若干，深可五六十闸，横可十三四排，过此则难施。

用第八

曰镶木：土山窝路，资以撑拄，上头下脚横长二三尺，左右两柱高不过五尺，大必过心二寸，外用木四根，谓之一架，隔尺以外曰走马镶，隔尺以内曰寸步镶。

患第十三

曰闷亮：初开之硐，窝路独进，风不能入，火遂不然，必须另开硐口，俾其窝路交通，名曰通风，兼置风柜扇风进内，暂可救急，年久之硐窝路深远，亢旱则阳气燥烈，久雨泽阴气湿蒸，皆有此患，待交节候，为期不过数旬。

曰有水：外而入者为阳水，或边箐涧，或逼江河，无法可治之矣。内而生者为阴水，金水相生，子母之义，有水之矿呈分方高，小则皮袋提背，大则安竜递扯，然竜至十余闸后，养丁多费，每致不敷工本，得能择地开办，水浅槽硐，方为久远之计。

曰盖被：初开之时，不为立规，硐如筛眼，一经得矿，竞相争取，既虑滋事，硬硖窝路，尚白无妨，若是松塘，势必覆压矣。①

---

① 吴其濬：《滇南厂矿图略》卷一《云南矿厂工器图略》，《续修四库全书》第 800 册，上海古籍出版社，2013，第 137 ~ 146 页。

　　上文所引材料表明，清代中后期，云南矿山开采仍由矿工用槌、尖、錾等工具沿矿苗凿硐取矿，矿石亦由矿工用麻布袋背运而出；坑道照明借以油灯，与嘉庆年间赵雷生所言贵州矿硐相似；土质坑道内用口字型木支架支撑以防塌方；用人力风柜扇风以解决深层坑道内缺氧及空气浑浊问题，坑道过深则必需另开通风巷道；坑道排水用竜，利用竜内外气压差将底处的水提升至高处，其原理与现代的压压井相似，通过纵向接竜，推算最大提水高程可达 200 米左右，还可并排置竜，以提高提水效率。前文所引嘉庆十五年贵州莲花厂"最浅最近之处亦有百十余丈始抵矿槽"，坑道深度已经超出竜的最大提水高程，这可能是采用水车戽水的原因之一。因为水车工作原理是用人力踩踏以提水，只要厂地、人力、工具、资金等条件满足即可实施，可以逐级提升，提水高程几乎不受限制。

　　清末民国时期西南矿区的实地调查材料，即矿业技术近代化以前的记载，对了解清代贵州矿山开采技术亦有一定帮助。民国二年（1913），日本矿业技术山口义胜受聘到云南东川调查矿业，之后根据考察结果编成《调查东川各矿山报告书》发表，其中有关于会泽矿山铅锌厂的内容。据山口所言："开坑采矿之法如前所说，专沿袭开山以来之古法，如大撑子之裕国及兴宝二硐，坑道既远延，而坑夫之往返，及矿石之运搬，均极不便，……惟目下开坑者，依然墨守旧法，自山之坡面斜下而凿之，奚见其可也。……此矿山亦可谓知矿床探掘，惟尚未真知开坑穴之适法也"；矿山厂开矿仍循古法，人工凿洞取矿，"毁岩不用火药"；坑道内部狭小，"支柱内之断面，高三尺八寸至四尺，冠木下副二尺四寸至二尺八寸，坑底三尺八寸至四寸五分"；坑道以木支架防护，"坑道全场垂四十里，而其全长均以支柱保持之，支柱所用木料，末端径三四寸至五六寸，其结构各从常式，以冠木及两侧脚木成之，其材概系松木，支柱接合之法虽复杂，而工作失于粗率，各材均不适合，要之，此来之结合法对磐压功力已少，况用材且细小乎，是宜择简易之结合法，冠木及脚木之构材，以平均五寸五分之间隔，互相列置于磐面之间，盖以松木薄片"；坑道运输，"矿石之运搬，专用十四五岁以下之少年，负一小布袋（容积约一二桶）于其臀骨上，垂头屈腰，凭矿山特有之杖（一尺三四寸之圆棒，其端紧插半月形片，以便把持），且憩且行，一日仅一往复已"。至于"通风之法，为此矿山所最留意者。裕国、兴宝二硐坑道互相并列，到坑奥处互相连络，故坑道之风自由流通，灯火为之倾动。然此通风并非全依前记之二坑口并列之效力，却因别有一通风旧坑也。此旧坑距裕国及兴宝二硐，其硐口下方垂直约二百尺内外，坑内情况，即因此二百尺内外空气柱之疏密轻重（与坑内同高空气柱）于坑内起空气之流动，此理须一思之。麒麟厂二坑穴，亦因通风坑内互相连络，然二坑口在同一水准，失通风之原理，故通风不良，如斯通风真理，将来此二硐坑道愈延长，必愈分明"。① 从以上记载可见，民国初年云南会泽矿山铅锌厂的采矿仍用古法，坑道绵长狭小，以树木支架防护坑道垮塌，利用旧硐或新开槽硐专门通风。虽然安全性不高，但传统采矿技术在坑道防护和通风方面已有相应的措施。

1942 年，唐八公赴黔西北调查铅锌矿业，言妈姑一带"开凿时，纯赖钢赞、铁锤击碎母岩及矿脉，向无用炸药者，致一遇坚岩，时间人力，两多浪费，此应急需改良，盖矿藏不能深入，难及主脉，实一缺点。……，然每日由十人至二十人之工作力，进入不过五尺左右，效率低微"；"选矿之工作，在目前矿区中，亦只限于掘渣者之旧渣而已，严格言之，不能谓之选矿也。此种职务，即由簸土工人担任。在簸土时，已将旧渣加以分类，此则全凭经验之工作，颇不易易，故工资亦较高"。② 可见，民国时期，贵州铅锌矿亦由人工凿洞取矿，不用炸药，选矿全凭经验，与云南会泽矿山厂一样，均为传统采矿技术。

三　冶炼技术

关于清代贵州铅矿冶炼的记载，最早见于康熙中期。田雯《黔书·凯里铅》记载："其质铅，其状石也，于是春之连、机之锥、淘之麦、冲之河、炙之栗、林之炭、镕之洪、冶之炉，庶几其成矣。"③ 这段史料涉及清代贵州都匀府清平县凯里县丞所属香炉山铅矿石冶炼中的碎矿、洗矿、选

① 〔日〕山口义胜：《调查东川各矿山报告书》，连载于《云南实业杂志》第 2、3 卷，1913~1914。
② 唐八公：《贵州西部铅锌矿业之调查》，《西南实业通讯》1942 年第 6 卷第 2 期。
③ 田雯：《黔书》下《凯里铅》。

矿、烧结和冶炼等方面内容，田雯于康熙二十七年至二十九年任贵州巡抚，该书所载应较为可信，可惜太过简略。

1942 年，唐八公考察妈姑一带铅锌矿业时，所见"炼铅炉为直槽半圆式，用白砂制砖制成之酸性炉，高约三公尺，直径约一公尺，三面砌厚砖，倚立于工作室之外墙，向外一面，用宽砂板，可以上下移动，便于清楚积渣。砂板下部，有活动小门一，熔渣随时由此流出，在炉底基地上，另凿一小槽，以细砂白泥，铺底击坚，铅质凝重，即下落此砂窝中凝固，但亦有堕至砂槽下部之土内者，后壁有孔，达于工作室内之风箱上，俾鼓风入炉，以助燃烧"。其冶炼程序："先将焦煤自炉顶加入，在炉内燃烧，再加矿渣，以后每加焦煤二铲，即加矿渣三四铲，如是交替加入，至一相当时期，则将炉底小门凿通，令熔融浮渣流出后，复用细砂封塞。此种浮渣，为矿石杂质与焦煤等混合之凝结物，因比重较少，乃在上层流出，所有之溶质铅，则已落入炉底之砂槽中矣。"[1] 但因炉口外露，炉口和外壁形成大量铅白，无法回收，导致冶炼成本增加，且影响健康。

至于锌的冶炼，道光中期，遵义人郑珍曾经曲靖到东川，去过罗平卑块白铅厂和会泽者海白铅厂，并赋诗《者海铅厂》三首，其一曰："窀甬边炉宿，煤丁倚石炊；妻儿闲待养，乔罐死犹随"，其后注："铅炉以乔计，三罐为一乔，罐以铁为之，长二尺许，死者多以废罐砌墓，视之如蜂房然。"[2] 可见，当时云南炼锌用乔罐，用铁制成，长约二尺。《滇南厂矿图略》言："曰铅，即白铅也，用瓦罐炼成，闻其中亦有银，交阯人知取之之法，而内地不能也。"[3] 用瓦罐炼锌以代替铁罐，可能出于降低成本考虑，但言当时内地人无法从锌矿石中提炼银却甚为武断，因为早在康雍时期，黔铅矿厂已从方铅矿石中提炼铅锌及银。

民国二年，日本矿业技师山口义胜考察云南东川矿业，会泽"矿山厂亚铅（锌）矿之制炼工场散在四处，蒸馏炉共七座，其他上江及下江两处

---

① 唐八公：《贵州西部铅锌矿业之调查》，《西南实业通讯》1942 年第 6 卷第 2 期。
② 郑珍著，黄万机等点校《郑珍全集》第六册《巢经巢诗钞·前集》卷三，上海古籍出版社，2012，第 93 页。
③ 吴其濬：《滇南厂矿图略》卷一《云南矿厂工器图略》，《续修四库全书》第 800 册，上海古籍出版社，2013，第 139 页。

约有炉二百座云。……蒸馏炉以土砖或剥石筑造炉室，为长方形于横断面，分其室为上下二段，上广而下狭，下狭部以横壁分画为多数之矩形分室，炉底两侧有数个空气孔，空气由空气孔，更经前记之分室升炉之上部，以上之横隔壁为蒸馏坩埚之架台，此壁上则列置三个之坩埚。坩埚用粘土制成细长形，坩埚中填充矿石之法颇为特别，容矿石及石炭粉约十三斤，其容量三分之二为矿石，除三分之一为石炭粉。坩埚装入矿石及石炭粉调和物，其一侧悬所置之贯针，使其尖端密著内壁，而投以小量炭粉及粘土调合之烧粉，以作蛤贝状之斜盖，然后拔贯针，使接内壁处留扁豆形一孔，此孔即供挥发亚铅之放逸，其贝状盖即为蒸馏亚铅之凝聚处，其坩埚顶上则别加盖焉。所列置坩埚于分壁上坩埚之间，埋以上记之特制燃料，炉之两侧，置特制燃料之矩形块，以为补壁，后更以特征燃料之烧炉粉，盖蔽各坩埚，以薄粘土水装刷其上面，防空气之漏洩，如是则坩埚之盖，与装入燃料之上盖，为同平面，坩埚盖稍离中心，而开坩埚之一小部分（前记扁豆状孔之直上部分）为诱起蒸馏亚铅之发散。既装入毕，亚铅蒸发之蓝色焰，则自坩埚一侧上升，炉盖完成后，约经三小时，其盖全面坩埚，与坩埚之间，各穿空气孔，以助炉内空气之流动，使火气旺盛，此等空气孔，追挥发作用之终，而开放（约一小时）挥发亚铅凝结，而满于坩埚者，移之于铁器中，铸入烧调合燃料之砂型，而为粗亚铅"。① 可见，当时会泽矿山厂采用的是典型的蒸馏法炼锌，工艺已相当纯熟，以煤炭为主要燃料。

贵州炼锌技术与云南相似。1940 年，唐八公赴黔西北调查铅锌矿业，所见 "炼锌炉为长方平台式，用土砖砌成槽形，长度四五公尺不定，视锌罐上之多寡而异。炉高一公尺，宽亦如之，槽底设泥质承格，每一承格上置锌罐三个，使罐底之接临面减少，增高热力。在每格之左右，均有风门，俾空气流入，起对流作用而增强燃烧力，在炉之一端，设土制浅槽，矿石先盛于此，令烘脆易于击碎。三罐（坩埚）为一排，每十至十二个为一列，故全炉实有三十至三十六个锌罐，此种砂质陶罐作圆锥形，由专制

---

① 〔日〕山口义胜：《调查东川各矿山报告书》，连载于《云南实业杂志》第 2、3 卷，1913～1914。

窑商售于炉主，购来后重经炼锌工人在罐口加一高约二十公分之泥圆口，迨将矿石盛满，则在内侧倒置一中凹之泥质夹层，夹层旁留一月牙形之出口，以备高热时通气出口"。其工作程序："首将预制之黄泥和以细煤之煤块烧红，平铺炉底（此种煤块系以碎煤渣与黄土各三分之一相合，制成饼状，烘干备用），次将已准备好之砂罐（烘脆之矿石击碎，盛入罐中，并制好泥夹层），移置承格上罐盖与罐口间，除月牙口外，悉用泥封固，用块状干煤砌好，令彼此相依。然后用碎煤塞满罐间空隙，仅留罐口在煤面上约五公分高，此时即用烧锌师父用铁棒在罐间之煤上凿一小孔，于是火焰冲出而发火矣。当发火后约二小时，矿石仍因高热而起升华现象，此升华之锌质，其一部受罐盖冷凝影响，遂凝积于盖底或下堕于泥夹层之中凹处，粲如白银，又一部分逸出罐外，集于罐口之口周，成纯洁白粉末状之氧化锌。在发火不久，火焰之色随锌质氧化程度而变，初作浅蓝，继作纯青，再转白色，光极强烈若镁光，迨氧化力衰减，又由绿而红而黄，此际氧化作用已弱，矿石中锌质已罄，可以收锌矣。工人即由观望光焰，而定其程序之完成。"[1] 观唐八公调查，黔西冶炼锌的过程和技术，与山口调查会泽矿山厂大致相同，当时滇黔地区采用典型的蒸馏法炼锌，工艺已相对完善。

这一炼锌法，始见于明末《天工开物》记载："每炉甘石十斤，装载入一泥罐内，封裹泥固，以渐研干，勿使见火拆裂。然后逐层用煤炭饼垫盛，其底铺薪，发火锻红，罐中炉甘石熔化成团，冷定毁罐取出，每十耗其二，即倭铅。"[2] 前文已有论述，炉甘石即菱锌矿，是明清之际炼锌的主要原料。道光年间，郑珍诗注"铅炉以乔计，三罐为一乔"，正是滇黔地区炼锌所用坩埚，三罐一排，如蜂窝状。至清末民国山口义胜、唐八公调查所见，炼锌依然采用"熔化—冷凝"的蒸馏法。300余年，滇黔地区一直沿用传统的冶炼方法，其工艺并未出现明显的改进。锌的熔点较低，蒸馏法炼锌的重点是对冷凝后锌的收集，如飘逸出坩埚外，与空气发生氧化，则形成无法利用的"锌白"。唐八公调查妈姑地区炼锌时所见，锌白比例很高，表明当时炼锌的回收率过低。

---

[1] 唐八公：《贵州西部铅锌矿矿业之调查》，《西南实业通讯》1942年第6卷第2期。
[2] 宋应星：《天工开物》下卷《五金》。

第四节　清代中后期全国铅锌矿产中心的形成及演变

清代雍乾之交，随着京运、楚运及川黔采买政策的实施，黔铅销售市场急剧扩大，从滇黔一隅扩展至全国，需求刺激下的黔铅矿业迅猛发展，矿厂数量与铅锌产量迅速增长，逐渐从地方性产业演变成全国性铅锌矿产中心。然嘉道时期，随着开采时间的延续，黔铅矿业已显衰落之势。清代中后期黔铅矿业的兴衰演变及其原因正是本节所要探讨的问题。

一　清代中期黔铅兴盛与全国铅锌矿产中心的形成

雍正朝中期黔铅产量的过快增长，超过了地方市场的需求，产品积压导致价格下跌。雍正六年（1728）十月，云南总督鄂尔泰奏称："马鬃岭等厂俱在僻壤，山路崎岖，难以通商，而开采小民又半系赤贫，苦无工本，不能久贮，每铅百斤，厂价已减至八九钱一两不等，若不设法收买，势必星散，以有效之厂而坐视废弃，实属可惜。是以暂于司库借动盐余银两作工本脚价，仍委朱源淳收买，除课铅照原定之价解黔报销外，余铅按时价收买统运汉口，卖给京商，所获余息尽数归公，自雍正五年二月起，至九月止，共发过银二万两，收获铅二百万零，今已运过铅二十万，约计工本脚价盘费每百斤共银三两五钱，而汉口之价则四两五钱，每百斤实获息银一两，尚存铅一百八十余万，现在陆续分路挽运，通商照前合算，除归还本脚之外，约共可获息银二万余两，此后即以息银动用，随厂出铅多寡，尽收尽运，毋庸再发工本，获息银俱于年终奏报充公。"[①] 因黔铅销售不畅，故鄂尔泰建议由云南委员借动官本收买余铅，转运汉口，售于京商。次月，鄂尔泰又奏："（黔省）四厂之处地僻山深，不通商贾，以致铅

---

① 雍正六年十月二十日，鄂尔泰《奏明借动库项收铅运售获息情由折》，《宫中档雍正朝奏折》第 10 辑，第 585 页。

皆堆积，而炉户人等工本无几，时有停工误卯之虞。若不设法接济疏通，难期功效，况各省现有议开鼓铸者，徒以路远不前，即有一二官商前来，如听其赴厂购买，不特驮马雇脚呼应不灵，而携带重赀深入险远之地，亦难保无疎矣。是以臣驻黔时，即经面同司道商酌，照滇省题明收买运售之例，借动库项委员在厂将余铅按数收买，就其取铅之难易以定发价之重轻，……庶炉户等工费充足，且有余利，得以尽力攻采，而厂地始能兴旺。俟收买既定，陆续发运于楚粤四达之区，公平转售，又可济官商之缓急，除脚价费用外，每铅百斤约可余银一两，总计一年可得三万余金，归公充饷，……此皆得有帑项通融筹画，是以裕课利民，始复铅务之效也。"这与上月建议大致相同，只是将操作主体由云南变为贵州，并且强调了该建议有一举三得的作用：一是解决产品积压，保证黔铅生产的持续性；二是缓解官商采办铅锌的压力；三是获利充饷，缓解贵州财政压力。

从产业发展来看，这一政策的实施解决了黔铅生产的燃眉之急，政府不但提供了大量资金收购余铅，使商民能够持续生产，而且通过转销汉口，扩展了黔铅的销售市场。受此政策的影响，黔铅开发规模进一步扩大。如雍正八年四月，"王廷琬接管（粮驿道，总理买售余铅事务）之后，于调剂厂规、通裕商运、讲求办理，厂民踊跃，赴办一年，所出铅斤竟有六七百万斤之多，为从来所未有"[1]。总产量与矿厂数量同时增加。雍正九年正月，鄂尔泰奏："今丁头山厂渐次发旺，每年出铅几及百万斤，所需铅价运脚甚多，前次六万两工本已属不敷，而遵义县之小洪关王三寨地方近又出产白铅矿，予委员前往煎烧，呈色甚高，每月约有十余万斤，计一年又需工本银一二万两，若不动本收买，不独炉民工本不能接济，抑恐该厂路达川江，较永宁又近四站，听民私贩，则永宁官铅必致壅滞不能销售，是小洪关所出铅斤势不得不与马鬃岭等各厂一例归官收买。"[2] 随着矿厂的增加和产量的扩大，政府收购余铅的资金亦不断

---

[1]　雍正十年六月十二日，常安《奏为遵旨回奏事》，《雍正朝汉文朱批奏折汇编》第三十册，第521～534页。

[2]　雍正九年正月二十八日，鄂尔泰《奏为请添借帑银收买铅斤事》，《雍正朝汉文朱批奏折汇编》第十九册，第904页。

增加。

当然，政府也获得了不菲的利润。如雍正十二年，江西巡抚常安奏："再黔省倭铅一项大有裨益。自奴奉旨清查以来，雍正十年获余息银一十六万三千五十余两，十一年又获余息因一十六万九千九百余两，除扣还从前工本银八万两外，余存银两皆作台拱军需、犒赏拜、安站马匹、官员公费以及通省养廉不敷之用。"① 该年年底，贵州巡抚元展成奏："至倭铅银两，自雍正七年至雍正十一年十二月止，共收过银二十五万余两。"② 平均每年转销白铅获利五万余两，相当于每年转销白铅 500万斤。

黔铅矿业快速发展引起了中央的关注。据乾隆七年（1742）协理户部事务纳亲追述："再京局鼓铸需用铅斤，向系商人采办，每斤价银六分二厘五毫。雍正十一年（1733）四月内，虽据各商呈请，每斤节省一分五厘，合算尚需银四分七厘五毫。查贵州巡抚题报，每年出产铅不下四五百万斤，每百斤照各厂定价一两三钱收买运售，今以每百斤一两三钱通盘计算，较之商办实多节省。商人每年额办铅三百六十六万斤零二钱，应令贵州巡抚于雍正十三年为始，遴委贤员照数采买分解户工二局，每百斤给水脚银三两，照办铜之例分为上下两运，上运四月起解，十月到部，下运十月起解，次年三月到部，如有迟误，即将承办迟误之员照例题参。是贵州解铅较之商办，每年又可节省银十二万六千二百七十两零，应将商办铅斤停其采办。"③ 黔铅的产量和价格优势打动了皇帝。当年十一月，上谕内阁："至于户、工两局需用铅斤，旧系商办。闻贵州铅厂甚旺，如酌给水脚，令该抚委员解京，较之商办节省尤多。著酌定规条，妥协办理。"④ 雍正十二年，户部奏准："京局鼓铸每年额办铅三百六十六万余斤，自雍正十三年为始，令贵州巡抚遴委贤员，照各厂定价，每百斤给价银一两三

---

① 雍正十二年二月初一日，常安《奏为奏闻事》，《雍正朝汉文朱批奏折汇编》第二十五册，第 823 页。

② 雍正十二年二月初四日，元展成《奏为遵旨覆奏事》，《雍正朝汉文朱批奏折汇编》第二十五册，第 845 页。

③ 乾隆七年四月初四日，纳亲《题为会查黔省莲花等厂收存课余铅斤数目及存剩工本等银数目事》，中国第一历史档案馆藏清代档案，档号：02-01-04-13450-013。

④ 《大清世宗皇帝实录》卷一百三十七，雍正十一年十一月癸巳，谕内阁。

钱，依数采买，分解宝泉、宝源二局，每百斤给水脚银三两，其商办之铅停其采买。"①

黔铅京运的确定再次扩大了黔铅的销量和市场，也使黔铅矿业开始从一个地方性产业向全国性矿产中心转变。就在筹办京运之际，贵州巡抚元展成趁机建议："黔省各属所出铅斤，现准部咨，行令委员解运京局，凡有出产之处均应开采，以便起运。"② 从此后开矿情形看，这一建议得到清廷的批准，黔铅矿业迎来了发展的黄金时期。如雍正十二年，新设威宁州莲花塘白铅厂，次年六月初一日至乾隆元年五月底，该厂一年内烧出"倭铅五百七十三万四千五百五十斤，共抽课铅一百一十四万六千九百一十斤"③。而乾隆十三年（1748）六月一日至十四年五月底，该厂"共抽获课铅二百一十三万二千二百四十八斤十二两"④，按二成抽课推算，产量已突破千万大关，视为清代矿厂年产量之冠。因此，乾隆十四年（1749），贵州巡抚爱必达奏称："（贵州）每年运供京局及川黔两省鼓铸，并运汉销售，共铅九百万斤。现各厂岁出铅一千四百余万斤，嗣后每百斤除抽课二十斤外，余铅官买五十斤，以三十斤通商。总以抽收课余，足敷九百余万数，余听炉民自售。"⑤

至此，黔铅开发进入鼎盛时期。不但矿厂众多，产量巨大，而且销售区域遍及全国。除了云南之外，中央户、工二局及福建、江苏、浙江、江西、湖北、直隶、山西、四川、贵州、湖南、广西、广东十二省通过京运、楚运、采买等方式采购黔铅，用于鼓铸及制造火器弹丸。⑥ 也就是说，清代中期，黔铅承担着当时全国绝大部分地区的铅锌供给。

---

① 乾隆《钦定大清会典事例》卷四十四《户部·钱法》办铅锡。
② 乾隆七年五月十五日，贵州总督兼管巡抚事张广泗《题为铅厂矿煤两旺等事》中引前巡抚元展成奏，《内阁大库档案》，编号：000090412。
③ 乾隆二年十二月十六日，户部尚书海望《题为遵旨察核贵州总督张广泗题销威宁州莲花厂抽收课铅银两事》，中国第一历史档案馆藏清代档案，档号：02-01-04-12996-024。
④ 乾隆十五年正月二十日，贵州巡抚爱必达奏，中国第一历史档案馆藏清代档案，档号：02-01-04-14495-001。
⑤ 《大清高宗皇帝实录》卷三百四十二，乾隆十四年六月，户部议覆贵州巡抚爱必达奏称黔厂余铅酌定官商收运各款。
⑥ 参见马琦《清代黔铅运输路线考》，《中国社会经济史研究》2010 年第 4 期；《清代黔铅的产量与销量：兼对以销量推算产量方法的检讨》，《清史研究》2011 年第 1 期。

二　清代铅锌矿业格局的变迁

当然，要论证清代中期黔铅矿业在全国所处的地位，还必须通过与其他产铅锌省份的比较来分析。关于清代前期全国铅锌矿业状况，在本章第一节中论述铅锌供给时已有涉及，如康熙年间盛京、湖南等地的铅锌生产。温春来引用《皇朝政典类纂》所载数据对清代主要铅产地的年产量进行了比较，这组数据来源于嘉庆朝《钦定大清会典》，是嘉庆朝中期全国各省的铅产量，不能代表清代中期的情形。笔者曾作过专门考证，兹将结果列表 1 – 3。

表 1 – 3　清代各省铅锌产量①

单位：万斤,%

年份及时段	云南	四川	湖南	广西	广东	陕西	贵州	合计	黔铅所占比重
乾隆二十四年至三十年	282	46.9	131	60.3	0	7.5	1400	1927.7	72.63
乾隆三十一年至四十九年	217	63.4	92.5	66.5	1.2	0	900	1340.6	67.13
乾隆五十年至六十年	69	80	64	45	1.2	0	600	859.2	69.83
嘉庆十七年	55.2	28.8	23.6	28.5	1.2	0	773.6	910.9	84.93

注：表中部分年份数据利用该省前后年份数据中位插入法而得。

可见，清代中期 7 个主要产铅省份中，传统产铅大省湖南、云南两省产量逐年下降，而贵州的产量虽然亦在下降，但因其基础较大，故所占比重最大。总体而言，黔铅产量占清代铅锌总产量的 67% ~ 84%。因此，可以认为，贵州是清代中期铅锌矿的最大产地，也是名副其实的全国铅锌矿产中心，在清代矿业中占有非常重要的地位。

不可否认，贵州成为全国铅锌矿产中心与政府的支持息息相关。政府

---

① 马琦：《国家资源：清代滇铜黔铅开发研究》，第 298 页。

转售余铅为黔铅开发提供了充足的资金，开拓了广阔的市场，从而保证了贵州铅锌矿业的持续性发展。因此，黔铅的兴盛和贵州作为全国铅锌矿产中心的确立，一定程度上是政策塑造的结果。

同时，清代中期黔铅矿业的兴盛也改变了全国铅矿矿业的分布格局。笔者检索《明史·地理志》，全国产铅之地仅有江西上高、铅山、湖广桂阳、浙江西安、福建龙岩五处。① 事实上可能不止这些，因当时银场所采矿石大多为含银方铅矿，冶炼时银铅并产，云南、福建、浙江、四川等产银大省产铅亦应不少。如崇祯初年，"户部议原籍产铜之人驻镇远、荆、常铜铅会集处"，后荆州抽分主事朱大受言："荆州上接黔、蜀，下联江、广，商贩铜铅毕集。"② 可见，明代铜铅产地主要分布于长江上游的滇、川、黔和东南的闽、浙等地。长江中游的荆州及其支流的常德、镇远，因其距离适中，交通便捷，成为铜铅汇集之地。至于锌产地，因单质锌冶炼技术直到明末才见于记载，锌作为币材开始于天启元年（1621），故明代文献缺乏倭铅产地的记载。

但是，到清代中期，湖南、云南、四川、广西、广东等传统产铅大省，因矿砂衰竭，产量下降，不敷本省应用；而江西、浙江、福建、山西等省甚至变成不产铅地区，转而求购黔铅，以满足本省需求；清代中期铅锌矿业主要分布于西南和岭南，即滇、黔、川、湘、桂、粤六省，尤以黔西北为最。

清代铅锌矿业格局的演变，不仅受矿产资源储量和采冶技术的制约与影响，而且与国家矿业政策密不可分。清代前期矿业政策虽然在"开矿"与"禁矿"之间几经转变，但是矿禁并不具有全国性，区域性开发一直存在，如滇、黔、川、湘、桂等矿产大省均于矿政开禁之前获准开矿；即使乾隆朝矿政全面解禁之后，绝大部分的矿产大省仍然位于清代的边疆地区。

笔者曾以铜铅矿为例，探讨清代矿业政策与矿业布局之间的关系。③ 笔者认为清代铜铅矿业主要分布于边疆地区，这种产业格局的形成除了受

---

① 张廷玉：《明史》卷四十至四十六《地理志》。
② 张廷玉：《明史》卷八十一《食货志五》钱钞与坑冶条。
③ 参见马琦《清代前期矿产开发中的边疆战略与矿业布局：以铜铅矿为例》，《云南师范大学学报》（哲学社会科学版）2012 年第 5 期。

矿产资源分布和技术条件影响之外，还与矿政中"禁内开边"思想密切相关。清代矿业开发中的边疆战略，即政策导向上的地域差别，不但与当时技术条件下矿产资源的地域分布状况相符，即内地可供采炼的铜铅矿藏接近枯竭，而边疆地区还有大量尚待开发的铜铅矿藏，而且是政府权衡利弊的折中选择，即边疆开矿以满足全国矿产需求，而内地禁矿以避免因开矿引发的社会危机，还与当时鼓励内地贫民移民边疆、开发边疆政策有内在的一致性。"禁内开边"影响下的矿业布局对清代矿业发展和边疆社会也产生了重要的影响。

三　清代后期黔铅衰落及其原因

乾隆初年黔铅年产量已突破千万斤大关，但这样的势头并未持续太久。兹以黔铅最大矿厂莲花白铅厂为中心，论述清代中后期黔铅产业的演变。曾经创造单厂最高年产量纪录的莲花厂，乾隆三十七年（1772）六月至次年五月"抽课铅一百一万二千零三十斤"，推算年产量（连闰 13 个月）506 万斤[1]，仅为二十年前的一半。乾隆四十一年，贵州巡抚裴宗锡奏称："窃照黔处荒裔，连山丛莽，绝少平旷，野无百谷之繁殖，市罕估客之鲜华，数十万井田之赋所出统比江南一大县，全资铜铅矿产裕课利民。向来铅为最，铜次之。……其铅厂出产白铅供运京楚者，现止莲花、福集两处，供运本省局铸者，仅有乐助一处，他如出产黑铅之柞子、硃矿数处，亦止堪本省各营应用，不敷京运。"[2] 即使现存之厂，产量已严重下降。如乾隆四十五年（1780），贵州巡抚李本奏："迩年以来，福集厂铅斤犹能采办如额，不致减缩，惟莲花一厂炉民所获铅斤虽尽售于官，而按计月额，尚不足三十万之数，办理甚形竭蹶。兹据该管府州详请，酌减买额，以纾炉困，经贵西道张诚基亲往该厂勘明，实因开采年久，硐深矿薄，工费繁重，炉民办获铅斤尽归官买，无可通商获利，以致炉座稀少，

---

[1] 乾隆三十八年十月二十五日，贵州巡抚觉罗图思德奏报，中国第一历史档案馆藏档案，档号：02 - 01 - 04 - 16460 - 010。

[2] 裴宗锡：《滇黔奏稿录要》（不分卷），乾隆四十一年八月十二日，《奏为筹请广采山矿以裕民生事仰祈圣训事》，全国图书馆文献缩微复制中心，2007，第 271～274 页。

此莲花厂必须减额之实在情形也。……今莲花厂铅额既多短缺，若为备贮宜宽起见，仍照旧额采买，则炉民入不敷出，无利可图，势必日渐解散，殊于厂务有碍。奴才与署司德隆通盘筹计，应请将莲花厂每年额买铅三百六十万斤酌减一百五十万斤，只买二百一十万斤。"① 也就是说，莲花厂年产量已不足 360 万斤，据贵西道张诚基的勘查，因矿石品位下降、采冶成本增加，导致矿民无利可图，以致产量下降。李本建议是将莲花厂每年生产定额从 360 万斤减至 210 万斤，虽然产量可以暂时满足定额，但无法从根本上缓解矿民的经营状况，产量下降的趋势依旧。

乾隆五十一年（1786）六月至次年五月，莲花厂抽课仅 65 万斤②，推算年产量为 325 万斤。故乾隆五十三年，贵州巡抚李庆菜再次上报黔铅减产，并对莲花、福集二厂情况进行分析："该（莲花、福集）二厂每年额办课余铅共五百十余万斤，……。近今八九年来，虽厂势渐衰，不能有余，亦何致日行支绌，或由管厂之员经理未善，更恐有抽多报少，侵渔透漏情弊，节经专委府道大员亲往查验，确加访察，委无别项弊端。缘福集厂自乾隆十一年（1746）开采，定例每铅百斤，给价银一两四钱；莲花厂自雍正十二年开采，定例每铅百斤给价银一两五钱，但每百斤应抽课铅二十斤，亦悉从工本出办，炉民实得之数，计之每百斤仅得工本银一两一二钱，今开采年久，槽硐愈挖愈深，自十数里至二三十里不等，炭山亦渐远一二站之外，工费较增于前，且槽硐地势日益洼下，常有山泉灌注，必须多雇砂丁淘干积水，方能采矿，兼之食物渐昂，厂民所领铅价不敷工本，以致无力攻采，此现在铅厂不能丰旺之实情也。……今黔省铅厂不旺，办运维艰，情形正复相同，相应恭恳圣恩俯准，照滇省加增铜价之例，每百斤酌加价银三钱，俾厂民工本稍宽，竭力采办，以冀厂势旺盛，足敷额运。"③ 李庆菜点出了黔铅产量下降的真正原因，即矿民经营状况恶化。这一方面是官定余铅收购价格 50 余年不变，而另一方面，随着开采

---

① 乾隆四十五年五月二十六日，暂护贵州巡抚立本《奏为莲花厂产铅日绌请通融补剂事》，中国第一历史档案馆藏档案，档号：04-01-36-0092-030。

② 乾隆五十三年九月十三日，贵州巡抚李庆菜奏报，中国第一历史档案馆藏档案，档号：02-01-04-17512-003。

③ 乾隆五十三年八月二十一日，贵州巡抚李庆菜《奏为预筹调剂厂铅以裕运务仰祈圣鉴事》，《宫中档乾隆朝奏折》第 69 辑，第 283～285 页。

时间的增加，不但矿硐越挖越深，坑道运输距离增加导致运输成本上升，矿硐被淹概率和排水费用亦随之增大，而且燃料产地距离炼厂越来越远，运输成本亦随之上升，还有矿区生活物资价格也会随着人口聚集而逐渐上升。因此，李庆菜建议提高官购余铅价格，从根本上改善矿民经营状况，以提高黔铅产量。

此次提高官购余铅价格取得了良好的效果。莲花厂自乾隆五十五年（1790）至嘉庆初年，年抽课量均在 90 万斤以上，即年产量超过 450 万斤。① 但是，当矿民生产成本再次超过收益时，产量必然再次下降。如嘉庆五年（1800），莲花厂虽然抽课 90 万斤，但其中在"滇属之竹箐等处招丁发本采办，收买商铅一百三十六万五千斤，镕净铅一百三十万斤，就近发运滇省盐井渡躐道直运泸州，仍作为由厂运永造报"②。因本厂产量不敷定额，不得不再别厂购买商铅以添凑，这不是特例。如嘉庆七年至十九年（1814），莲花上陆续从别厂收购商铅合计 1526.5 万斤，用于凑拨各年正额及加办白铅。③ 也就是说，嘉庆朝以来，黔铅从别处采购商铅以凑定额已常态化，其真实产量应远低于定额。嘉庆《钦定大清会典事例》记载，贵州铅厂仅有福集、莲花塘、济川、天星扒泥洞、永兴寨、水洞帕等处④，亦非昔日矿厂遍地所能比拟，黔铅开发步入衰落期。

道光八年，贵州巡抚嵩溥奏报："今（贵州）各厂因开采年久，硐老山空，砂丁进采必须深入险奥，槽道较远，工费倍增，夏间大雨时行，槽硐被淹，车水费资，炉户愈形疲乏，心存畏缩，不敢领本采办，辞退不得，则弃炉逃走，甚至领银后因铅难缴足，潜逃无踪，厂员屡为赔补。……臣再四筹酌，惟有仰恳圣恩俯准，将妈姑、福集等厂应抽二成课铅，照滇厂办铜之例，暂减一成，俾民力稍纾，庶几易于采办。"⑤ 课铅是

---

① 关于莲花厂年产量详见本书第二章第二节。
② 嘉庆九年十二月十五日，贵州巡抚福庆《题为铅厂矿煤两旺等事》，中国第一历史档案馆藏档案，档号：02 - 01 - 04 - 18544 - 013。
③ 嘉庆二十年六月初七日，云贵总督伯麟奏报，中国第一历史档案馆藏档案，档号：02 - 01 - 04 - 19592 - 028。
④ 嘉庆《钦定大清会典事例》卷一百九十四《户部·杂赋》。
⑤ 道光八年十月二十五日，贵州巡抚嵩溥《奏为铅厂办理竭蹶恳请暂减一成课铅以纾厂力恭折奏祈圣鉴事》，中国第一历史档案馆藏档案，档号：04 - 01 - 35 - 1362 - 019。

清代黔铅矿厂给政府上交的实物矿税，将二成抽课变为一成，等于政府减免了50%的矿税，这对于改善矿民经营状况有一定帮助。如道光十一年（1831）贵州巡抚嵩溥奏报："道光八年，因妈姑等厂开采年久，矿汁淡薄，炭价又昂，炉民烧办维艰，奏请自道光九年春季起，暂减一成课铅，以纾厂力，奉旨允准在案。兹据署布政使李文耕详称，查莲花厂自道光九年六月起至十年五月底，连闰计一十三个月，共抽课铅五十七万四千六百二十五斤"①，推算年产量达574万余斤。但是，仅三年之后，莲花厂年抽课量又降至40万斤左右，不得不购买商铅以凑运加办铅斤。② 道光十四年（1834），贵州巡抚裕泰奏：黔铅"以各厂开采年久，硐深矿微，出铅渐少，向赖购买商铅以资凑集，近年商铅亦少，办理维艰"。③ 通商有名无实，矿民经营状况进一步恶化，产量持续走低。如咸丰初年，莲花厂年抽课量进一步降至25万斤，产量仅为250万斤左右。④

咸丰初年，太平军兴，占据长江中游，黔铅外运受阻。咸丰三年（1853），上谕军机大臣："现在京局铜铅短绌，各起运员多因江路梗阻，不能抵通。"⑤ 京楚两运铅斤积压与四川泸州、永宁一带。据咸丰十年（1860）云贵总督张亮基查奏："惟查泸永一带，有存积黑白铅三千五百余万斤。"⑥ 咸丰四年（1854），贵州战事已全面爆发。凌惕安《咸同贵州军事史》称："咸同贵州之军事，盖一混战之局面也，当咸丰四年，外防未解，内变叠兴，杨元保发难于独山，杨隆喜起事于桐梓，涂令恒突发于安南，梅济鼎戕官于铜仁，下游则黄平、清平苗教交讧，上游则安顺仲家同时并起，兼以黄号、白号叠起环生，回众杠众抗拒扰害，中间石达开部曾两次来黔，李复猷深入腹地，何得胜窥逼省城，前仆后继，此去彼来，扰

---

① 道光十一年九月初六日，贵州巡抚嵩溥奏报，中国第一历史档案馆藏档案，档号：02 - 01 - 04 - 20497 - 001。
② 道光十五年六月十九日，贵州巡抚裕泰奏报，中国第一历史档案馆藏档案，档号：02 - 01 - 04 - 20756 - 005。
③ 道光十四年七月初一日，贵州巡抚裕泰《奏明黔省运贮汉局白铅尚多请暂停补运由》，《军机处档折件》，编号：068760。
④ 咸丰五年二月二十二日，贵州巡抚蒋霨远奏报，中国第一历史档案馆藏档案，档号：02 - 01 - 04 - 21576 - 020。
⑤ 《大清文宗皇帝实录》卷一百十，咸丰三年十月，上谕军机大臣等。
⑥ 《大清文宗皇帝实录》卷三百十一，咸丰十年三月，云贵总督张亮基等奏。

攘盖二十年，荼毒之惨，空前未有。"① 受战争影响，社会秩序混乱，工商业陷入停滞状态。咸丰五年（1855）十月，贵州巡抚蒋霨远奏："上年八月内，逆匪杨泷喜在遵义桐梓地方滋事，迫后扰及八府一州两厅，……远方商贾，裹足不前。本地商民，皆迁徙失业。……（本年）七八月至今，因上下游夷苗滋事，道路梗阻，盐贩绕道行远，脚费倍增，盐价昂贵，行销已形积滞。"②

咸丰五年年底，政府蠲免战争波及贵州各州县的钱粮，其中就包括大定、兴义、遵义等地③，而这些地区正是黔铅主要矿厂的所在地。光绪十二年（1886），贵州巡抚潘霨奏称：贵州"从前办解京局，岁额白黑铅共四百七十余万斤，兼供各省采办，所出甚多，所产甚旺。……百余年中，利益颇大。自近岁军兴，厂务遂废"④。咸同战乱期间，黔铅生产停滞。民国《威宁县志》言："威宁为矿产丰富之区，当前清乾嘉时极为旺盛，咸同以来丧乱频仍，物贵工昂，独办难支，集资匪易，迄于民国，未遑兴作，具毫无发展，仍如故也。"⑤ 光绪《水城厅采访册》称："银，由白铅中分出，未遭变以前，厅属各铅厂多以此发迹，富至数十万。"⑥ 可见，因咸同战乱，砂丁逃亡，黔铅生产被迫停止。

光绪初年，贵州社会秩序趋于稳定，晚清政府再次组织采办黔铅，以恢复京运。光绪十八年（1892），贵州巡抚松蕃奏报："窃查黔省节年奉文采办京铅，经部于光绪十年（1884）以来，先后四次指拨江西、湖南、湖北、浙江、四川五省铅本运脚银二十一万五千两，……计自光绪十六年（1890），由滇公司局每年认办白铅八十万斤、黑铅二十万斤，概由黔发价采办。"⑦ 光

① 凌惕安：《咸同贵州军事史》，沈云龙主编《近代中国史料丛刊》第13辑，台湾文海出版社，1966，第123页。
② 清代钞档：咸丰五年十月二十八日，贵州巡抚蒋霨远奏，引自彭泽益主编《中国近代手工业史资料》第一卷（1840～1949），中华书局，1962，第599页。
③ 《大清文宗皇帝实录》卷一百八十六，咸丰五年年十二月。
④ 光绪十二年五月初九日，贵州巡抚潘霨《开采贵州铜铅各矿章程折》，台湾中研院近代史研究所编《中国近代史资料汇编·矿务档》，1960，第2023条。
⑤ 民国《威宁县志》卷九《经业志·矿业》。
⑥ 光绪《水城厅采访册》卷四《食货门·物产》。
⑦ 光绪十八年四月初十日，贵州巡抚松蕃《请敕部指拨铅本银两片》，《宫中档光绪朝奏折》第7辑，第63页。

绪二十年（1894），贵州巡抚松蕃又报："计自光绪十六年滇公司认办京铅起，委员止六运，共解过白铅三百万斤，黑铅一百二十万斤。"[①] 从光绪十年至二十年，云南矿务公司在贵州采办黑白铅，共解运京局420万斤。但是，光绪二十七年（1901），督办云南矿务唐炯奏，称："威宁铅厂已不能办，惟恃东川矿山一厂。"[②] 可见，光绪年间黔铅开发持续时间短、产量低，远不能与清代中期相比。

清代黔铅产量主要集中于莲花、福集、柞子等大厂，莲花厂的发展历程反映了清代中后期整个黔铅矿业的衰落过程。虽然其中不乏政府的积极干预，如提高官购余铅价格、减免矿税、加强监管防止透漏的政策和措施，但是并未改变黔铅衰落的趋势。究其原因，实为矿民经营状况逐渐恶化所致。正如李庆棻、嵩溥等贵州大员的调查分析，一方面，这些矿厂因采冶时间太长，不但矿硐深远，坑道排水、运输、防护成本逐渐增加，而且矿石品位下降及燃料运输距离增加，冶炼成本上升，还有矿区人口集聚，米、油、铁等生产、生活物资价格上涨，三者叠加导致经营成本逐渐上升；另一方面，虽然政府有提高余铅收购价格和减税的举措，但是力度远远低于矿民生产成本的增长速度，故大部分时间内矿民经营入不敷出，生产势必逐渐萎缩。可见，清代黔铅矿业的衰落是受矿业生产规律和政府矿政双重影响的结果。

---

① 光绪二十年七月初四日，贵州巡抚松蕃《历年办运京铅收支工本等项银数折》，《宫中档光绪朝奏折》第8辑，第445页。

② 光绪二十七年三月十五日，《奏矿务公司采办京铅赔累甚钜恳免课加价以纾商力》，引自唐炯《成山老人自纂年谱》，宣统二年刻本，《近代中国史料丛刊》第16辑。

第二章

清代黔铅矿厂与厂务管理

矿厂不但是清代黔铅生产的主体，而且是政府矿业管理和数据统计的基本单位。现存清代文献关于黔铅生产、收购、管理等方面的记载均与矿厂密切相关。因此，本章在考证黔铅矿厂置废和分布的基础上，以莲花、福集、柞子等大型矿厂为个案，详细探讨清代黔铅的产业发展、产量演变和厂务管理。

第一节　清代黔铅矿厂置废及其时空分布

清代对矿厂置废的条件、程序及厂务管理均有严格的规定。各省如有产铜铅地方，先由本地人呈请，政府派员实地查勘，如为远离坟墓、田地、房屋，不影响风水的地方，则批准试采一年，如采炼有效则正式设厂；如果开采年久、矿砂淡薄、矿民入不敷出，则由厂员或厂官奏请封闭，仍由政府派员实地查勘而定。如康熙《钦定大清会典》载："十八年覆准：各省采铜铅处，令道员总理，府佐分管，州县官专司，任民采取，八分听民发卖，二分纳官，造册季报。近坟墓处，不许采取。事有未便，该督抚题明停止。……上司诛求逼勒者，从重议处。其采取铜铅，先听地主报名采取，如地主无力，听本州县人报采，许雇临近州县匠役，如有越境采取，并衙役扰民，照光棍例治罪。"[1] 可见，除了私自开采之外，清代正式设立的矿厂均纳入政府严格的管控，这使我们借助官方文献研究清代黔铅矿厂成为可能。

---

[1]　康熙《钦定大清会典》卷三十一《户部十五·库藏二》。

一 清代黔铅矿厂置废时间考

1. 观音山、猴子、腻书、阿都黑铅厂

清代黔铅设厂始于康熙末年。雍正《钦定大清会典》载：康熙五十七年"又题准，开采贵州观音山等厂"，"雍正元年覆准，停止贵州观音山等厂"。① 而乾隆《钦定大清会典事例》中却载：康熙五十七年"又题准，开采贵州威宁府属猴子厂银矿，二八收课"，将"开采贵州威宁府观音山银铅矿厂"推迟至康熙五十九年，其封闭时间与康熙会典一致。② 两种文献关于观音山厂设立时间有差异，笔者认为，雍正《钦定大清会典》形成于前，记载应更为可信，但不全面。因为"观音山等厂"的表述说明，当时贵州设立的矿厂不仅有观音山一处，猴子厂可能包含在内，乾隆《钦定大清会典事例》中猴子厂设立于康熙五十七年就是例证。另据雍正三年贵州巡抚毛文铨奏称："窃查黔省猴子厂，于康熙五十七年具题开采以来，至康熙六十一年矿已衰微，续升布政使裴率度具详咨部请封，嗣因部覆不准停止，管厂官无可如何。臣于是年在大定州地方另蹋一山，地名落龙碉，详明开采，帮补猴子厂，迄今又已四载，落龙碉亦复衰微。"③ 可见，猴子厂与观音山厂应为同时设立，银铅并采，是清代设立最早的一批黔铅矿厂。至于猴子厂的封闭时间，雍正七年十二月，贵州巡抚张广泗回奏会勘猴子厂情形，提及雍正五年二月至六年正月一年之内，猴子厂抽获课银及炉底课铅变价银不足 200 两，并言该厂"矿砂全无"。④ 乾隆《钦定大清会典事例》记载雍正六年"又题准，封闭贵州威宁府属猴子厂银矿"，⑤ 应该可信。

腻书、阿都二厂。据雍正二年五月底贵州巡抚毛文铨奏："窃查黔省如阿都、贰书、猴子等银厂已经题报外，尚有丁头山、齐家湾等处铅厂，

---

① 雍正《钦定大清会典》卷五十三《课程五，杂赋》。
② 乾隆《钦定大清会典则例》卷四十九《户部·杂赋上》。
③ 雍正三年五月初一日，贵州巡抚毛文铨《奏猴子厂落龙碉矿砂衰微将尽续采有弊无益折》，《雍正朝汉文朱批奏折汇编》第四册，第 871 页。
④ 雍正七年十二月十三日，贵州巡抚张广泗《为会堪威宁等事》，《明清档案》：A42 - 22。
⑤ 乾隆《钦定大清会典则例》卷四十九《户部·杂赋上》。

昔日俱属私开，即前折奏闻之滥木桥水银厂，从前亦无分文归公之处，今逐一清查，现檄藩司议定抽收之数。"① 次年三月，贵州威宁镇总兵石礼哈奏报王日生私自开矿贩卖时称：康熙五十八年（1719）金世扬调任贵州巡抚，"王日生又同至黔省，到威宁府开采天桥、腻书、阿都、柞子等厂，至四川重庆府发卖，亦伏巡抚之势，所过威宁府与永宁、毕节县等处之税俱不纳国课"。② 也就是说，腻书、阿都二厂康熙五十八年就已私开，最迟于雍正二年五月纳入政府管理之下，雍正三、四、五年均有抽课量的记载。③ 至于该二厂封闭时间，而乾隆《钦定大清会典事例》载：雍正八年"又覆准，停止贵州威宁府属阿都、腻书二厂"。④

2. 马鬃岭、丁头山、齐家湾白铅厂

前文已经提及，雍正二年五月，贵州巡抚毛文铨奏请将丁头山、齐家湾等私开矿厂逐一清查。同年十一月，云贵总督高其倬奏：因云南开局鼓铸需用锌，"臣亟思另自开厂，以供鼓铸，……又访得贵州地方之马鬃岭、齐家湾、罐子窝等处，亦有倭铅矿硐，因通知抚臣毛文铨，委员会同查勘招开，已经具奉令，各处皆有成效"。⑤ 乾隆《钦定大清会典事例》记载："（雍正）二年题准，贵州大定府属马鬃岭铅厂、又普安县属丁头山铅厂均准开采，二八收课；又覆准，贵州威宁府齐家湾、丁头山等处出产铅矿，交商人开采纳课"；齐家湾厂雍正二年封闭，马鬃岭、丁头山二厂乾隆二年（1737）封闭。⑥

3. 羊角、柞子、白蜡、新开、水城黑铅厂

雍正五年闰三月，贵州巡抚何世基奏报："臣履任时，黔西商民纷纷具呈请开矿厂，……遂行查验羊角、札子、白蜡三厂，已有成效。"⑦

---

① 雍正二年五月二十九日，贵州巡抚毛文铨《奏清查私开矿厂酌议抽收款项归公折》，《雍正朝汉文朱批奏折汇编》第三册，第 118～119 页。
② 雍正三年四月二十二日，贵州威宁镇总兵石礼哈《奏报恶棍王日生开矿贩卖等劣迹折》，《雍正朝汉文朱批奏折汇编》第四册，第 813 页。
③ 雍正七年十二月十三日，贵州巡抚张广泗《为会堪威宁等事》，《明清档案》：A42－21。
④ 乾隆《钦定大清会典则例》卷四十九《户部·杂赋上》。
⑤ 雍正二年十一月二十一日，云贵总督高其倬《奏节省铅价调剂钱法折》，《雍正朝汉文朱批奏折汇编》第四册，第 54 页。
⑥ 乾隆《钦定大清会典则例》卷四十九《户部·杂赋上》。
⑦ 雍正五年闰三月二十六日，贵州巡抚何世基《奏报黔省矿厂事宜及开挖盐井折》，《雍正朝汉文朱批奏折汇编》第九册，第 509 页。

三厂正式设立。至乾隆五年，白腊厂因"洞老山空，题请封闭"①。羊角厂持续的时间更长些，其最晚的记载见于乾隆二十一年（1756），贵州巡抚定长还奏报乾隆十九年四月至二十年三月柞子、羊角二厂抽获课银及课铅数。②柞子厂自雍正五年设立，道光末年仍在开采。道光二十四年（1844），贵州巡抚贺长龄盘查贵州银铅矿，柞子厂仍包括在内。③笔者推测，柞子厂可能因咸丰初年贵州战乱而停止。此外，雍正四年（1726），还题准"开采贵州新开、水城等银矿，二八收课"，雍正八年封闭。④

4. 大鸡、江西沟、砂硃、大兴白铅厂

雍正七年十一月，云南总督鄂尔泰奏报黔铅大旺，所列矿厂中包括马鬃岭、丁头山、大鸡、砂硃、江西沟、柞子等六厂。⑤马鬃岭、丁头山、柞子三厂前文已有论述。乾隆《钦定大清会典事例》记载：雍正七年"又覆准，贵州毕节县大鸡厂出产倭铅，威宁府属猓木果地方出产铜矿，煎试有效，准令开采，照例二八收课"；而后又言，雍正八年"又题准，贵州威宁州所属砂硃厂、大兴厂铅矿试有成效，应准开采，所出铅照例二八收课"。⑥显然，砂硃厂的设立时间应以雍正七年为准。鄂尔泰的奏报中无大兴厂而有江西沟厂，可能大兴厂设立于雍正八年，而江西坡厂再无其他文献记载，其置废时间暂缺。其他各厂封闭时间，乾隆《钦定大清会典事例》记载，雍正十年（1732）"又题准，贵州大定府属大兴铅厂、毕节县大鸡铅厂开采数载，矿砂无出，准其封闭"。⑦嘉庆《钦定大清会典事例》载，砂硃厂封闭于乾隆二十年⑧，可能有误。因笔者在中国第一历史档案馆中收集到贵州省收买砂硃厂乾隆二十一年至二十二年（1757）变价充饷

---

① 《大清高宗皇帝实录》卷一百十三乾隆五年三月戊辰，户部议准贵州总兼管巡抚事务张广泗疏称。

② 乾隆二十一年五月二十四日，贵州巡抚定长《题报威宁州属柞子羊角二厂抽课数目事》，《内阁大库档案》，档号：NO 000112898。

③ 贺长龄：《耐庵奏议存稿》卷十《覆奏开采银矿请随时采访折》，道光二十四年八月二十五日。

④ 乾隆《钦定大清会典则例》卷四十九《户部·杂赋上》。

⑤ 雍正七年十一月初七日，云南总督鄂尔泰《奏为奏明调剂黔省铅斤并办获滇省铅息事》，《雍正朝汉文朱批奏折汇编》第十七册，第159～160页。

⑥ 乾隆《钦定大清会典则例》卷四十九《户部·杂赋上》。

⑦ 乾隆《钦定大清会典则例》卷四十九《户部·杂赋上》。

⑧ 嘉庆《钦定大清会典事例》卷一百九十四《户部·杂赋》。

课铅、乾隆二十六年溢出秤头铅的相关档案①，故该厂封闭时间应在乾隆二十六年（1761）之后。

5. 小洪关、莲花、月亮岩白铅厂及枫香黑铅厂

据乾隆《钦定大清会典则例》记载：遵义县小洪关厂设于雍正九年，封闭于乾隆元年（1736）；威宁州莲花厂开于雍正十二年；乾隆四年（1739）开绥阳县月亮岩厂，乾隆十二年以矿砂衰微封闭；乾隆七年开思州府枫香厂，乾隆十一年封闭。② 至于莲花厂，咸丰初年还在开采。咸丰六年（1856），贵州巡抚蒋霨远还奏报咸丰三年六月至咸丰四年五月底该厂抽课数目。③ 该厂可能与柞子厂一样，咸丰初年因战乱而停顿。月亮岩厂在乾隆后期曾再次开采。乾隆四十二年"又题准，贵州遵义县属新寨、绥阳县属月亮崖铅厂，仍准其开采"，嘉庆元年（1796）再次封闭。④

6. 猓木底、罗朋、济川、福集、天星扒泥洞、茨冲白铅厂及威宁州新寨黑铅厂

乾隆《钦定大清会典则例》载：水城厅猓木底厂乾隆十年开，十六年（1751）封闭；普安州罗朋厂乾隆十年开，十五年（1750）封闭；丹江厅济川厂乾隆十年开，二十二年封闭；水城厅法都、福集厂乾隆十一年开；威宁州新寨厂乾隆十二年开，十四年封闭；思南府天星扒泥洞厂乾隆十二年开，十五年封闭；水城厅茨冲厂乾隆十六年开，二十年封闭。⑤ 此后，法都厂几乎不见于记载。嘉庆《钦定大清会典事例》列举当时贵州还在开采的铅锌矿厂有："水城属法都福集铅厂、威宁州属莲花塘铅厂（又猓纳河铅厂）、都匀府属济川铅厂、思南府属天星扒泥洞白铅厂、凯里永兴寨

---

① 乾隆二十四年正月二十一日，署贵州巡抚周人骥《题为详明筹办厂务等事》，档号：02 - 01 - 04 - 15200 - 002；乾隆二十七年十二月二十日，贵州巡抚乔光烈《题为黔省莲花等铅厂收铅工本及运存销售支用等银事》，档号：02 - 01 - 04 - 15507 - 003。
② 乾隆《钦定大清会典则例》卷四十九《户部·杂赋上》。
③ 咸丰六年十二月十二日，贵州巡抚蒋霨远奏报，中国第一历史档案馆藏，档号：02 - 01 - 04 - 21607 - 017。
④ 嘉庆《钦定大清会典事例》卷一百九十四《户部·杂赋》。
⑤ 乾隆《钦定大清会典则例》卷四十九《户部·杂赋上》；嘉庆《钦定大清会典事例》卷一百九十四《户部·杂赋》。

铅厂、大定府水洞帕兴发寺等铅厂，均二八收课。"① 法都、福集同在水城，且距离较近。据光绪《水城厅采访册》言："万福厂，又名巴都厂，在永顺里"，又称嘉庆十五年时水城通判张宝鑑"请厅属万福、福集两铅厂税务归巡道管理"。② 巴都可能是法都的不同记音汉字，其地址在今六盘水水城区盐井乡关门山行政村万福厂。其后，福集产量大增，法都可能作为福集子厂，虽然设有抽税官员，但纳入福集厂奏报，因为两厂直线距离仅 50 公里。据抗战前的调查："万福银矿在前清乾隆年间开采极盛，闻当时矿坑多至百余处，矿工数万人，取附近夹沟之煤从事冶炼，相传浓烟缭绕，飞鸟不过，可想见当时矿业之盛。"③ 乾隆年间水城厅如此规模的黔铅矿厂非福集厂莫属，如果万福厂作为福集子厂，这样的追忆符合常理。至于福集厂，笔者于 2010 年考察该厂旧址，发现《重建火神庙功德碑》一块，该碑立于嘉庆二十四年（1819），碑文载："福集厂自乾隆十年开。"④ 该厂一直持续至咸丰初年，如咸丰七年（1851），户部尚书柏葰查核该厂咸丰四年五月至五年三月的抽课数目。⑤ 该厂可能与柞子、莲花厂一样，咸丰初年因战乱而停顿。

7. 乐助堡、永胜坡、连发山、水洞帕兴发、遵义新寨、大丰白铅厂及永兴寨黑铅厂

都匀县乐助堡厂乾隆二十五年开，嘉庆元年封闭；乾隆二十五年开清平县凯里县丞永胜坡厂，二十七年封闭；乾隆四十二年开普安县连发山，乾隆六十年（1795）封闭；乾隆四十二年开遵义县新寨厂，嘉庆元年封闭；永兴寨厂乾隆三十七年开，大定府水洞帕兴发厂乾隆四十二年开。⑥ 同治《钦定户部则例》中仍记载永兴寨黑铅厂和水洞帕兴发白铅厂⑦，此二厂应延续至咸丰初年。水洞帕与兴发同为一厂，乾隆四十五年，暂护贵州巡抚李本

---

① 嘉庆《钦定大清会典事例》卷一百九十四《户部·杂赋》。
② 光绪《水城厅采访册》卷二《地理》、卷五《职官》。
③ 民国《今日之贵州·贵州矿产纪要》第五章《铅锌银矿》，京滇公路周览会贵州分会宣传部印，1937。
④ 在今贵州省六盘水市水城区老鹰山镇福吉厂村北。
⑤ 咸丰七年四月十七日，户部尚书柏葰奏议，中国第一历史档案馆藏，档号：02 - 01 - 04 - 21628 - 025。
⑥ 嘉庆《钦定大清会典事例》卷一百九十四《户部·杂赋》。
⑦ 同治《钦定户部则例》卷三十五《钱法二》。

奏称："至兴发厂，即地名水洞帕。"① 清代奏销档案中均将其作为一个厂奏报，如乾隆五十一年，贵州巡抚李庆菜《题为遵旨议奏事》中称："该臣看得大定府属水洞帕兴发白铅厂，抽收课铅变价，以及支销人役工食等项，例应按年分晰造册报销。"② 另据道光《大定府志》记载：兴发厂原供宝黔局及四川采买，乾隆元年停川运，嘉庆四年（1799）后仅供大定局；同时该书又引《黔南识略》称"大定水洞坡旧有铅厂，供应四川采买及省定二局鼓铸，嘉庆元年四月额运不敷，奉准停止，今止供运定局鼓铸铅八万有奇，即此厂也"。③ 大定府志的作者误将水洞帕、兴发认为是两个厂，然从其设立的时间、地点、运销、管理方面看，两者实为一厂。

表 2 - 1　清代黔铅矿厂置废统计

单位：年

编号	厂名	所属政区	开采年份	封闭年份	开采时长	编号	厂名	所属政区	开采年份	封闭年份	开采时长
1	观音山	威宁州	1718	1723	5	17	莲花塘	威宁州	1734	1855	121
2	猴子	威宁州	1718	1728	10	18	月亮岩	绥阳县	1739	1747	8
3	腻书	威宁州	1724	1730	6	19	枫香	思州府	1742	1746	4
4	阿都	威宁州	1724	1730	6	20	猓木底	水城厅	1745	1751	6
5	马鬃岭	大定府	1724	1737	13	21	济川	丹江厅	1745	1757	12
6	齐家湾	威宁州	1724	1724	1	22	罗朋	普安州	1745	1750	5
7	丁头山	普安县	1724	1737	13	23	福集	水城厅	1746	1855	109
8	柞子	威宁州	1727	1855	128	24	扒泥洞	思南府	1747	1750	3
9	羊角	威宁州	1727	1755	28	25	新寨	威宁州	1747	1749	2
10	白蜡	威宁州	1727	1755	28	26	茨冲	水城厅	1751	1755	4
11	新开	水城厅	1726	1730	4	27	永胜坡	清平县	1760	1762	2
12	水城	水城厅	1726	1730	4	28	乐助堡	都匀县	1760	1796	36
13	大兴	威宁州	1730	1732	2	29	永兴寨	清平县	1772	1855	83
14	大鸡	毕节县	1729	1732	3	30	连发山	普安县	1777	1795	18
15	砂硃	威宁州	1729	1761	32	31	新寨	遵义县	1777	1796	19
16	小洪关	遵义县	1731	1736	5	32	水洞帕	大定府	1777	1855	78

注：绥阳县月亮岩白铅矿在乾隆四十二年至嘉庆元年曾经再次设厂开采，前后两次开采时间长达 26 年。

① 乾隆四十五年五月二十六日，暂护贵州巡抚李本《奏为莲花厂产铅日细请通融补剂事》，中国第一历史档案馆藏，档号：04 - 01 - 36 - 0092 - 030。
② 乾隆五十一年五月二十八日，贵州巡抚李庆菜奏，《内阁大库档案》，档号：NO 000137321。
③ 道光《大定府志》卷四十二《经政志第四·食货志四下》。

以上统计可见，清代正式设立的黔铅矿厂多达 32 个。虽然总数很多，但受探矿技术和采冶成本限制，仅有 15 家厂开采时间超过 10 年。同时，因为旋开旋闭，同一时期存在的矿厂并不多。

二 主要矿厂所在地考证

一般而言，开采时间较长的矿厂较为稳定，对清代黔铅生产的时空变化起决定性作用。鉴于清代黔铅矿厂不稳定的特征，结合史料情况，笔者选择开采时间在十年以上的矿厂进行厂地考证，主要有猴子、马鬃岭、丁头山、柞子、羊角、白蜡、硃砂、莲花塘、月亮岩、济川、福集、乐助堡、永兴寨、遵义新寨、水洞帕 15 处。

1. 猴子、柞子、羊角、白蜡厂

猴子铅厂设立于康熙五十七年，康熙六十一年后开落龙硐子厂，雍正五年封闭。其厂位于威宁府境内，无确切史料。光绪《水城厅采访册》云："猴子厂，产银汞，山高路险，猴因人过其下，以银汞掷之，始开矿"[1]，光绪《贵州全省地域图说》中，水城厅境内亦标有猴子厂地名[2]。比照 1985 年、2005 年版的《贵州省地图集》[3]，应在今六盘水市水城区野钟乡（原名猴子场）驻地附近。按雍正七年以前，威宁府辖大定、平远、黔西三州和毕节县，雍正十年划大定府永顺、常丰二里置水城厅。故水城厅原属威宁府，猴子厂所在地与文献记载相符。

柞子黑铅厂属威宁府，自雍正五年设厂至咸丰五年停顿，持续 120 余年，为清代最大黑铅厂。道光《大定府志》云："曰柞子厂，在威宁州，产黑铅，乾隆三年开采，年久矿歇，附近有新开、朱红、塘子三厂承其课购。"[4] 民国《威宁县志》亦言："大宝山，在城东北一百零五里，天桥旧各银厂沟所产镰铅矿最旺，矿中提银成色最佳，羊角、莲花、福来、天元、柞

---

[1] 光绪《水城厅采访册》卷二《地理·山川》。
[2] 顾德凤测绘、贵州测绘舆图局校：《贵州全省地舆图说》（上、下册），宣统元年十月贵州调查局本。
[3] 贵州省测绘局编《贵州省地图集》，1985；贵州省国土资源厅、贵州省测绘局编《贵州省地图集》，2005。
[4] 道光《大定府志》卷四十二《食货志四下·厂矿》。

子、窝铅、四堡各厂与之毗连，远者不过五十里，近只十余里"，柞子"是为铅厂，今尚有采铅矿者"。[①] 民国二十九年（1940），汪允庆调查时说："柞子厂位于威宁县东约六十五里，妈姑车站之西约十五里"，"咸丰以来，采矿之事虽则终止，而冶炼工作，仍然未曾间断，兹已八十余年，所用原料，都为前人遗弃之废锌与铅渣"[②]。比照 1985 年《贵州省地图集》，赫章县妈姑区铅丰镇西标有柞子厂地名，即今毕节市赫章县妈姑镇海子行政村菜园子附近。

上引民国《威宁县志》称，羊角厂距离柞子、莲花等厂较近。另据 1942 年唐八公调查："妈姑本地并无铅锌矿藏，但各矿区散居于其四周，近者十四五里，如架子厂，远者亦只三十余里，如羊角厂。"[③] 即羊角厂距离妈姑镇所在地 30 余里。1940 年汪允庆考察柞子厂，所列"柞子厂附近各厂名称"中就有羊角厂和白蜡厂[④]，说明羊角、白蜡二厂距离柞子厂不远。可见，羊角、白蜡二厂应在今赫章县妈姑镇附近。比照 1985 年《贵州省地图集》，赫章县妈姑区珠市彝族乡南标有白蜡厂地名，即今毕节市赫章县妈姑镇珠市行政村白腊厂。

2. 马鬃岭、丁头山、莲花、砂碌厂

马鬃岭厂在大定府亥仲汛马鬃岭塘而得名。光绪《水城厅采访册》记载：由水城厅东门出，经界牌塘、扒瓦塘、普察汛、犀牛塘、亥仲汛、马鬃岭塘、者落箐塘，至大定协分防白布河汛沙子塘界，每塘相距 10～15 里不等。[⑤] 查今地图，六盘水市水城区北部，扒瓦、犀牛塘等地名仍存，今水城区至纳雍县公路基本以此线修建，按其方位、距离，马鬃岭塘应在今水城区南开乡和兴村东北，而该村东 4 公里即为马宗岭山，其旁有坞铅、坞铅坝等地名。[⑥] 故

---

① 民国《威宁县志》卷一《地理志·山川》、卷九《经业志·矿业》，1924 年定稿，1964 年毕节地区档案馆油印本。
② 汪允庆：《叙昆路沿线矿产调查报告（二）》，经济部矿冶研究所编《矿冶半月刊》1940 年第 4 卷第 7～16 期。
③ 唐八公：《贵州西部铅锌矿业之调查》，《西南实业通讯》1942 年第 6 卷第 2 期。
④ 汪允庆：《叙昆路沿线矿产调查报告（二）》，经济部矿冶研究所编《矿冶半月刊》1940 年第 4 卷第 7～16 期。
⑤ 光绪《水城厅采访册》卷七《武备门》兵制塘铺附。
⑥ 参见贵州省测绘局编《贵州省地图集》，1985；贵州省国土资源厅、贵州省测绘局编《贵州省地图集》，2005。

可定马鬃岭厂在今六盘水市水城区南开乡和兴村马宗岭。

丁头山厂属普安县管理，厂址无确切资料。查今晴隆县花贡镇母洒行政村北有丁头山地名，地近普安县，且有铅锌矿藏分布。按晴隆县清代为安南县地，与普安县相邻，其丁头山厂可能地在安南，而由普安县管理。故将丁头山厂定于黔西南州晴隆县花贡镇母洒行政村丁头山。

砂硃厂属威宁州管理。道光《大定府志》云："砂硃厂产铅，本地在威宁地，毕节县遣人管理。"① 查《贵州省地图集》，赫章县青山区田坝乡西标有硃砂厂地名，即今毕节市赫章县水塘堡乡沙坝行政村附近。赫章县清代属威宁州，与文献记载相符。

莲花铅该厂因地处莲花塘而得名，但莲花塘具体位置不见于记载。道光《大定府志》记载："大宝山在城东百五里，银厂沟旁有银铅厂，曰天桥厂，初名莲花厂。开掘起自五代汉天福中，古洞上有磨崖石刻纪其事，实滇黔间最古之洞也。……乾隆中普安张万高复开此厂，亦梦大士投以开采之诀，嘉庆中威宁道伊小君莅任时，出银极盛，每日以万马载砂。"② 按道光《大定府志》所言，威宁州天桥厂原名莲花厂，但天桥厂的历史更早。雍正三年，威宁镇总兵石礼哈奏报：矿商王日生"到威宁府开采天桥、腻书、阿都、柞子等厂，至四川重庆府发卖"，且"王日生在威宁府开矿贩卖铅斤二三年之久，乃兵民人人共知之事"。③ 可见，天桥厂始于康熙末年，以采黑铅炼银为主，其后封闭。后复于旧厂附近开采白铅，地名莲花塘，近银厂沟，故称莲花厂。故天桥厂与莲花厂所采基本为同一矿区，仅开采时段和矿种不同而已。今贵州省赫章县妈姑镇有地名天桥村，村西有河名银厂沟，隔河西岸有地名莲花村，南距妈姑镇驻地约 8 公里，东北距离威宁县城（清代威宁州城）约 50 公里。④ 据现在的文物调查，天桥村旁银厂沟附近有大量古代矿井遗

① 道光《大定府志》卷四十二《食货志四下·厂矿》。
② 道光《大定府志》卷十六《疆域志六·山川副记第五》威宁州。
③ 雍正三年四月二十二日，贵州威宁镇总兵石礼哈《奏报恶棍王日生开矿贩卖等劣迹》，《雍正朝汉文朱批奏折汇编》第四册，第813页。
④ 参见贵州省测绘局编《贵州省地图集》，1985；贵州省国土资源厅、贵州省测绘局编《贵州省地图集》，2005。

址。① 另据乾隆十六年威宁镇总兵李琨查奏称："查妈姑河（厂）离本管之结里汛相距八十余里，离附近之水槽铺汛止三十里。"② 按妈姑河源于今威宁县板底乡安平村附近韭菜坪北麓，流经赫章县妈姑镇驻地，故名妈姑河。再经砂石村，至天桥村附近又称银厂沟，至罗州乡后东流称东道河。今赫章县水塘堡乡水潮堡村原名水槽铺，从莲花村至水潮堡的距离正好 15 公里③，与李琨的描述相符，而《钦定户部则例》则称为："贵州威宁州属莲花山地方妈姑铅厂。"④ 由此可见，妈姑（河）厂与莲花厂实为同一厂，其地有莲花山，山上设有莲花塘，山下流经妈姑河，妈姑厂因河名，莲花厂因山名，即"一厂二名"，实为同一矿区。⑤

3. 月亮岩、济川、福集、永兴寨、遵义新寨厂

道光《遵义府志》记载："月亮崖，在（绥阳县）赵八甲，产铅，旧有厂，乾隆间封禁，亦产白金，地与野茶坝相接，属遵义。"该书又引档册云："（道光）二十一年九月，绥阳县奸民熊仕宗等纠集游民于绥阳县、正安州接壤之野茶坝、聚宝山、天缘山、新山等处私采银铅。"⑥ 月亮岩即月亮崖，与野茶坝相接，今绥阳县野茶乡，与正安县交界。故月亮岩矿山约在今绥阳县野茶乡。铁星坪、版坪今不知何处，但绥阳县境内产煤地仅三处，分别为西北部宽阔镇驻地、西南部蒲场镇大桥村和南部郑场镇清源村，唯宽阔镇距离野茶乡最近，且有河道相连⑦，故推测月亮岩炼厂约在今绥阳县宽阔镇附近。

济川铅厂属都匀府丹江厅管理，永兴寨厂属清平县管理。乾隆十年，户部批复贵州总督张广泗奏请开采济川铅矿时说："黔省丹江所属济川地方出产铅矿，可以开采，请照例二八抽课，变价解部。至挂丁等处，僻处

---

① 毕节地区地方志编纂委员会编《毕节地区志·文物名胜志》第一章第二节《古矿遗址》，贵州人民出版社，1994，第 15 页。

② 朱批奏折：乾隆十六年五月十六日，贵州威宁镇总兵官李琨奏。引自《清代的矿业》，第 332 页。

③ 见贵州省测绘局编《贵州省地图集》，1985；贵州省国土资源厅、贵州省测绘局编《贵州省地图集》，2005。

④ 《钦定户部则例》卷三十五《钱法二》贵州铅厂章程条。

⑤ 参见马琦《"莲花"与"妈姑"：清代最大矿厂名实考辨》，《贵州文史论丛》2012 年第 3 期。

⑥ 道光《大定府志》卷四《山川·绥阳县》；卷四十二《食货志四下·厂矿》。

⑦ 参见贵州省国土资源听、贵州省测绘局编《贵州省地图集》，2005。

苗地，杂径甚多，请添设巡役稽查，其人役工食等项，照例支给。"① 济川、挂丁两地应相隔不远。《黔书·凯里铅》云："清平凯里香炉山之阳有穴焉。"② 民国初年，毋伯平考证："按《田志》之黑白两厂（济川白铅厂与永兴寨黑铅厂）所在地，今名镰厂（镰即白铅），距凯里城三十里。"③ 民国《贵州通志》言："蒙斋《黔书》载清平凯里铅甚详，今清平之厂曰永兴，其地有五，非一厂也。洞下及老镰厂矿脉已绝，不复采，所采惟葛藤坡、赖子坡、龙井耳。"④ 按清平县凯里县城即今黔东南州凯里市，其三棵树镇所辖有洞下、龙井、铅厂、挂丁、赖坡等地名，距凯里市区约30里，其地有铅锌矿藏。故济川厂应在黔东南州凯里市三棵树镇洞下行政村，永兴厂应在黔东南州凯里市三棵树镇铅厂行政村。

福集厂属水城厅。道光《大定府志》引水城档册云："万福厂在永顺里二甲，福集厂在常平里八甲。"⑤ 光绪《水城厅采访册》载："福集厂，在城东北三十五里产铅。""闹鹰山，在福集厂后。""赫明湖，在城南二十里，即万福厂，一名巴都。"⑥ 民国初年，改水城厅为水城县，今为六盘水市水城区，城址未变。查今地图，六盘水市钟山区老鹰山镇木桥行政村有福集地名，在水城区驻地东北约20里处，闹鹰山即今老鹰山，距福集不足十里。故福集厂址在今六盘水市钟山区老鹰山镇木桥行政村福集。

道光《遵义府志》引《心斋随笔》："遵义县铅厂在沙溪里泮水场侧内，有大海子、小海子各一，乾隆三十八年知县罗存德具报开采，至乾隆四十二年大有成效，督抚将熟悉厂务之大定知府姚学英对调遵义办理。"⑦ 乾隆四十二年，贵州巡抚裴宗锡请调大定府知府姚学英署遵义知府，其理

---

① 《大清高宗皇帝实录》卷二百四十八，乾隆十年九月。户部议准贵州总督兼管巡抚事张广泗疏。
② 《黔书》下卷《凯里铅》。
③ 民国《炉山物产志稿》第三门《矿物·金属》。
④ 民国《贵州通志》之《风土志·方物》矿物。
⑤ 道光《大定府志》卷四十二《食货志四下·厂矿》。
⑥ 光绪《水城厅采访册》卷二《地理·山川》。
⑦ 道光《遵义府志》卷十九《坑冶》。

由之一为"现今遵义府属铅矿即系该员经手堪办，立能就绪"①。可见《心斋随笔》所言"遵义县铅厂"为新寨铅厂。在1985年版《贵州省地图集》中，遵义县泮水乡永定行政村旁仍有大海子地名。故新寨铅厂应在今遵义市遵义县泮水镇永定行政村附近。

4. 乐助堡、连发山、水洞帕厂

乐助堡厂属都匀县管理。民国《都匀县志稿》云："（铅）一产于白猫水，……一产坝固，清道光间巨商李国桢开采，因苗乱停歇。"② 坝固即今黔南州都匀市坝固镇，该地有铅锌矿藏分布，故将乐助堡厂址定于黔南州都匀市坝固镇。

连发山铅厂属普安县管理，厂址无确切资料。按清普安县（即今贵州普安县），所辖罐子窑镇铅矿行政村附近富藏铅锌矿，故将连发山厂定于黔西南州普安县罐子窑镇铅矿行政村。

该厂全名为水洞帕兴发寺铅厂，属大定府管理。道光《大定府志》记载："铅厂之可言者凡四：曰兴发，在大定西，产白铅。""《黔南识略》云，大定水洞坡旧有铅厂，供应四川采买及省定二局鼓铸，嘉庆元年四月额运不敷，奉准停止，今止供运定局鼓铸铅八万有奇，即此厂也。"③ 据该书所载，大定府亲辖地大有里有大兴、三宝、白玉、草坝、瑞兴等厂产黑白铅。按清代大定府辖今大方、纳雍二县地，大有里约为今纳雍县水东、老凹坝二乡地，尤其是水东乡的麻园、木城、怕那、花初、以则孔、那物坝等村，铅锌矿藏丰富。故将水洞帕厂暂定于毕节市纳雍县水东乡木城行政村附近。

三　黔铅矿厂的时空演变

依据清代黔铅的开发过程，笔者将矿厂分为四个时期：康熙五十七年至雍正十一年（1718～1733）、雍正十二年至乾隆四十年（1734～1775）、

---

① 裴宗锡《奏为请调熟练知府经理新厂铅务仰祈圣恩破格允准以收实效事》，《滇黔奏稿录要》（不分卷），全国图书馆文献缩微复制中心，2007，第409～414页。

② 民国《都匀县志稿》卷六《农桑物产》。

③ 道光《大定府志》卷四十二《食货志四下·厂矿》。

乾隆四十一年至嘉庆十七年（1776～1812）和嘉庆十八年至咸丰十年（1813～1860），分时段考察清代黔铅矿厂的时空演变。

1. 第一时期：康熙五十七年至雍正十一年（1718～1733）

这一时期清代全国矿业政策还基本处于封禁阶段。康熙五十二年五月，大学士九卿等议覆："除云南督抚雇本地人开矿，及商人王纲明等于湖广、山西地方各雇本地人开矿不议外，他省所有之矿向未经开采者仍严行禁止。"① 此政策一出，除云南之外，所有省份禁止新开矿厂，这一政策实际上是对康熙十八年以来开放铜铅矿产开采的否定。但是，实际执行方面却并非如此。康熙五十七年，贵州威宁府属观音山、猴子等处便开始设厂开采银铅。② 雍正朝以来，贵州开矿在事实上已经不成问题。这一时期设厂 16 座，其中威宁州 10 座，水城厅 2 座，大定府亲辖地及毕节、遵义、普安三县各 1 座，而威宁、水城、毕节均属大定府管辖，矿厂绝大部分处于大定府境内。其中，持续时间在 10 年以上的有猴子、马鬃岭、丁头山、柞子、羊角、白蜡、砂砵、莲花等 8 座，主要分布于威宁州与水城厅交界地带，形成以妈姑为中心的威水铅锌矿群，成为黔铅产地的中心区域。

除了黔铅产地核心形成之外，这一时期的矿厂，大多在政府设立之前就已有商民从事开采炼。雍正二年，贵州巡抚毛文铨奏称："窃查黔省如阿都、贰书、猴子等银厂已经题报外，尚有丁头山、齐家湾等处铅厂，昔日俱属私开，即前折奏闻之滥木桥水银厂，从前亦无分文归公之处，今逐一清查，现檄藩司议定抽收之数，俟详议到日，即会同云贵总督高其倬题报归公。"③ 而次年贵州大定镇总兵丁世杰查勘后称，该镇所辖汛塘之内现开矿厂 9 处，仅马鬃岭一厂奉有部文，其余皆属私自开采。④ 如柞子厂，据雍正三年威宁镇总兵石礼哈所奏："康熙五十八年（金世扬）升授黔省巡抚时，（矿商）王日生又同至黔省，到威宁府开采天桥、腻书、阿都、

---

① 《大清圣祖皇帝实录》卷二百五十五，康熙五十二年五月，大学士九卿等遵上旨议覆开矿一事。
② 《钦定大清会典》（雍正朝）卷五十三《课程五·杂赋》矿课。
③ 雍正二年五月二十九日，贵州巡抚毛文铨《奏清查私开矿厂酌议抽收款项归公折》，《雍正朝汉文朱批奏折汇编》第三册，第 118～119 页。
④ 雍正三年五月十三日，贵州大定镇总兵官丁士杰《奏为行查大定汛属矿厂事》，《宫中档雍正朝奏折》第 4 辑，第 316～317 页。

柞子等厂，至四川重庆府发卖。……王日生在威宁府开矿贩卖铅斤二三年之久，乃兵民人人共知之事。"① 则柞子铅矿早在康熙五十八年即由商人开采。另，光绪《水城厅采访册》载："梁国卿，水城人，以勇力为队长。雍正二年，柞子厂厂丁吴二以病归就，国卿宿室，隘为借庙庑宿之，供饮食，数日，吴二病小瘥，遂匍匐行，遗所携白金十两，国卿收饮食，具见，曰吴二病，又失银，必死矣，坐待之，吴二反且哭，国卿举已予之。"② 梁国卿拾金不昧是否属实暂且不论，雍正二年即有柞子厂厂丁吴二存在，亦可作为石礼哈所奏柞子铅矿已经开采的脚注，但政府正式设立柞子厂却迟至雍正三年。贵州地方官府仅是对私矿进行查勘，报部审批而已，给私矿披上合法的外衣，成为官府认可的合法矿厂，同时纳入政府的监管和财政体系。因此，清理私矿是这一时期贵州黔铅矿业的另一大显著特征。

2. 第二时期：雍正十二年至乾隆四十年（1734～1775）

第一时期设立的 13 座矿厂之中，猴子、羊角、白蜡、马鬃岭、丁头山、砂碌等厂相继封闭，黔铅产量大减。自雍正十三年（1735）黔铅京运以来，但凡产矿之地均许开采。为了满足京运，新开月亮岩、福集、济川、乐助堡、永兴寨等厂。加之前期所开莲花塘、柞子二厂，共计有矿厂14 处，贵州白铅年产量迅速突破 1400 万斤。

这一时期虽然矿厂数量有所下降，但其分布地域有所扩大。除了原有威水铅锌矿群外，随着遵义、绥阳和清平、都匀、丹江等厅县铅锌矿的开发，又形成了清水江和遵义矿群，妈姑黔铅产地中心区继续巩固的同时，又形成了清水江、遵义两个次中心区域。需要说明的是，清水江、遵义两大黔铅次中心区的形成是政府政策导向作用所致。如绥阳县月亮岩厂的开发。乾隆四年，贵州总督张广泗言："今遵义府属绥阳县之月亮岩初行开采，矿路已开，出产日盛，……。但查从前请开该厂之由，原因滇省运铜、黔省运铅俱由威宁一路解京，是以题请于相离水次不远之产铅地方，查明开采，收买凑解，业经奉部议准，檄行遵

---

① 雍正三年四月二十二日，贵州威宁镇总兵石礼哈《奏报恶棍王日生开矿贩卖等劣迹事》，《雍正朝汉文朱批奏折汇编》第四册，第 813 页。

② 光绪《水城厅采访册》卷八《人物门》。

照。"① 绥阳县月亮岩厂的开发，缘于地近仁怀水次，可借助赤水河道转运川江，分担京运，以缓解威宁路的运输压力。都匀、丹江、清江等地矿厂开发，亦因该地与湖广水道相连，楚运可直达汉口，必不与滇铜共挤威宁一路。如乾隆二十四年（1759），贵州巡抚周人骥奏："窃臣前闻黔省积铅甚多，又悬帑本，川运险远，办理维艰，爰特川黔道里相较，可以节缩运费，开通本省下游河道，俾利疏销。"② 同时，着手开发都匀县乐助堡锌矿。次年，周人骥又言："再黔省新河运铅，现在源源无滞，新报之都匀厂产铅甚旺，数月间已积至百万，即饬趱运赴楚，以备各省采买。"③

3. 第三时期：乾隆四十一年至嘉庆十七年（1776~1812）

经过几十年开采，黔铅矿厂大多因"硐老山空"而封闭。乾隆四十一年，贵州巡抚裴宗锡奏："（贵州）其铅矿出产白铅，供运京楚者，现止莲花、福集两处，供应本省铸局者仅有乐助厂一处，他如出产黑铅之柞子、朱矿数处亦止堪本省各营应用，不敷京运。"于是，广为查勘，"产铅者，则有大定府属水洞帕；平远州属达磨山；普安州属连发山；遵义县属新寨、波罗海；绥阳县属月亮岩；镇远府属牛塘沟；丹江厅属乌找山等处，黑白兼产"。④ 次年，大定水洞帕、普安连发山、遵义新寨等处均设厂开采，即使封闭有年的绥阳县月亮岩厂又被重新设立开采。加之前期所设莲花、福集、柞子、永兴寨等厂，黔铅矿厂计8处。矿厂数量进一步下降，威水矿群的核心地位进一步巩固，而遵义、清水江两大次中心则逐渐削弱。

这种变化的产生，一方面由于前期水陆交通大规模改善之后，黔西北的运输能力进一步加强；另一方面黔铅总体产量却大幅度下滑，政府越来越依赖大型矿厂，政策导向作用已不明显。黔铅的产地分布重新归结于矿藏和市场双重作用的结果。

---

① 乾隆四年十一月十二日，贵州总督兼管巡抚事务张广泗《为遵旨议奏事》，《明清档案》：A91-65。

② 乾隆二十四年十月二十九日，工部《为黔省开修运铅河道事》，《内阁大库档案》，编号：000034271。

③ 《大清高宗皇帝实录》卷六百十五，乾隆二十五年六月，贵州巡抚周人骥奏。

④ 乾隆四十一年八月十二日，裴宗锡《奏为筹请广采山矿以裕民生事仰祈圣训事》，引自《滇黔奏稿录要》，第271~274页。

4. 第四时期：嘉庆十八年至咸丰十年（1813～1860）

嘉庆十七年（1812）以后，黔铅矿厂仅有莲花、福集、柞子、水洞帕、永兴寨等 5 处。遵义、清水江两个次中心已不复存在，矿厂大部分集中于威水矿群核心区。虽然政府规定了各厂内年应办铅锌数量，但产量仍然持续下降，经常不敷定额。新开矿点大多作为这些厂的子厂，几乎没有另行设立矿厂，显然已是黔铅生产的衰落期。

通过对清代贵州不同时期铅厂分布的考察，可以看出，黔铅矿厂从黔西北向其他地区逐步扩展，而后又逐渐收缩，以大定府中心的地理分布格局长期稳定。清代，大定府设立过铅厂 20 处，占整个黔铅矿厂的 2/3，是清代黔铅矿厂最为集中的地区。如"威宁州物产惟铅为多，妈姑、羊角、新发、白崖、马街、倮纳、黑泥、三家湾等厂，抽铅及采办白铅四百二十八万，柞子、朱砂、倮布嘎等厂，额抽课及采办黑铅共五六十万斤不等"。① 这些矿厂主要分布于两个矿带：一是今毕节市赫章县南部与水城区、威宁县交界的妈姑、水塘堡、兴发、朱市等四个乡镇；二是今六盘水市钟山区与水城区交界的凤凰、老鹰山、滥坝、陡箐等四个街道乡镇。这两大矿带面积总和不过 1000 余平方千米，却设立过十余处铅锌矿厂，清代黔铅产量最大、持续时间最久的莲花、福集、柞子三厂即位于此。

这两大矿带也是现代贵州铅锌矿的主要产区。1951 年开始，贵州对赫章、水城等地多处氧化矿进行开采与冶炼，以炼锌为主，至 1990 年仍以开采赫章柞子厂为主。从该厂分出的水城杉树林矿继续开采杉树林硫化铅锌矿，是全省规模较大的矿山。② 作为清代铅锌矿主产地，黔西北地区留下了众多的矿业地名。据《贵州省地名词典》中载赫章、威宁、纳雍三县与铅锌矿厂有关的地名就达 15 处之多。如赫章县妈姑镇，注为古代工矿集镇，此地是清代莲花白铅厂所在地；赫章县白果镇"附近铅锌矿藏丰富，古迹有明清时期的乌铅厂三座炉遗址"；赫章县铜厂乡驻地多倮寨，"铅锌矿藏丰富，明清曾于此开采冶炼，废弃矿井尚存"；赫章县田坝乡驻地洗菜河，"附近铜矿、铅锌矿藏丰富，明清在丫都、羊角、黑坡等地设厂开矿，极盛一时"；铁矿

---

① 爱必达《黔南识略》卷二十六《威宁州》。

② 贵州省地方志编纂委员会编《贵州省志·地质矿产志》第三编第二章第四节《铅锌与铜矿》，贵州人民出版社，1992，第 200～203 页。

山乡驻地兴发，"清雍正年间李兴发于此设厂开采铅锌矿，故名"等。①

　　大定府之外，都匀府厂矿 4 处，主要集中于今都匀、凯里、丹寨三市县之间。此地所产以黑铅为主，康熙年间便有凯里铅的记载。遵义府 3 处，主要集中于今遵义县西南泮水、洪关二乡镇之间，所产均为白铅。兴义府 3 处，主要集中于今晴隆、普安、盘县的中部，所产以白铅为主。以上三府，其厂矿数量上虽不可与大定府相比，但矿厂相对较多，可视为铅锌矿厂的次中心地区。其他如思州、思南等地，厂矿零星分布，各地一两处而已。不但矿厂数量稀少，且持续时间很短，可以作为黔铅分布的边缘地区。

第二节　莲花特大白铅厂

　　莲花白铅厂，俗称妈姑厂，厂址在今赫章县妈姑镇莲花塘村附近。该厂雍正十二年设立，年产量曾经突破千万斤大关，是清代黔铅第一大厂，咸丰五年因战乱停止。本节通过个案分析，考察莲花厂的厂务管理和产量变化。

一　课铅与余铅

　　据乾隆二年户部尚书海望查核贵州总督张广泗奏请核销威宁州莲花厂抽收课铅银两事称："粮驿道副使钱元昌详称：威宁州属莲花塘地方产有铅矿，并无干碍田园庐墓，似可开采，委威宁州知州赵世燕、大定府经历孟尚巘前至该厂试采。据称自雍正十二年六月初一日起至十月底烧出铅三十万斤，抽获课铅六万斤。请照砂砾厂之例添设人役，委员管理。每铅百斤抽课二十斤，定价一两五钱，变价解库。其厂内办事书役工食等项，亦请照砂砾厂例，每月开销银三十两零六钱，于课铅变价项下开销。……再

――――――――――

① 柴兴仪主编《中华人民共和国地名词典·贵州省分册》，贵州人民出版社，1994，第 130 ~ 145 页。

该抚疏称，炉民所获余铅亦应照砂硃等厂之例，每百斤给价银一两三钱，发本委员收买以备运解，其收运员役所需养廉工食均请照各厂办事官役之例支给，统于买运项下开销。"① 可见，雍正十二年试采有效后，莲花厂正式设立，该厂抽课、变价及官购余铅均照砂硃厂之例：每产白铅百斤抽课 20 斤，课铅以每百斤定价一两五钱，变价解送库；官买余铅，每百斤价银一两三钱，以备京运。

莲花厂官买余铅的比例和价格并非一成不变。乾隆四年，据贵州总督张广泗奏称："查得黔省各厂所出铅斤，除抽课外，炉民所获余铅向系自行销售。至雍正八年，经升任总督部堂鄂尔泰题请，动帑收买运售获息，……。迨至乾隆元年，因铅厂收积已多，京局存铅又尚充裕，题请将莲花、砂硃二厂所出铅斤除抽课外，余铅听民自行销售，各在案。"② 可见，乾隆元年以后，莲花厂除二成抽课外，政府不再收购余铅，由矿民自行销售。但是，随着京运量的增加，官储铅斤迅速下降，不敷拨运。乾隆十年五月，贵州总督张广泗奏："窃照黔省威宁州所属之莲花、砂硃，遵义府所属之月亮岩等厂所出铅斤，……至乾隆七年内京局加卯鼓铸，复行每年办解宝泉宝源两局白铅三百八十四万一千九百余斤，连耗铅四百三万三千余斤。查自乾隆九年三月以前各厂约存铅一千二百余万斤，……加以九年四月起至十年三月底各厂应收买课余铅一百八九十万斤，……至乾隆十年三月底止存铅五十余万斤，……将莲花、砂硃二厂，查照从前运售余铅之例，于向定官价一两三钱外，每余铅百斤再酌量加增银二钱，照课铅变价每百斤一两五钱之例一并收买，炉民少沾微利，竭力开挖，余铅既多，课铅自增，庶于鼓铸有济。"③ 因此，政府不但恢复了以前官购余铅的规定，并且将余铅收购价格从一两三钱增至一两五钱。如乾隆《钦定大清会典则例》载：乾隆十年"又题准，贵州各厂除收课外，每余铅百斤，炉民所得收买价银一两三钱，不敷工本食用之费，将莲花、砂硃

---

① 乾隆二年十二月十六日，户部尚书海望《题为遵旨察核贵州总督张广泗题销威宁州莲花厂抽收课铅银两事》，中国第一历史档案馆藏，档号：02－01－04－12996－024。
② 乾隆四年十一月二十日贵州总督张广泗《奏为遵旨议奏事》，《明清档案》：A91－65。
③ 乾隆十年五月初七日，贵州总督张广泗《题为白铅不敷供铸详请题明增价收买以济运解事》，中国第一历史档案馆藏，档号：02－01－04－13868－010。

二厂余铅，于向定官价一两三钱外，酌增银二钱，每百斤以一两五钱收买"。①

此次提高官购余铅价格，是因为矿民采炼成本过高，入不敷出，通过提高官价以改善矿民经营状况，从而促进黔铅生产。据威宁州知州谢国史称："查得莲花厂开采多年，硐深矿淡，煤块亦少，近于三十五里外新店山取矿驮运，质颇浓厚，每矿一百五十斤掺用本厂旧矿一百斤，每日每炉烧罐一百二十个，每罐烧铅一十二两，共用矿二百五十斤，计新店山矿一百五十斤，用价银一钱，掺用本厂旧矿百斤，价银六分，自新店山驮矿至厂，往返一日半，脚价三钱，计矿价脚价共用银四钱六分，每炉用本厂煤七担，每担价银二分，又赴五里外罗洲渡驮煤二担掺用，每担价银三分，计用煤九担，共用银二钱，每日炉头一名工价五分，小工三名工价一钱，共用银一钱五分，添补罐盖用银九分，油盐饭食等项用银二钱一分，每铅百斤共用工本银一两一钱一分，除加二抽课外，余铅八十斤照每百斤给官价一两三钱计算，只得银一两零四分，尚不敷工本银七分，目下只存炉十座，各欲奔散，恳请照从前大鸡、丁头山厂之例，每余铅百斤加价二钱，共给银一两五钱，计每烧出铅百斤内，以二十斤抽课，以八十斤收买，照炉民所费工本一两一钱一分扣算，稍获余息银九分，自可添炉等情。"② 以官购余铅一两三钱计算，矿民每炼铅百斤，亏本银七分，如以一两五钱官购，才可获利九分。可见，矿民入不敷出是乾隆初年莲花厂产量下降的主要原因。

虽然乾隆十年提高了官府购买余铅的价格，但官购余铅的恢复意味着余铅全部通商变为部分通商。因为市价仍然高于官价，此次提价对于改善矿民经营状况的效果有限，故乾隆中期以后，莲花厂产量再次下降。乾隆四十五年，贵州巡抚李本奏："迩年以来，福集厂铅斤犹能采办如额，不致减缩，惟莲花一厂，炉民所获铅斤虽尽售于官，而按计月额，尚不足三十万之数，办理甚形竭蹶。兹据该管府州详请酌减买额，以纾炉困，经贵西道张诚基亲往该厂勘明，实因开采年久，硐深矿薄，工费繁重，炉民办

---

① 乾隆《钦定大清会典则例》卷四十九《户部·杂赋上》。

② 乾隆十年五月初七日，贵州总督张广泗《题为白铅不敷供铸详请题明增价收买以济运解事》，中国第一历史档案馆藏，档号：02-01-04-13868-010。

获铅斤尽归官买，无可通商获利，以致炉座稀少，此莲花厂必须减额之实在情形也。"① 莲花厂因生产成本上升，矿民入不敷出，产量下降。而为了完成每年生产定额，厂官不得不将所产余铅全部官购，使矿民经营状况进一步恶化。乾隆五十三年，贵州巡抚李庆棻奏："莲花厂自雍正十二年开采，定例每铅百斤给价银一两五钱，但每百斤应抽课铅二十斤，亦悉从工本出办，炉民实得之数，计之每百斤仅得工本银一两一二钱，今开采年久，槽硐愈挖愈深，自十数里至二三十里不等，炭山亦渐远一二站之外，工费较增于前，且槽硐地势日益洼下，常有山泉灌注，必须多雇砂丁淘干积水，方能采矿，兼之食物渐昂，厂民所领铅价不敷工本，以致无力攻采，此现在铅厂不能丰旺之实情也。……今黔省铅厂不旺，办运维艰，情形正复相同，相应恭恳圣恩俯准，照滇省加增铜价之例，每百斤酌加价银三钱，俾厂民工本稍宽，竭力采办，以冀厂势旺盛，足敷额运。"② 嘉庆《钦定大清会典事例》亦载：乾隆"五十三年奏准，贵州福集莲花二厂，每铅百斤，照原价银一两四钱五分之数，加价三钱收买"。③ 此次提高官价，应在一定程度上改善矿民经营状况，促进黔铅生产。此外，因产量不敷定额，乾隆五十三年将莲花厂管厂人役工食等项厂费银"酌减八折"④，每年实支给银293.76两。

乾隆五十三年，莲花厂余铅收购价格提高至一两八钱，暂时改善了矿民的经营状况，能在一定时期内促进黔铅生产。但是，随着生产的持续和采炼成本的上升，矿民必将再次无利可图，导致产量下滑。道光八年，贵州巡抚嵩溥奏："妈姑、福集等厂开采年久，硐深矿微，攻取匪易，新发、白岩子厂，因夏间雨水过多，槽硐被淹，招丁车水，需费不少，且采办铅每一百斤，除抽课二十斤不计外，其余八十斤，按例价只给工本银一两四钱，工食费用较前加增，而所领工本银两不敷烧办成本，炉户无力贴赔，以致炉

---

① 乾隆四十五年五月二十六日，暂护贵州巡抚立本《奏为莲花厂产铅日绌请通融补剂事》，中国第一历史档案馆藏，档号：04 - 01 - 36 - 0092 - 030。
② 乾隆五十三年八月二十一日，贵州巡抚李庆棻《奏为预筹调剂厂铅以裕运务仰祈圣鉴事》，《宫中档乾隆朝奏折》第69辑，第283～285页。
③ 嘉庆《钦定大清会典事例》卷一百九十四《户部·杂赋》。
④ 乾隆五十三年四月二十五日，贵州巡抚李庆棻《题为铅厂矿煤两旺等事》，《明清档案》：A252 - 071。

座渐停，并因缴铅不足，负欠逃亡，请援照滇省办铜抽课一成之例，将课铅暂减一成，以纾厂力。"① 有鉴于此，嵩溥奏请一成抽课，即减半征收矿税，希望改善矿民经营状况。道光十一年，据贵州巡抚嵩溥奏称："道光八年因妈姑等厂开采年久矿汁淡薄炭价又昂，炉民烧办维艰，奏请自道光九年春季起暂减一成课铅，以纾厂力，奉旨允准在案。"② 该项政策于道光九年实施，在一定程度上缓解了矿民入不敷出的状况。

二　抽课与产量

据清代矿厂奏销制度规定，各省督抚必须按年将本省矿厂的矿产量、抽课量、矿课变价银及矿厂支销人役工食银数目上报户部，由户部核实，题请皇帝批准。③ 因此，在现存清代档案中保存了大量的矿厂奏销数据。笔者通过检索中国第一历史档案馆、台湾中研院历史与语言研究所藏清代档案，搜集到莲花厂雍正十二年至咸丰三年的 120 年中的 107 个年份的奏销数据，按照抽课比例推算矿产量如表 2 - 2。

表 2 - 2　清代莲花白铅厂历年抽课及推算产量

单位：斤

时　间	抽　课	推算产量	时　间	抽　课	推算产量
雍正十二年	484563	2422815	乾隆五十九年	975000	4875000
雍正十三年	1146910	5734550	乾隆六十年	900000	4500000
乾隆元年	1044791	5223955	嘉庆元年	900000	4500000
乾隆二年	229804	1149020	嘉庆二年	975000	4875000
乾隆三年	295716	1478580	嘉庆三年	900000	4500000
乾隆四年	235433	1177165	嘉庆四年	975000	4875000

---

① 道光八年十月二十五日，贵州巡抚嵩溥《奏为铅厂办理竭蹶恳请暂减一成课铅以纾厂力恭折奏祈圣鉴事》，中国第一历史档案馆藏，档号：04 - 01 - 35 - 1362 - 019。

② 道光十一年九月初六日，贵州巡抚嵩溥奏，中国第一历史档案馆藏，档号：02 - 01 - 04 - 20497 - 001。

③ 参见马琦《矿业监管与政府调控：清代矿厂奏销制度述论》，《中国经济史研究》2011 年第 3 期。

时　　间	抽　课	推算产量	时　　间	抽　课	推算产量
乾隆五年	—		嘉庆五年	900000	4500000
乾隆六年	267798	1338990	嘉庆六年	1088716	5443580
乾隆七年	246721	1233605	嘉庆七年	1088716	5443580
乾隆八年	205694	1028470	嘉庆八年	1088716	5443580
乾隆九年	98520	492600	嘉庆九年	967761	4838805
乾隆十年	112699	563495	嘉庆十年	967761	4838805
乾隆十一年	180887	904435	嘉庆十一年	955867	4779335
乾隆十二年	564042	2820210	嘉庆十二年	1035523	5177615
乾隆十三年	2132249	10661245	嘉庆十三年	955867	4779335
乾隆十四年	1862397	9311985	嘉庆十四年	955867	4779335
乾隆十五年	1957627	9788135	嘉庆十五年	1035523	5177615
乾隆十六年	1558607	7793035	嘉庆十六年	955867	4779335
乾隆十七年	1801215	9006075	嘉庆十七年	955867	4779335
乾隆十八年	1854194	9270970	嘉庆十八年	1035523	5177615
乾隆十九年	1804214	9021070	嘉庆十九年	955867	4779335
乾隆二十年	1728169	8640845	嘉庆二十年	955867	4779335
乾隆二十一年	1863558	9317790	嘉庆二十一年	1035523	5177615
乾隆二十二年	1669819	8349095	嘉庆二十二年	948002	4740010
乾隆二十三年	1601552	8007760	嘉庆二十三年	1027002	5135010
乾隆二十四年	1782669	8913345	嘉庆二十四年	948002	4740010
乾隆二十五年	1381284	6906420	嘉庆二十五年	948002	4740010
乾隆二十六年	1227375	6136875	道光元年	1027002	5135010
乾隆二十七年	1222252	6111260	道光二年	948002	4740010
乾隆二十八年	1221167	6105835	道光三年	896023	4480115
乾隆二十九年	1293215	6466075	道光四年	896023	4480115
乾隆三十年	1190882	5954410	道光五年	388485	1942425
乾隆三十一年	1194651	5973255	道光六年	531131	2655655
乾隆三十二年	1304987	6524935	道光七年	—	
乾隆三十三年	1194174	5970870	道光八年	—	
乾隆三十四年	1147410	5737050	道光九年	574625	5746250
乾隆三十五年	714398	3571990	道光十年	450000	4500000
乾隆三十六年	779056	3895280	道光十一年	—	

时　间	抽　课	推算产量	时　间	抽　课	推算产量
乾隆三十七年	1012030	5060150	道光十二年	487500	4875000
乾隆三十八年	952120	4760600	道光十三年	407737	4077370
乾隆三十九年	921070	4605350	道光十四年	228113	2281130
乾隆四十年	951470	4757350	道光十五年	295479	2954790
乾隆四十一年	906510	4532550	道光十六年	438043	4380430
乾隆四十二年	900000	4500000	道光十七年	434549	4345490
乾隆四十三年	975000	4875000	道光十八年	389849	3898490
乾隆四十四年	690550	3452750	道光十九年	356230	3562300
乾隆四十五年	568750	2843750	道光二十年	360154	3601540
乾隆四十六年	—		道光二十一年	392380	3923800
乾隆四十七年	—		道光二十二年	409967	4099670
乾隆四十八年	—		道光二十三年	487500	4875000
乾隆四十九年	—		道光二十四年	400000	4000000
乾隆五十年	—		道光二十五年	—	
乾隆五十一年	641666	3208330	道光二十六年	—	
乾隆五十二年	650000	3250000	道光二十七年	—	
乾隆五十三年	704166	3520830	道光二十八年	668750	6687500
乾隆五十四年	754168	3770840	道光二十九年	—	
乾隆五十五年	900000	4500000	道光三十年	262500	2625000
乾隆五十六年	975000	4875000	咸丰元年	271875	2718750
乾隆五十七年	900000	4500000	咸丰二年	234375	2343750
乾隆五十八年	900000	4500000	咸丰三年	366250	3662500

注：1. 清代莲花厂奏销数据的统计时间段为每年六月一日至次年五月底，为了方便列表，将其作为当年数据统计，如乾隆元年六月一日至乾隆二年五月底的数据作为乾隆元年数据。2. 自雍正十二年起，莲花厂二成抽课，道光九年起改为一成抽课，即抽课量占产量的比例从 20% 变为 10%。3. 嘉庆六、七、八年的数据是三年一起统计，九、十年，十三、十四年，十六、十七年，十九、二十年，二十四、二十五年的数据是各两年一起统计的，在列表时分别按平均值插入。

　　从表 2-2 可见，在雍正十二年（1734）至咸丰三年的 120 年中，除了 13 个年份数据缺失外，莲花厂抽课及产量变化显著。最大年产量出现在乾隆十三年，为 1066 万斤，最低年产量为乾隆九年的 49 万斤。106 年合计总产量 5.09 亿斤，平均年产量 475.5 万斤。如按 120 年计算，莲花厂总产量将达 5.7 亿斤。

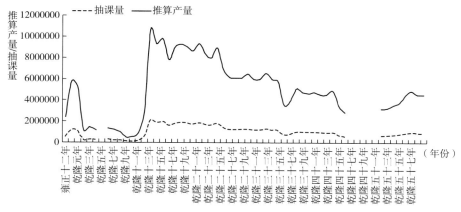

图 2-2　清代莲花凼铅厂历年抽课及推算产量变化趋势（一）

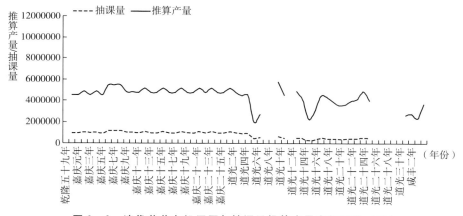

图 2-3　清代莲花凼铅厂历年抽课及推算产量变化趋势（二）

　　以上两图所示，莲花厂产量的变化趋势可分为四个阶段：从雍正十二年至乾隆九年是第一阶段，设厂之后产量快速上升，次年即增长一倍有余，但乾隆元年就开始逐步下降，乾隆九年降至谷底，仅为雍正十三年的 8.5%，下降原因是政府取消余铅收购，黔铅销售不畅。第二阶段为乾隆十年至乾隆五十四年（1789），在乾隆十年开始提高官购余铅价格的刺激下，莲花厂产量迅速飙升，三年后即突破千万斤大关，但随着生产成本增加，矿民利润逐渐下降，甚至入不敷出，导致产量逐渐下降，虽然乾隆五十三年再次提高官购余铅价格，但效果不甚明显。第三阶段是乾隆五十五年（1790）至嘉庆二十五年（1820），这 30 年的数据表现是十分平稳，每年抽课 90 万斤，偶有 7.5 万斤的波动，如此平滑的产量走势线令人怀疑。因为，乾隆朝后期政府给莲花厂下达的每年生产定额为 450 万斤，折算抽课量正好是 90 万斤，每月 7.5 万斤，遇闰之年抽课量会上浮至 97.5 万斤，故这可能是厂官为了避免考核惩罚而刻意制造的数据，并非莲花厂实际的抽课量。如嘉庆九年贵州巡抚福庆奏："奉文加办铅斤，因本厂（莲花）不旺，难以增办，于界连滇属之竹箐等处招丁发本采办，收买商铅一百三十六万五千斤，镕净铅一百三十万斤，就近发运滇省盐井渡躜道直运泸州，仍作为由厂运永造报。"① 嘉庆二十年（1815），云贵总督伯麟亦奏："无如妈姑等厂洞老山空，出产铅斤逾行竭蹶，年额铅斤俱系设法采办，所有加办铅斤，仅于各处随便陆续收买过商净白铅。"② 嘉庆时期，因莲花厂产量下降，加办铅不得不采买云南商铅以凑数。事实上，不仅是加办铅斤，正额亦以商铅充数。如嘉庆二十三年（1818），贵州巡抚朱理奏报："查威宁妈姑等厂，每年加办白铅一百三十万斤，嘉庆七年前升道伊汤安任内领办加办铅斤，因年额正铅不能足数，加办铅斤系在各处收买商铅凑运办理竭蹶。"③ 也就是说，这一时期莲花厂的实际产量应该远低于每年 450 万斤的定额。第四阶段是道光元年（1821）至咸丰三年，道光朝以来莲花厂抽课量显然实抽实报，但产量却快速下降，道光五年（1825）的产量仅为道光元年的 37.8%；道光九年实行一成抽课，产量再次上升至 500 万余斤，但此后逐渐下降至咸丰初年的 20 余万斤。

整体而言，雍正十二年至乾隆十二年是莲花厂的发展时期，乾隆十三年至乾隆三十五年（1770）是其鼎盛时期，乾隆三十五年以后时期衰落时期。乾隆十三年以后，莲花厂产量变化呈下降趋势，虽然推行了提高官购价格、减免矿税等政策和措施，在一定程度上延缓了产量下降速度，增加了产量的波动性，但无法改变总体上产量递减的大趋势。

---

① 嘉庆九年十二月十五日，贵州巡抚福庆《题为铅厂矿煤两旺等事》，中国第一历史档案馆藏，档号：02 - 01 - 04 - 18544 - 013。
② 嘉庆二十年六月初七日，云贵总督伯麟奏，中国第一历史档案馆藏，档号：02 - 01 - 04 - 19592 - 028。
③ 嘉庆二十三年十月十三日，贵州巡抚朱理奏，中国第一历史档案馆藏，档号：02 - 01 - 04 - 19861 - 010。

　　需要说明的是，莲花厂除了原有老厂之外，还有众多子厂。如乾隆三十七年，贵州巡抚李湖奏："威宁州属妈姑厂近年出铅，不敷抽买额数，躧得附近之猓布戞地方，矿质浓厚，无碍民田庐墓，试采有效，请附作妈姑子厂，一切抽买事宜，照妈姑厂例办理，工本于妈姑厂额铅本内动支。"① 再如嘉庆四年题准："贵州威宁州属莲花白铅厂，出铅缺额，猓纳河等处矿脉绵厚，准其开采，所出铅斤归入莲花厂一并题销。"② 据同治《钦定户部则例》记载："贵州威宁州属莲花山地方妈姑铅厂，每年额办白铅四百二十八万余斤，内莲花山老厂并羊角山子厂共办铅一百九十一万余斤，新发子厂办铅七十七万余斤，白岩子厂办铅三十一万余斤，黑泥子厂办铅二十四万余斤，三家湾子厂办铅十五万余斤，猓纳河子厂办铅七万余斤，马街子厂办铅八十万余斤，统归妈姑老厂一并造册题报。"③ 可见，至道光末年，莲花厂子厂有羊角山、新发、白岩、黑泥、三家湾、猓纳河、马街子等 7 处。至于各子厂位置，与上述猓布戞一样，应在老厂附近，最远不超过四站半路程。如同治《钦定户部则例》记载："内三家湾、黑泥二厂较莲花厂各远一站，猓纳厂较莲花厂远四站半，马街厂较莲花厂远四站，……，其余新发、白岩二厂其程站里数与莲花厂相同。"④ 即以莲花主厂所在地今赫章县妈姑镇莲花村为中心，包括今赫章县妈姑、双坪、罗州、水塘堡、珠市及威宁县盐仓、板底等乡镇。

　　嘉庆朝以后，莲花厂能够继续维持较高的产量，与子厂息息相关。如嘉庆八年（1803）四月至九年三月，"新收莲花厂抽课铅一万八千斤，猓纳厂课铅九十三万七千八百六十七斤，福集厂抽课三十六万三千八百一十斤，兴发厂课铅一万六千五百七十斤，以上莲花、猓纳、福集、兴发等厂共抽课铅一百三十三万六千二百四十七斤"⑤。猓纳河子厂抽课量

---

① 《大清高宗皇帝实录》卷九百四，乾隆三十七年三月。户部议准调任贵州巡抚李湖等奏称。
② 嘉庆《钦定大清会典事例》卷一百九十四《户部·杂赋》。
③ 同治《钦定户部则例》卷三十五《钱法二》贵州铅厂章程条。
④ 同治《钦定户部则例》卷三十五《钱法二》贵州铅厂章程条。
⑤ 嘉庆二十四年三月十五日，大学士管理户部事务托津《题为详明筹办铅务等事》，中国第一历史档案馆藏，档号：02－01－04－19911－017。

占整个白铅抽课量的 70%，是莲花主厂的 52 倍。道光八年，大学士管理户部事务禧恩奏："莲花厂嘉庆二十二年四月起至二十三年三月止，共抽课铅一万八千九百斤，羊角厂共抽课铅三十八万一千八百四十六斤十三两零，新发厂共抽课铅十五万七千五百斤，白岩厂共抽课铅六万六千一百五十斤，马街厂共抽课铅十七万五千五百九十斤十两零，猓纳厂共抽课铅一万六千十二斤八两，黑泥厂共抽课铅五万一千四百五十斤，三家湾厂共抽课铅三万二千五百五十斤，福集厂共抽课铅三十六万三千七百八十三斤，以上莲花等厂共抽课铅一百二十六万三千七百八十三斤。"① 羊角、新发、白岩、马街、猓纳、黑泥、三家湾等 7 个子厂的抽课量占莲花厂总抽课量的 97.9%，占贵州白铅抽课量的 69.7%。因此，道光年间，政府将莲花厂每年 428 万斤的生产定额分配至主厂和各个子厂，即主厂及羊角山子厂 191 万斤、新发子厂 77 万斤、白岩子厂 31 万斤、黑泥子厂 24 万斤、三家湾子厂 15 万斤、猓纳河子厂 7 万斤、马街子厂 80 万斤，这就是上文所引同治《钦定户部则例》中所反映的事实。

三　厂务管理

凡是清代政府批准设立的矿厂，均派员管理，莲花厂亦不例外。乾隆二年，户部尚书海望引雍正十二年贵州巡抚元展成奏请设立莲花厂奏折是说："（莲花厂）请照砂硃厂之例添设人役，委员管理，……，其厂内办事书役工食等项，亦请照砂硃厂例，每月开销银三十两零六钱，于课铅变价项下开销，……，其收运员役所需养廉工食统于买运项下开销"，并续引元展成复奏："兹催据委管厂员大定府经历孟尚巍详称，卑职遵奉宪行文内事理，除抽课收买铅斤事例逐一禀遵办理外，至奉查莲花铅厂书役人等工食银两数目，系详明援照砂硃厂之例议设，客课长四名，每月每名工食银一两九钱，四名共银七两六钱，课书一名，每月工食银一两九钱，

---

① 道光八年，大学士管理户部事务禧恩《题为查核黔省铅厂嘉庆二十二年至二十三年铅厂收存工本银两数目事》，中国第一历史档案馆藏，档号：02 - 01 - 04 - 20345 - 030。

巡役八名，每名每月工食银一两七钱，八名共银一十三两六钱，水火夫二名，每名每月工食银一两五钱，二名共银三两，家人一名每月工食银三两，纸笔灯油等项杂费每月银一两五钱，统计每月共支销银三十两六钱。"① 莲花厂首任厂务由大定府经历孟尚巍充任，仿照砂砾厂例，设客课长、课书、巡役、水火夫、家人等协助厂员管理厂务。管厂人役每月开支厂费银 30.6 两，由所抽课铅变价支给。

厂务管理的具体内容及各项人役的具体职责，可参照清代云南矿厂的相关记载。兹引《滇南厂矿图略》中的相关记载如下：

> 役第十
>
> 日书记，即胥吏，铜厂日经书、清书，掌铜银收支存运之数，银厂日课书，掌银课收支存解之数，均承行谕帖告示，按月造送册报，随时禀承事件，人须心地明白，算法精熟，务宜由署派轮，不可任厂保举。
>
> 日巡役，铜厂以估色为重，催炭次之，银厂生课以坐碉为重，熟客以察罩为重，至若察私并资勤干，办其劳逸，均其甘苦。
>
> 日课长，天平与秤库柜锁钥均其专管，铜厂掌支发工本，收运铜斤，银厂掌收凿课款，一切银钱出纳均经其手，间有委办事者，通厂尊之，选以谨厚为先，才为次。
>
> 日客长，分汉回，旺厂并分省，而以一人总领之，掌平通厂之讼，必须公正老成，为众悦服，方能息事，化大为小，用非其人，实生厉阶，此役最要，而银厂尤重。②

参照清代云南矿厂人役分工，推测莲花厂的客课长可能是课长与客长的结合，负责管理工本银两、余铅收买、厂费开支及矿民纠纷调解；课书负责课铅征收和产销数据统计；巡役负责维护矿厂秩序；至于水火夫可能与防火有关，而家人可能是协助厂员工作的随从。莲花厂管厂人役设置一

---

① 乾隆二年十二月十六日，户部尚书海望《题为遵旨察核贵州总督张广泗题销威宁州莲花厂抽收课铅银两事》，中国第一历史档案馆藏，档号：02－01－04－12996－024。

② 吴其濬：《滇南厂矿图略》卷上《役第十》。

直持续到咸丰初年。据同治《钦定户部则例》载，莲花厂人役包括书记 1
名、客课长 4 名、巡役 8 名、家丁 1 名、水火夫 2 名。① 除了将课书、家人
的称谓变为书记、家丁之外，所设人役及每月开支工食银数量并无变化，
其分管职责应无变化。

由此可见，清代莲花厂的厂务管理人员由厂员及其领导下的书记、客
课长、巡役等组成，负责抽收课铅、收买余铅、厂费支给和调解矿民纠
纷、维护矿厂秩序等具体事宜，政府的厂务管理侧重于征课购铅及维护矿
厂秩序，并不涉及采冶本身。

第三节　福集大型白铅厂与柞子大型黑铅厂

福集厂是清代贵州仅次于莲花厂的大型白铅厂，而柞子厂是清代贵州
最大的黑铅厂。此二厂产量虽然没有莲花厂高，但其持续时间与莲花厂不
相上下，同为清代黔铅三大矿厂之一。本节将重点探讨福集大型白铅厂和
柞子大型黑铅厂的具体情形。

一　福集大型白铅厂

福集白铅厂乾隆十年试采，十一年正式设厂，主厂厂址在今贵州六盘
水市钟山区老鹰山镇木桥行政村福吉。其抽课、收买、厂费等项，据乾隆
十四年贵州巡抚爱必达转引乾隆十一年贵州总督张广泗奏称："据水城通
判詹彬详称，该（福集）厂自乾隆十年七月初一日试验，起至乾隆十一年
闰三月底，共烧出铅五十六万三千斤，抽课铅一十一万二千六百斤，请照
依猓木底厂之例，每铅百斤抽课二十斤，每百斤定价一两五钱，变价解
库；其需用办事人役应照猓木底厂，修改官房一所；设立客课长四名，每
名月给工食银一两九钱；书办一名，月给工食银一两九钱；家人一名，月

---

① 同治《钦定户部则例》卷三十五《钱法二·各省铅厂官役养廉》，汇集嘉庆十八年至同
治十一年的户部案例，同治十二年校刊。

给工食银三两；水火夫二名，每名月给工食银一两五钱；巡栏八名，每名每月给工食银一两七钱；每月灯油纸笔银一两五钱，即于开炉之日设立支给。查该厂小径丛杂，易于走漏私铅，于最要之蓝桥、苗寨、小屯、窑上四处，每处添设巡役四名，共添设巡役一十六名，所需工食银两均照例于课铅项下开支；至烧出铅斤每百斤除抽课二十斤外，炉民所获余铅亦请照猓木底厂每余铅百斤给价一两四钱收买；……，至总理厂务仍委该通判兼管，毋庸加给养廉，惟该厂座厂抽收稽查偷漏仍应照例委佐杂官一员，以资弹压，每年给养廉银一百二十两，于收买发运之日照例设立。"① 福集厂仿照猓木底厂成例，二成抽课，变价解库，余铅官买，每百斤价银一两四钱。该厂由水城通判兼管，委派佐杂一员任厂官，驻厂经管，下设客课长4名、书办1名、家人1名、水火夫2名、巡栏8名、巡役16名，每月开支厂费银44.2两。管厂人役名称虽与莲花厂有别，但其职责应相差不大。至道光末年，福集厂仍设厂员1员，岁支养廉银120两，办事人役除了取消巡栏外，仍包括书记1名、客课长4名、巡役16名、家丁1名、水火夫2名，每月开支工食银37.25两，由课铅变价项下支给。②

抽课比例与官购余铅价格的变化与莲花厂一致。随着开采时间的延续，福集厂也面临采冶成本上升、矿民经营状况恶化的问题。前文所引乾隆五十三年贵州巡抚李庆棻奏请提高官购余铅价格，主要是针对莲花、福集二厂而言，如"臣查福集等厂白铅攸关京外各局鼓铸，……今黔省铅厂不旺，办运维艰，情形正复相同，相应恭恳圣恩俯准，照滇省加增铜价之例，每百斤酌加价银三钱，俾厂民工本稍宽，竭力采办，以冀厂势旺盛"③。政府收购福集厂余铅，每百斤价值从一两四钱增至一两七钱。收购价格提高在一定程度上缓解了矿民入不敷出的状况。但政府提价的速度远远落后于成本上升的速度，随着生产的持续，矿民必将再次面临入不敷出的境地，进而导致产量下滑。嘉庆十五年，贵州巡抚鄂云布奏奏："至福

---

① 乾隆十四年九月二十四日，贵州巡抚爱必达《题为详请题报开采白铅矿场以济鼓铸事》，中国第一历史档案馆藏，档号：02 - 01 - 04 - 14331 - 005。
② 同治《钦定户部则例》卷三十五《钱法二·各省铅厂官役养廉》。
③ 乾隆五十三年八月二十一日，贵州巡抚李庆棻《奏为预筹调剂厂铅以裕运务仰祈圣鉴事》，《宫中档乾隆朝奏折》第69辑，第283~286页。

集一厂，……。惟是该厂开采年久，硐老矿微，办理竭蹶已非一日，历经道府查勘并无虚捏。惟有仰恳圣恩，嗣后将该厂正额酌减六十万斤，每年以一百二十万为率；并请将妈姑、福集两厂历来未领及以后加办之铅俯准停止，以昭核实而免积压。"① 年产定额的减少反映出实际产量的下降。因此，道光八年，贵州巡抚嵩溥奏请贵州课铅减半征收，以缓解矿民负担，从而刺激生产。② 这一政策亦应实施于福集厂。但是，减税政策并不能从根本上遏制生产成本的持续上升，无法改变福集厂产量下降的总趋势。

至于福集厂产量，笔者在中国第一历史档案馆搜集了乾隆十年至咸丰四年的110年中26个年份的抽课量③，按照抽课比例推算各年产量列表2-3。

表2-3　福集厂抽课量及推算产量

单位：斤

时　　间	抽课量	推算产量	时　　间	抽课量	推算产量
乾隆十年	112600	563000	嘉庆三年	363883	1819415
乾隆十三年	897926	4489630	嘉庆五年	394140	1970700
乾隆十四年	502035	2510175	嘉庆八年	363810	1819050
乾隆十五年	563730	2818650	嘉庆十五年	394126	1970630
乾隆十六年	562332	2811660	嘉庆二十二年	363783	1818915
乾隆二十四年	511861	2559305	嘉庆二十五年	363783	1818915
乾隆二十五年	446221	2231105	道光五年	164844	824220
乾隆三十五年	403200	2016000	道光十年	197049	1970490
乾隆四十五年	366596	1832980	道光二十年	140502	1405020
乾隆五十六年	365379	1826895	咸丰元年	111156	1111560

---

① 朱批奏折：嘉庆十五年八月二十四日，贵州巡抚鄂云布《奏为黔省妈姑福集二厂开采年久出铅短缩以致缺铅情形恭折奏闻仰恳圣恩俯准减额另觅子厂赡运事》，转引自《清代的矿业》，第339～341页。

② 道光八年十月二十五日，贵州巡抚嵩溥《奏为铅厂办理竭蹶恳请暂减一成课铅以纾厂力事》，中国第一历史档案馆藏，档号：04-01-35-1362-019。

③ 中国第一历史档案馆藏清代档案中，福集厂历年奏销数据不止26个，因时间所限，笔者重点搜录福集厂开闭时期的数据，中间以五年或十年为间隔搜录。

续表

时　　间	抽课量	推算产量	时　　间	抽课量	推算产量
乾隆五十七年	395214	1976070	咸丰二年	75788	757880
乾隆五十九年	394250	1971250	咸丰三年	171281	1712810
嘉庆二年	394256	1971280	咸丰四年	45978	459780

注：1. 福集厂每年奏销统计时段为当年四月一日至次年三月底，为了便于比较，将其视为当年数据，如乾隆四十五年四月一日至乾隆四十六年三月底的抽课量视为乾隆四十五年抽课量。
2. 该厂抽课比例与莲花厂一致，即乾隆十年至道光八年二成抽课，道光九年至咸丰四年一成抽课，分别以抽课量占产量的 20% 和 10% 推算产量。

上列数据虽然不如莲花厂丰富，但基本能够反映福集厂的产量演变趋势。在笔者搜集的数据中，以乾隆十三年的产量最高，达 448.9 万余斤，最低为咸丰四年的 45.9 万余斤，相差 10 倍之多，年均产量 188.6 万斤。如以福集厂开采的 110 年推算，其总产量可能高达 2.07 亿斤。从变化阶段来看：首先，乾隆十年至乾隆十三年属于福集厂快速发展时期，产量从 56 万斤增至 448.9 万余斤，年均增长 3 倍有余。因该厂新开，矿石品位较高，采冶成本较低，矿民经营状况良好，加之前文引用乾隆十年贵州总督张广泗所奏，贵州因存贮不敷外销，政府重新收购余铅，旺盛的销售进一步带动福集厂的产量。其次，乾隆十四年至乾隆三十五年为福集厂的鼎盛时期，年产量在 201 万斤～281 万斤之间波动。虽然这一时期年产量维持在 200 万斤以上，但相比乾隆十三年的 449 万斤已经下降了一半，这可能与余铅收购比例有关。乾隆十四年，贵州巡抚爱必达却奏称：贵州"每年运供京局及川黔两省鼓铸，并运汉销售，共铅九百万斤。现各厂岁出铅一千四百余万斤，嗣后每百斤除抽课二十斤外，余铅官买五十斤，以三十斤通商。总以抽收课余，足敷九百余万数，余听炉民自售"[①]。因黔铅产量已超过销量，政府降低了余铅收购的比例，允许矿民三成通商。但是，白铅的主要用途在于铸币，而中央及各省铸局的白铅供给通过京运、楚运和川黔采买的渠道获得，通商销售不畅可能是影响产量下降的因素之一。再次，乾隆三十六年（1771）至嘉庆二十五年，福集厂的产量在 181 万斤～197 万斤之间徘徊，虽然产量较前一时期稍低，但趋于稳定，振幅小于 7%。

---

① 《大清高宗皇帝实录》卷三百四十二，乾隆十四年六月，户部议覆贵州巡抚爱必达奏黔厂余铅酌定官商收运各款。

按照矿业生产规律，福集厂已经开采达半个多世纪，采冶成本的上升导致矿民经营状况逐渐恶化，产量会缓慢下降。前文提及乾隆五十三年贵州巡抚李庆棻奏请提高官购余铅的价格，亦包括福集厂余铅在内，每百斤价银从一两四钱提高至一两七钱。而官购余铅价格的提高在一定程度上改善了矿民的经营状况，进而刺激产量提升。但是，这些变化在上表中并无明显的反映。仔细分析这一时期的抽课量，发现基本为两组数据，一组是36万余斤，一组在39万余斤，两组数据的波动量在均千斤以内，有的甚至完全相同，而根据两组抽课量数据推算的产量分别在182万斤和197万斤上下。结合当时政府下达给福集厂的每年生产定额180万斤，这两组抽课量就不难理解。36万余斤的年抽课量完全是厂员根据180万斤的年生产定额推算出来的，目的是满足考成需要，逃避惩处，而39万余斤的抽课量是在36万余斤的基础上，按照有闰之年的13个月计算出来的。可见，这一时期的抽课量及由此推算的产量均不能反映实际产量，实际产量均低于每年的生产定额。如嘉庆十五年贵州巡抚鄂云布奏称："又据署水城通判候补知府徐正青详报，福集厂止办过嘉庆五年（1805）加办铅四十万斤，自前署通判宋简任内，厂势愈形竭蹶，不独加办之铅不能领办，即正额亦属不敷。"[1] 最后，道光咸丰时期，虽然有道光九年之后矿税减半政策，使得产量一度回升，但持续时间不上，产量总体上仍旧缓慢下降。道光以后，福集厂已经开采近一个世纪，受矿业生产规律影响，采冶成本上升，矿民经营状况进一步恶化，产量持续下降，厂员不得不购买商铅以奏定额。如道光十四年，贵州巡抚裕泰奏："嗣据藩司贵西道会详，以（贵州）各厂开采年久，硐深矿微，出铅渐少，向赖购买商铅以资凑集，近年商铅亦少，办理维艰。"[2] 实际通商铅总量越来越少，矿民经营状况进一步恶化，产量势必进一步下滑。

从产量和生产时间看，福集厂是清代黔铅第二大厂。当然，福集厂能够长时间维持高产，与众多子厂密不可分。前文在考证福集厂置废时间时

---

① 朱批奏折：嘉庆十五年八月二十四日，贵州巡抚鄂云布奏，引自《清代的矿业》，第339～341页。

② 道光十四年七月初一日，贵州巡抚裕泰《奏为查明黔省运贮汉局白铅积存尚多应请暂停补运以纾厂力恭折奏祈圣鉴事》，《军机处档折件》，编号：068760。

曾提及万福厂，将其作为福集的子厂。据抗战前的调查："万福厂去水城县城南二十五里，矿区面积十余方里，……。现今矿坑之可见者尚有大夹沟、燕子硐、火龙硐、福禄硐等，就中以燕子硐之规模为最大，高约五十英尺，宽三十英尺，深百余英尺，其间尚有支巷口数处，……闻乾隆时火龙硐中石壁崩塌，压毙矿工二千余人，继遭苗乱，附近村落焚掠一空，而万福厂之矿业遂一蹶不振。"① 据此推测，乾隆朝前期万福厂的兴盛造就了福集厂的持续高产，而乾隆后期至嘉庆年间的衰落与福集厂产量下降的时段一致。如嘉庆十九年，贵州巡抚庆保奏："据称水城通判所属之福集厂，额办铅斤近年支绌日甚，缘该处产铅不旺，四处购觅子厂。"②

二　柞子大型黑铅厂

柞子厂设于雍正五年，二成抽课，余铅官买。如乾隆四十六年，贵州巡抚李本奏称："威宁州柞子厂黑铅，自雍正五年开采，除二成抽课外，余铅每百斤，给价银一两五钱，尽数官买解京供铸。……现据知州子良钧禀称，近日设法采挖，复得矿引，惟因开采年久，矿远洞深，又因向例余铅全归官买，价止一两五钱，厂民灶户，工本难敷，每多裹足不前。查厂民灶户，藉厂营生，柞子厂既复得矿引，自应因时调剂。请将该厂所出黑铅，嗣后照黔省乐助、新寨、兴发等厂白铅例，每百斤抽课二十斤，官买四十斤，通商四十斤，俾厂灶均沾余润，以裕鼓铸。"③ 事实上，柞子厂开设之际，官买余铅，每百斤仅为价银一两二钱。如雍正七年，云南总督鄂尔泰奏请官买余铅转销湖广时称："如马鬃岭、砂朱、江西沟、柞子四厂，矿浅煤近，每百斤俱给银一两二钱。"④ 至乾隆八年（1743），因"贵州柞子厂黑铅，每斤一分二厘之价收买，工本不敷"，户部奏"请每百斤给价

---

① 民国《今日之贵州·贵州矿产纪要》第五章《铅锌银矿》。
② 《大清仁宗皇帝实录》卷二百九十四，嘉庆十九年八月，谕内阁庆保奏黔省铅斤请并归道员经管折。
③ 《大清高宗皇帝实录》卷一千一百四十二，乾隆四十六年十月，贵州巡抚李本奏。
④ 雍正七年十一月初七日，云南总督鄂尔泰《奏为奏明调剂黔省铅斤并办获滇省铅息事》，《雍正朝汉文朱批奏折汇编》第十七册，第159~160页。

银一两五钱，收买解京"。① 因黑铅市价远高于官价，余铅一半通商，极大地刺激了矿民生产的积极性。乾隆四十七年，贵州布政使孙永清奏报："窃照黔省柞子厂出产黑铅，向例以二成抽课，余铅给价官买，拨供京局鼓铸。嗣因厂衰铅少，改归湖南省办解，上年臣察核情形，详请抚臣具奏，将余铅四成通商，仰蒙允准。兹臣查勘城工，前抵威宁，就近察访，该厂自通商以来，炉户得沾微利，踊跃攻采，获铅较旺，目下已得课余铅三十余万斤，连前供存一百八十余万斤，现在实力办理，可冀日渐加增。"②

乾隆朝后期通商政策的实施，刺激柞子厂产量迅速回升，但持续的时间并不长。嘉庆初年，柞子厂产量再次下降。据嘉庆八年贵州巡抚福庆奏报：贵州"其每年应解京局黑铅，从前均于威宁州之柞子厂办供，近因开采年久，硐老山空，现准经管铅厂之贵西道折报，每年仅止出产铅十三四万斤，约抽课铅二三万斤，屡经移辙，该道坚称委系实采实报，因限于地利，以致屡形短缩，并无稍有隐漏"。③ 这应该是开采年久，采炼成本上升，导致矿民经营状况恶化，以致产量下降。嘉庆二十一年（1816）至嘉庆二十四年任贵州巡抚的朱理奏报："至所开黑铅厂三处，内柞子厂系雍正五年开采，硃矿塘厂系乾隆二十二年续开，俱因开采年久，硐深矿薄，又兼原定例价不敷工本，炉民艰于采办，节经前任各抚臣奏咨调剂，先经准令通商，后又议请免其抽课，将商铅一并归官收买，俱经部复，准行在案。至嘉庆十一年，升任贵西道伊汤安踏获猓布戛厂，报部开采，作为柞子厂之子厂，照例抽收通商。近年以来屡经贵西道声称，该厂矿引日深，产铅不旺，所有应运京楚及本省额用黑铅均系采买商铅添凑，始得无误，此黔省应办年额黑铅数目，暨各厂采办丰绌不齐之情形也。"④ 据朱理所言，在乾隆末嘉庆初，柞子厂曾经免抽课铅，取消通商，余铅全部官买；

---

① 乾隆《钦定大清会典则例》卷四十四《户部·钱法》办铅锡。
② 乾隆四十七年三月十五日，贵州布政使孙永清《奏为酌请预拨黑铅赴楚宽备购采仰祈圣鉴事》，《宫中档乾隆朝奏折》第 51 辑，第 226～228 页。
③ 军机处录副奏折：嘉庆八年九月十六日，贵州巡抚福庆《奏为查明黔省铅厂情形恭折奏闻仰祈圣鉴事》，引自《清代的矿业》，第 338～339 页。
④ 朱理：《大中丞静斋朱公奏疏》之《奏为遵旨封禁黑铅厂座分别酌办恭折奏祈圣鉴事》，光绪己丑季刻三余堂藏版。

嘉庆十一年开采猓布戛子厂后，又实行原有二成抽课、四成通商的政策。虽然几经调整，但无法改变柞子厂衰落的趋势，厂员不得不购买商铅以凑每年定额，而通商铅亦名存实亡。

道光二十四年，贵州巡抚贺长龄贵州产银情况时言："至现在贵西道每年解部银课，系威宁等属柞子、硃砵塘、猓布戛三处铅厂煎炼黑铅中之零碎银砂，约计炼铅万斤可得银八、九、十两，向系按四成抽课，并无定额，铅旺之时解课千有余两，近来硐老山空，铅斤短绌，解课减至百数十两。"① 柞子开采年久，其产量应占少数。道光二十九年（1849），贵州巡抚罗绕典奏称："又据贵西道福连报，有柞子厂附近清水站地方，矿苗丰厚，自上年七月起至本年正月止，增收新课银三千八百余两。"② 从罗绕典的奏报看，清水站应为柞子子厂，产量颇丰。但仅持续一年左右，咸丰元年（1857）即被封禁。③

黑铅的奏销与白铅不同。据笔者在中国第一历史档案馆搜集到柞子厂雍正六年至道光二十五年（1845）的 105 年中 23 个年份的奏报数据，其中所含信息，除了常见的课铅外，还有产铅、课铅变价银、秤头铅、官购余铅及课余铅等项目，种类繁多，如表 2-4 所示。

表 2-4　1741~1845 年柞子厂奏销数据

单位：斤/银两

年　　份	产　铅	课　铅	课铅变价银	秤头铅	官购余铅	课余及官购余铅	推算产量
雍正六年		4414	4797.99				1616988
雍正七年		303862	2189.6				1945316
乾隆五年					500000		684932
乾隆十三年	122518	30629		2450			122516
乾隆十九年	743257	185814		14865			743256
乾隆二十二年		80638		7947			322552
乾隆二十五年					933005		1278089

①　贺长龄：《耐庵奏议存稿》卷十《覆奏开采银矿请随时采访折》，道光二十四年八月二十五日。

②　《大清宣宗皇帝实录》卷四百六十五，道光二十九年三月，署贵州巡抚罗绕典覆奏。

③　《大清文宗皇帝实录》卷四十三，咸丰元年九月，贵州巡抚乔用迁奏。

续表

年 份	产 铅	课 铅	课铅变价银	秤头铅	官购余铅	课余及官购余铅	推算产量
乾隆三十年					456490		625329
乾隆三十一年		34475		3797			137900
乾隆三十五年					180165		246801
乾隆三十九年					138105		189185
乾隆四十三年					219100		300137
乾隆四十八年						500000	862069
乾隆五十年					360000		947368
乾隆五十一年		191450					957250
乾隆五十四年						351470	605983
乾隆五十七年					230000		605263
乾隆五十九年					90000		236842
嘉庆八年	140000				496471		140000
嘉庆十六年					580900		744744
嘉庆二十二年					238100		305256
道光五年					296678		337134
道光二十五年					70240		79818

　　注：柞子厂奏销的统计时段为每年的四月一日至次年的三月底，为计算方便，将其视为当年的数据。

　　表2-4中的课铅数据仅有7份，且雍正时期所抽课铅已部分变价。前文已提及当时官购黑铅价格每百斤价银一两二钱，以此推算变卖课铅数量，加之未变价课铅，雍正六年、七年的课铅量分别为404247斤、486329斤。虽然柞子厂规定二成抽课，但事实上，所抽课铅量占产量的比例并非全部是20%，如乾隆十三年、乾隆十九年（1754）均为25%。乾隆五十一年的数据乃柞子、硃砒塘二厂之和，而课铅中还包含秤头铅。柞子厂抽收秤头铅的开始时间，并非嘉庆《钦定大清会典事例》中所言的乾隆三十一年（1766）①，乾隆朝前期就已实施。据上表乾隆十三年、乾隆十九年的数据推算，秤头铅占产量的2%。故乾隆五十一年柞子、硃砒塘二厂的抽

---

　　① 嘉庆《钦定大清会典事例》卷一百九十四《户部·杂赋》。

课量，去除秤头铅外，占产量的20%。那么，柞子厂抽课比例何时从二成半变为二成的？因此，笔者推测可能与前文提及的乾隆四十六年贵州巡抚李本奏请调整柞子厂的课余铅规定有关。因柞子厂"工本难敷"，李本奏请余铅四成通商，其抽课比例可能同时调整至规定的二成。如以政府批准余铅通商的乾隆四十七年为准，之前二成半抽课，之后二成抽课。由此，可推算出表2-4中7个年份的产量。

除了课铅之外，表2-4中官购余铅数据有15份。要从这些数据中提取产量信息，首先必须明确柞子厂余铅的购买规定。雍正七年，因黔铅大旺，销售不畅，云南总督鄂尔泰奏言："柞子一厂可出铅一百余万斤"，并请"照滇省题明收买运售之例，借动库项，委员在厂，将余铅按数收买，……陆续发运于楚粤四达之区，公平转售"①。柞子厂所产黑铅，除了抽课之外，余铅自雍正七年官买转售。雍正十年闰五月，护理贵州巡抚、布政使常安奏报官买黑铅时称："查自雍正七年九月起，至雍正十年三月底，先后共买余铅二百六十九万四千三十六斤零，每百斤一两一二钱不等，共价银二万九千六百五十三两八钱五分零"，但"因运销甚难"，仅试销5万斤，其余"止就厂销售"②。常安所报贵州官购黑铅余铅2694036斤，应全部来自柞子厂。根据表2-4中雍正七年四月至八年三月抽课量，推算出雍正七年九月至八年三月底的余铅量为85.1万斤，则雍正八年四月至雍正十年三月底，两年之内的年均产量为122.87万斤。乾隆四十六年，贵州巡抚李本亦言："威宁州柞子厂黑铅，自雍正五年开采，除二成抽课外，余铅每百斤，给价银一两五钱，尽数官买解京供铸。"③可见，乾隆四十六年之前，柞子厂余铅全部官购，自乾隆四十七年开始，余铅四成通商。但是，柞子厂四成通商政策的刺激效应的持续时间并不长。嘉庆八年，贵州巡抚福庆奏报："现准经管铅厂之贵西道折报，每年仅止出产铅十三四万斤，约抽课铅二三万斤，……所有年额承运京局正加黑铅四十七万余斤，不敷之数

① 雍正七年十一月初七日，云南总督鄂尔泰《奏为奏明调剂黔省铅斤并办获滇省铅息事》，《雍正朝汉文朱批奏折汇编》第十七册，第159~160页。
② 户科史书：雍正十年闰五月二十六日，护理贵州巡抚常安《题为详请题明收买厂余黑铅获有余息留充买本事》，引自《清代的矿业》，第325~327页。
③ 《大清高宗皇帝实录》卷一千一百四十二，乾隆四十六年十月，贵州巡抚李本奏。

现在俱系设法四处搜罗将从前各商贩买存通商铅斤按照时价采买腋凑，实属万分掣肘。"① 因产量下降，不敷定额，厂员不得不购买商铅凑数，柞子厂四成通商已经名不副实，该厂全部产量每年仅 14 万斤，即使余铅全部官买，亦无法凑足定额。嘉庆朝后期，贵州巡抚朱理亦奏称："（柞子厂）节经前任各抚臣奏咨调剂，先经准令通商，后又议请免其抽课，将商铅一并归官收买，俱经部复，准行在案。至嘉庆十一年，升任贵西道伊汤安踏获猓布夏厂，报部开采，作为柞子厂之子厂，照例抽收通商，近年以来屡经贵西道声称，该厂矿引日深，产铅不旺，所有应运京楚及本省额用黑铅均系采买商铅添凑，始得无误。"② 可见，至少在嘉庆十一年之前，柞子厂余铅事实上已经不再通商，嘉庆十一年以后，因新开猓布夏厂旺盛，作为柞子厂子厂奏报，贵州全省才得以凑足每年 47 万斤的定额。至道光年间，柞子厂的官购余铅中，除了该厂通商铅之外，还包括其他厂及云南的通商铅。如道光二十五年四月至二十六年三月底，贵州"共收买本厂（柞子厂）余黑铅七万二百四十斤，又收买滇厂商黑铅一万九千斤，二共收买商余黑铅八万九千二百四十斤"③。据以上考证，自雍正六年至乾隆四十六年，柞子厂官购余铅占产量的 73%；乾隆四十七年至乾隆六十年，柞子厂官购余铅占产量 38%；嘉庆时期，柞子厂官购余铅占产量的 78%；道光年间，官购余铅占产量的 88%。由此推算出上表中与官购余铅有关的 15 个年份的产量。结合笔者考证结果，将清代柞子厂产量如表 2 - 5 所示。

从表 2 - 5 推算柞子厂产量看，23 个年份合计共产铅 1649 万余斤，年均 66 万斤。如以此平均量推算，雍正六年至道光二十五年的 105 年内，柞子厂的总产量可能 6930 万斤，加上道光二十五年至咸丰四年的产量，柞子厂生产的黑铅约为 7000 万斤。

---

① 军机处录副奏折：嘉庆八年九月十六日，贵州巡抚福庆《奏为查明黔省铅厂情形恭折奏闻仰祈圣鉴事》，引自《清代的矿业》，第 338～339 页。

② 朱理：《大中丞静斋朱公奏疏》之《奏为遵旨封禁黑铅厂座分别酌办恭折奏祈圣鉴事》，光绪己丑季刻三余堂藏版。

③ 咸丰元年六月二十三日，贵州巡抚乔用迁《题为详明筹办厂务等事》，中国第一历史档案馆藏，档号：02 - 01 - 04 - 21489 - 014。

表 2 – 5　1741~1845 年柞子厂产量变化

单位：斤

时　间	推算产量	时　间	推算产量
雍正六年	1616988	乾隆四十二年	300137
雍正七年	1945316	乾隆四十八年	862069
雍正八年	1228900	乾隆五十年	947368
雍正九年	1228900	乾隆五十一年	957250
乾隆五年	684932	乾隆五十四年	605983
乾隆十三年	122516	乾隆五十七年	605263
乾隆十九年	743256	乾隆五十九年	236842
乾隆二十二年	322552	嘉庆八年	140000
乾隆二十五年	1278089	嘉庆十六年	744744
乾隆三十年	625329	嘉庆二十二年	305256
乾隆三十一年	137900	道光五年	337134
乾隆三十五年	246801	道光二十五年	79818
乾隆三十九年	189185	合　计	16492528

　　就表 2 – 5 的变化而言，雍正五年至雍正七年是柞子厂的快速发展时期，年产量迅速增至 194 万余斤。但是，巨大的产量导致黑铅大量积压，销售不畅，虽然贵州政府组织收购转销，然大多就地销售，产量逐渐下降，乾隆十三年仅为 12 万余斤。乾隆二十二年因新开硃矿塘子厂，两年后产量再次增至 127 万余斤。然余铅全部官购，而官定价格过低，随着生产成本的上升，矿民经营状况逐渐恶化，产量再次逐渐缩减。乾隆四十七年四成通商政策的实施在一定程度上改善了矿民入不敷出状况，两年后年产量再次增至 95 万斤左右。至嘉庆初年，因产量不敷运销定额，厂员不得不购买商铅以凑数，致使通商有名无实，矿民经营状况急剧恶化，产量快速下降。嘉庆十一年因新开猓布夏子厂，嘉庆十六年（1811）产量一度回升至 70 余万斤，之后快速回落，至道光二十五年仅为 8 万斤。总体而言，受矿业生产规律的制约，柞子厂产量呈下降趋势，虽然政府通过通商、减税及开设子厂等措施以图恢复，在产量上亦有一定的表现，但其效果的持续时间有限，只是延缓了产量的下降速度，无法改变总体趋势。

　　从产量和持续时间上看，柞子厂是清代黔铅第三大厂，也是贵州黑铅第一大厂，子厂有硃矿塘、猓布夏、清水站三处。按照清代矿厂设立规定，应派佐贰杂职任柞子厂厂员，驻厂管理。乾隆二十年，贵州巡抚定长奏请筹办威宁州铜川、勾录二铜厂时言："官有刑名、钱谷之责，铜厂不克分身兼理，委之亲友、家人，难免滋弊，应照威宁州柞子地方铅厂之例，于府州佐贰内遴委岜员，坐厂抽收给票，董理弹压。"[1] 可见，柞子厂早已设立厂员，驻厂管理，下设书记、客课长、巡役、家丁等人役，协助厂员抽课课铅、收买余铅及维护矿区秩序。同治《钦定户部则例》载：柞子厂设书记 1 名、客课长 2 名、巡役 16 名、家丁 1 名、水火夫 2 名，每月开支工食银 42 两 8 钱 9 分，灯油纸笔杂费 2 两 1 钱，每月厂费银合计 44 两 9 钱 9 分。[2] 然据乾隆三十二年（1767）贵州巡抚鄂宝奏报："开除柞子、朱砒二厂每月支销各役工伙、纸张、笔墨等项银四十一两。"[3] 显然，嘉道时期柞子厂的厂费增加，是新设子厂后管理扩大的结果。

第四节　其他主要矿厂

清代黔铅除了莲花、福集、柞子三个开采百年以上的大型矿厂之外，还有猴子、马鬃岭、丁头山、羊角、白蜡、砂硃、月亮岩、济川、乐助堡、永兴寨、连发山、新寨、水洞帕等 13 厂的开采时间也超过十年，其中不乏产量较大者。本节将逐厂考证，以丰富对清代黔铅矿厂的了解，也有助于第三章关于清代黔铅产量的论证。

一　马鬃岭、丁头山、砂硃、月亮岩、济川白铅厂

马鬃岭、丁头山二厂雍正二年开，乾隆二年封闭。雍正三年户部引用护理贵州巡抚威宁镇总兵石礼哈奏报称："自雍正二年九月至今，马鬃岭所抽收课铅每月有两万余斤，每年约抽二十五六万斤，齐家湾每月抽课铅

---

[1] 乾隆二十年正月二十三日，贵州巡抚定长《奏为酌筹办铜事》，《宫中档乾隆朝奏折》第 10 辑，第 571~574 页。

[2] 同治《钦定户部则例》卷三十五《钱法二·各省铅厂官役养廉》。

[3] 乾隆三十二年十月二十八日，贵州巡抚鄂宝《题为恩准开厂裕课便民事》，《内阁大库档案》，档号：NO 000125351。

二千余斤，每年约抽二万四千斤，丁头山每月抽课铅六千余斤，每年约抽八万余斤。"① 则设厂第一年，马鬃岭、齐家湾、丁头山厂的产量分别为130 万斤、12 万斤、40 万斤。因当时云南鼓铸需铅，将此三厂课铅变价供铸。雍正六年，署理贵州巡抚云南巡抚沈廷正奏报："该臣看得普安、安南二县之丁头山，威宁府属之齐家湾、马鬃岭地方出售倭铅，前据布政司详报，雍正三年分抽获课铅解滇供铸，其变价银六千六百二十九两五钱。"② 三厂课铅变卖价格，据雍正六年怡亲王允祥引署理贵州巡抚祖秉圭奏称："贵州州丁头山、齐家湾、马鬃岭铅矿，自雍正二年九月内开采起至三年八月终止，抽获铅斤变价，……黔省出铅百斤抽课二十斤，尽数交给滇员收运，按照各厂地头时价每百斤变银一两四、五、六钱不等，……臣查铅厂出倭铅止供滇省鼓铸，所获税铅即在各厂地头发卖，故尔价低。"③ 参考雍正二年各厂产量及所占比重，以每百斤课铅价银一两五钱推算，雍正三年马鬃岭、丁头山的产量分别约为 157 万斤和 48 万斤。

雍正七年十一月，云贵广西总督鄂尔泰奏报："查马鬃岭厂每年约可出铅一百万斤，……又丁头山一厂可出铅十余万斤。"④ 鄂尔泰应是查过雍正六年四月至雍正七年三月底马鬃岭、丁头山二厂的奏销数据，虽然所列为约数，但显示出二厂产量较前有所下降。几年之后，丁头山厂产量突增。据雍正十年三月管理户部事务张廷玉引云贵广西总督鄂尔泰奏称："黔省各厂所出余铅，前经抚臣张广泗题请动帑六万两收买运销，但当日原止为马鬃岭、砂硃、大鸡、大兴四厂而设，尚有丁头山一厂未经查明。今该厂渐次发旺，每年出铅几及百万斤，所需铅价运价甚多。"⑤ 鄂尔泰所称丁头山厂产量突破百万斤的时间应为雍正九年。

---

① 户科史书：雍正三年九月初二日，总理户部事务和硕怡亲王允祥等《题为详请开采等事》，引自《清代的矿业》，第 314～315 页。

② 户科史书：雍正六年九月二十二日，署理贵州巡抚印务云南巡抚沈廷正《题为详请开采等事》，引自《清代的矿业》，第 316～317 页。

③ 户科史书：雍正六年五月二十八日，总理户部事务和硕怡亲王允祥等《题为详请开采等事》，引自《清代的矿业》，第 315～316 页。

④ 雍正七年十一月初七日，云贵广西总督臣鄂尔泰《奏为奏明调剂黔省铅斤并办获滇省铅息事》，《雍正朝汉文朱批奏折汇编》第十七册，第 159～160 页。

⑤ 户科史书：雍正十年三月初五日，管吏部户部尚书张廷玉等《题为请添借帑银收买铅斤事》，引自《清代的矿业》，第 324 页。

从此后的记载看，丁头山的高产持续时间很短。雍正十二年八月，贵州巡抚元展成奏称："据委管丁头山倭铅厂务、普安县知县沈遴册报，该厂自雍正十年九月初一日起至雍正十一年八月底止，抽获课铅七万三千七百零七斤，每百斤照原定一两六钱之价，共应变价银一千一百七十九两三钱一分二厘，内除开销厂内人役工食等项共去银四百八十两零六钱，……又据管理马鬃岭倭铅厂大定府知府介锡周册报，该厂自雍正十年九月初一日起至雍正十一年八月底止共抽获课铅二十万零八千二百三十七斤三两二钱，每百斤照原定一两四钱之价计算，共应变价银二千九百一十五两三钱二分零八毫，内除开销厂内办事人役工食等项共去银五百零七两六钱，……以上丁头山、马鬃岭共抽课铅二十八万一千九百四十四斤三两二钱，每百斤照各厂原定一两六钱、一两四钱之价计算，该铅价银四千零九十四两六钱三分二厘八毫，内除开销二厂办事人役工食等项银九百八十八两二钱。"① 推算雍正十一年九月初一至八月底，丁头山、马鬃岭二厂，产铅分别为 368535 斤和 1041185 斤，每月开支厂费银分别为 40.05 两和 42.3 两。此后，二厂产量快速下降，直到乾隆二年因"硐老山空"而封闭。

砂硃厂设立于雍正七年。据雍正七年贵州巡抚张广泗奏报："砂硃厂雍正七年七月二十五日得矿起，至九月二十二日，烧出倭铅八万八千六百四十五斤，内照例每百斤二八抽获课铅共一万七千七百二十九斤；又大兴厂自本年八月二十二日得矿起，至十一月初二日烧出倭铅六万九千二百五十五斤，内照例每百斤二八抽获课铅共一万三千八百五十一斤，是二厂既有成效，应请开采，照例抽课，运局供铸。每百斤定价一两五钱，俟铸出钱文拨还课价，按年造报。其厂内人役工食及修盖房屋等项，请照例于正课内动支，统于年底课铅册内登报开除。其砂硃厂委令威宁州管理，大兴厂委令大定府管理。"② 砂硃、大兴二厂试采之际，每月产量分别为 45850 斤和 29263 斤，二成抽课，厂内办事人役工食由课铅变价银支给，分别由

---

① 雍正十二年八月二十八日贵州巡抚元展成《奏为详请开采等事》，《明清档案》：A60-36。

② 户科史书：雍正七年十二月二十一日，贵州巡抚张广泗题，引自《清代的矿业》，第317~318页。

威宁州知州和大定府知府管理，而另由佐贰杂职充任厂员，驻厂管理。雍正十二年新开的莲花厂人役仿照砂硃厂设立，故砂硃厂亦应设立课书 1 名、客课长 4 名、巡役 8 名、家人 1 名、水火夫 2 名，每月开支厂费银 30.6 两。

雍正七年十一月，鄂尔泰报称"砂硃厂（每年）约可出铅二三十万斤"①。鄂尔泰所言砂硃厂年产量显然是根据此前几月的情况所产估算的，因其奏报之时，砂硃厂仅开采四个月而已。雍正九年，据贵州巡抚张广泗奏销："砂硃厂自雍正七年七月二十五日开采起，大兴厂自雍正七年八月二十二日开采起，俱至雍正八年八月底，一年共抽收课铅二十万八千七百九十一斤零。"② 二厂抽课 208791 斤，推算产量 1043955 斤。二厂试采之际，大兴厂的月产量仅为砂硃厂的 63.82%，而大兴厂仅存在了三年，雍正十年就因"矿砂无出"而封闭，其产量下降速度应该很快，且上述数据中统计了砂硃厂一年零一个月的抽课量，而大兴厂的仅为一年，故推算砂硃厂雍正七年七月底至八年八月底的产量约为 65 万斤。雍正十二年八月，贵州巡抚元展成奏销称："砂硃厂二八抽收课铅，以及开销人役工食，……该厂自雍正十年九月初一日起至十一年八月底止，共抽课铅一十一万一千六百六十八斤八钱，每百斤照定价一两五钱计算，共该课价银一千六百七十五两零二分七毫五丝，内除支销该厂办事人役工食银三百六十七两二钱。"③ 推算雍正十年九月初一日起至十一年八月底砂硃厂产量为 558342 斤，每月开支厂费银与前文推论一致。乾隆三年，内大臣兵部尚书协理户部事务讷亲引用贵州巡抚张广泗奏销册称："砂硃铅厂二八抽收课铅，……该厂自乾隆元年九月初一日起至乾隆二年八月底止，共抽获课铅一十六万四千六百二十七斤。"④ 推算产量为 823135 斤。

① 雍正七年十一月初七日，云贵广西总督臣鄂尔泰《奏为奏明调剂黔省铅斤并办获滇省铅息事》，《雍正朝汉文朱批奏折汇编》第十七册，第 159~160 页。
② 户科史书：雍正九年十一月二十九日，贵州巡抚张广泗《题为详情题明开采铅厂以供鼓铸事》，引自《清代的矿业》，第 323 页。
③ 雍正十二年八月二十八日，贵州巡抚元展成《奏为详请题明开采铅厂以供鼓铸事》，《明清档案》：A60－34。
④ 乾隆三年十月二十五日，内大臣兵部尚书协理户部事务讷亲《题为详请题名开采铅厂以供鼓铸事》，《明清档案》：A86－16。

乾隆十年，贵州巡抚张广泗称"砂硃厂每月止出铅一万余斤"，按此推算年产量仅 12 万余斤。该厂产量之所以大幅下降，张广泗认为是采炼成本上升、矿民入不敷出所致，奏请将该厂官购余铅从每百斤价银一两三钱增至一两五钱。[①] 此次提价在一定程度上改善了矿民的经营状况，产量再次回升。乾隆十八年（1753），贵州巡抚开泰奏销砂硃厂乾隆十六年九月初一日起止十七年（1752）八月底"共抽课铅八万九千八百五十一斤"[②]，推算产量为 449255 斤。次年，贵州巡抚定长奏销砂硃厂乾隆十七年九月初一日起至十八年八月底"共抽课铅八万一千九百七十七斤一十二两八钱"[③]，推算产量为 409890 斤。乾隆二十四年，署贵州巡抚周人骥奏报，乾隆二十一年四月至二十二年三月底，贵州"又收买砂硃厂变价充饷课铅二十六万五千四百七十七斤"，并将这些课铅"发运永宁"。[④] 此 26 万余斤课铅是一年所抽还是多年累积？无法考证。乾隆二十七年（1762），贵州巡抚乔光烈奏报乾隆二十五年四月至二十六年三月底，贵州"又收（买）砂硃厂溢出秤头铅三千四百七十七斤零"。[⑤] 秤头铅占产量的 2%，以此推算乾隆二十五年砂硃厂产量为 173850 斤。

月亮岩厂乾隆四年设立。乾隆四年十一月，贵州总督兼管巡抚事张广泗奏："遵义府绥阳县月亮岩地方产有铅矿，铁星、坪版产有煤块，……据称自乾隆三年十二月十六日起至乾隆四年二月十五日止，现在烧出倭铅八万五千五百五十二斤，抽课铅一万七千一百一十斤零。请照小洪关之例，分设人役，委员管理，照小洪关之例抽课二十斤，每百斤变价银一两五钱解库外，该厂虽著有成效，尚未大旺，未便即照小洪关一体添设，应于铁星坪、版坪二处每处各设课长一名，书办一名，每月每名工食银一两

---

① 乾隆十年五月初七日，贵州总督张广泗《题为白铅不敷供铸详请题明增价收买以济运解事》，中国第一历史档案馆藏，档号：02-01-04-13868-010。

② 乾隆十八年四月初九日，贵州巡抚开泰《题为详请题明开采铅厂以供鼓铸事》，《内阁大库档》，档号：NO 000108649。

③ 乾隆十九年六月十二日，贵州巡抚定长《题为详请题明开采铅厂以供鼓铸事》，《内阁大库档》，档号：NO 000110546。

④ 乾隆二十四年正月二十一日，贵州巡抚周人骥《题为详明筹办厂务等事》，中国第一历史档案馆藏，档号：02-01-04-15200-002。

⑤ 乾隆二十七年十二月二十日，贵州巡抚乔光烈《题为详明筹办常委等事》，中国第一历史档案馆藏，档号：02-01-04-15507-003。

九钱，巡拦六名，每名月工食银一两五钱，家人一名，每名月给工食银三两，水火夫二名，每名月给工食银一两五钱，每处每月各给灯油纸张笔墨银一两五钱，二处每月共准销银四十两六钱，于课铅变价项下开销，……惟有将月亮岩厂所出铅斤议定官商分买，如出铅一万斤，除抽课二千斤外，余铅八千斤，应派定官买四千斤，商民自行销售四千斤，计算每年收买连抽课，约共可收铅百万余斤，即由月亮岩分路解运，殊为妥便。"① 月亮岩厂采冶分离，以矿就煤，在铁星坪、版坪两处置炼炉，并各设课长 1 名、书办 1 名、巡栏 6 名、家人 1 名、水火夫 2 名，每月厂费银 40.6 两，由课铅变价支给；每铅百斤抽课二十斤，课铅每百斤以价银一两五钱变价，余铅官商各半收买。从试采两月来看，月亮岩厂每月产铅 4 万余斤。次年四月，户部批准月亮岩厂课余铅抽买规定。② 乾隆六年（1741）四月，户部议定："将现设铁星、坪坂二处坐厂抽收官二员，照从前各厂例给养廉。"③ 即月亮岩厂设厂官二人，分驻铁星和坪版，管理厂务。

乾隆七年，协理户部事务纳亲复核贵州巡抚张广泗奏销时称，自乾隆五年四月起至乾隆六年三月底，收买月亮岩厂余铅 518046 斤。④ 按照余铅四成官买推算，产量应为 863410 斤。但滇铜黔铅京运量增加后，威宁一路转运艰难，乾隆九年，户部规定："将月亮岩铅斤，概归官买，全由贵阳转运，以分东、威铜铅并运之劳。"⑤ 因官价远低于市价，余铅全归官买导致矿民经营状况恶化，月亮岩厂产量迅速下降。次年五月，贵州总督奏请增加收买余铅时言：当时"月亮岩厂每月亦仅抽收铅二万余斤"⑥。也就是说，当时月亮岩厂的年产铅量仅为 25 万斤左右。相比乾隆五年，年产量已经下降了 71%。但是，此次官购余铅加价并不包括月亮岩厂，其产量势必继

---

① 乾隆四年十一月十二日，贵州总督兼管巡抚事务张广泗《为遵旨议奏事》，《明清档案》：A91－65。

② 《大清高宗皇帝实录》卷一百十四，乾隆五年四月，户部议准贵州总督兼管巡抚事张广泗疏请。

③ 《大清高宗皇帝实录》卷一百四十，乾隆六年四月，大学士等议覆署贵州总督张允随奏称。

④ 乾隆七年四月初四日，协理户部事务纳亲《题为会查黔省莲花等厂收存课余铅斤数目及存剩工本等银数目事》，中国第一历史档案馆藏，档号：02－01－04－13450－013。

⑤ 《大清高宗皇帝实录》卷二百二十一，乾隆九年七月，户部覆云南总督张允随奏称。

⑥ 乾隆十年五月初七日，贵州总督张广泗《题为贵州白铅不敷供铸请以乾隆十年三月为始增价收买余铅以济运解事》，中国第一历史档案馆藏，档号：02－01－04－13868－010。

续下滑。乾隆十二年，"月亮岩版坪铅厂衰微，准其封闭"；乾隆十四年，"月亮岩铁星坪厂硐老山空，炉民星散"，被迫封闭①。

乾隆四十一年，因黔铅产量不敷京运，贵州巡抚裴宗锡奏请广开铅矿，其中就包括绥阳县月亮岩；次年，裴宗锡又奏："月亮岩白铅厂一处，矿砂丰旺，可期速有成效。"② 同年十一月，贵州巡抚觉罗图思德奏："查遵义县之新寨、绥阳县之月亮岩等处，经前抚臣裴宗锡探知，露有白铅引苗，奏请试采，……月亮岩矿质比新寨较薄，设炉一十二座，每日每炉出铅七八十斤，除通商外，每岁抽课采买约可获铅二十万余斤。"③ 按此推算，月亮岩厂年产量约为 32 万斤。乾隆四十三年（1778），户部尚书英廉奏："查新寨正厂、月亮岩子厂试采，自乾隆四十一年八月试采起，至四十二年八月至，共抽收课余铅一十万二千八百二十三斤，已有成效。二厂均请于四十二年八月初一日为始，按卯抽课收买，照乐助厂之例，每铅一百斤抽课二十斤，官买四十斤，通商四十斤。……月亮岩矿质较薄，设炉十二座烧炼，每日每炉出铅七八十斤，统计每年可获铅三十万斤。除通商外，每岁抽课采买，照例核计只可获铅二十万斤，不及新寨十分之二，应请作为新寨子厂。"④ 月亮岩厂于乾隆四十二年八月正式设厂，因产量较低，故作为新寨子厂。

济川厂乾隆十年开设。乾隆十年五月，贵州总督张广泗奏："虽陆续据普安州新报有罗朋一厂，署丹江通判水城通判亦报有济川、万福山等厂，但各新厂甫经采试，出铅尚未旺发。"⑤ 乾隆二十二年，大学士傅恒引用乾隆二十一年贵州巡抚周琬奏销济川厂课余银两时称："窃照黔省

---

① 乾隆《钦定大清会典则例》卷四十九《户部·杂赋上》；《大清高宗皇帝实录》卷三百三十九，乾隆十四年四月，户部议准贵州巡抚爱必达疏称。

② 裴宗锡：《滇黔奏稿录要》（不分卷），全国图书馆文献缩微复制中心，2007，乾隆四十一年八月十二日，《奏为筹请广采山矿以裕民生事仰祈圣训事》，第 271 ~ 274 页；乾隆四十二年四月十一日，《奏明试采铜铅各厂分别已未有效仰祈圣鉴事》，第 495 ~ 498 页。

③ 乾隆四十二年十一月十五日，贵州巡抚觉罗图思德《奏为新开铅矿已著成效仰祈圣鉴事》，《宫中档乾隆朝奏折》第 41 辑，第 5 ~ 7 页。

④ 清代钞档：乾隆四十三年三月二十九日，户部尚书英廉等题，引自彭泽益主编《中国近代手工业史资料》第一卷（1840 ~ 1949），中华书局，1962，第 369 页。

⑤ 乾隆十年五月初七日，贵州总督张广泗《题为贵州白铅不敷供铸请以乾隆十年三月为始增价收买余铅以济运解事》，中国第一历史档案馆藏，档号：02 - 01 - 04 - 13868 - 010。

都匀府属丹江通判所辖济川地方出产白铅矿砂，乾隆十一年间蒙题请开
采，每出铅百斤抽课二十斤，所需厂内办事人役工食等项银两，俱于抽
获课铅项下变价支给，……今据丹江通判张光普册报，该厂自乾隆二十
一年四月初一日起，至本年十二月二十九日封闭止，共抽获课铅二万八
千斤，内除开销厂内办事人役工食，每月支销银三十一两六钱，自四月
初一日起，至十二月止，连闰计十个月，应支销书巡人役工食银三百一
十六两。"① 济川厂二成抽课，每月厂费银 31.6 两，推算当时年产量约
16.8 万斤。

二　乐助堡、新寨、水洞帕白铅厂

乐助堡厂在都匀府丹江厅，设于乾隆二十五年。同年六月，贵州巡
抚周人骥奏："新报之都匀厂产铅甚旺，数月间已积至百万。"② 可见，
新开的乐助厂产量较大。乾隆二十九年（1764），护理贵州巡抚事布政
使钱度奏："乐助堡厂自乾隆二十八年正月起至十二月底，共收买余铅
三十九万八百四十八斤，……又抽收课铅一十九万五千四百二十四
斤。"③ 推算乾隆二十八年乐助厂产量为 977120 斤。乐助厂课余铅抽买
规定，据乾隆四十一年贵州巡抚裴宗锡奏请设立连发山铅厂时称："请
照乐助厂成例，每出铅百斤，抽课二十斤外，官买四十斤，每百斤给价
一两五钱，其余四十斤听其通商，由司给票销售。……臣查省城宝黔局
岁需鼓铸白铅，全资下游乐助厂供用，从前该厂抽买课铅原属充足，迩
年厂势衰薄，出铅减少，亟宜预为筹画以资调剂。"④ 即乐助厂二成抽
课，余铅一半官买，每百斤价银一两五钱，一半通商。裴宗锡还称"迩

---

① 乾隆二十二年十二月四日，大学士兼管吏部户部事务《题覆贵州都匀府丹江通判所辖济
川白铅厂抽收课铅并开销人役工食银两应准开销事》，《内阁大库档案》，档号：NO
00011405。
② 《大清高宗皇帝实录》卷六百十五，乾隆二十五年六月，贵州巡抚周人骥奏。
③ 乾隆二十九年十二月二十二日，护理贵州巡抚调任云南布政使钱度《题为请题开采下游
铅厂等事》，《内阁大库档案》，档号：NO 000120594。
④ 朱批奏折：乾隆四十一年十月二十日，贵州巡抚裴宗锡奏，引自《清代的矿业》，第 337
页。

年厂势衰薄，出铅减少"，即乐助厂产量已大幅下降。乾隆五十年后，乐助厂年产量在 30 万斤上下波动。如乾隆五十二年（1787），乐助厂"各炉户共烧出铅二十九万一千一百二十斤"①；乾隆五十四年，"各炉户共烧出铅三十一万五千一百九十斤"②；乾隆五十六年（1791），"共出铅二十九万一千一百二十斤"③。

遵义县新寨厂于乾隆四十二年设立。乾隆四十一年八月，贵州巡抚裴宗锡奏请广开铅矿，其中就包括遵义新寨，次年正式设厂，裴宗锡又称："遵义县属新寨一处，地近川省水次，所产纯系白铅，现在山势丰隆，矿砂旺盛。"④ 其课余铅抽买规定与乐助厂一致。乾隆四十二年，贵州巡抚觉罗图思德称："今新寨厂矿砂甚旺，业已设炉五十座，每日每炉出铅一百七八十斤，统计每年除通商外，抽课采买约可获铅二百余万斤。"⑤ 乾隆四十三年三月，户部尚书英廉又奏："查新寨正厂、月亮岩子厂试采，自乾隆四十一年八月试采起，至四十二年八月至，共抽收课余铅一十万二千八百二十三斤，已有成效。二厂均请于四十二年八月初一日为始，按卯抽课收买，……查新寨厂矿砂旺盛，业以设炉五十座，每日每炉出铅一百七八十斤，统计每年获铅三百二十四万斤。"⑥ 新寨厂及其子厂月亮岩，一年试采期产铅514115斤，至于觉罗图思德和英廉所称年产量实为推测。道光《遵义府志》引《芦州详牍》称："乾隆四十二年，贵州巡抚图题准开采遵义县新寨、绥阳县月亮岩等白铅厂，每出铅一百斤，抽课二十斤，官买四十斤，通商四十斤，其抽获课余铅斤运

① 乾隆五十三年七月二十二日，贵州巡抚李庆棻《题为请题开采下游铅厂等事》，《明清档案》：A253－070。
② 乾隆五十五年五月十八日，贵州巡抚额勒春《题为题开采下游铅厂等事》，《内阁大库档案》，档号：NO 000145435。
③ 嘉庆四年六月二十二日，总理户部事务永瑆《题为请题开采下游铅厂等事》，《明清档案》：A290－94。
④ 裴宗锡：《滇黔奏稿录要》，乾隆四十一年八月十二日《奏为筹请广采山矿以裕民生事仰祈圣训事》，第 271～274 页；乾隆四十二年四月十一日，《奏为奏明试采铜铅各厂分别已未有效仰祈圣鉴事》，第 495～498 页。
⑤ 乾隆四十二年十一月十五日，贵州巡抚觉罗图思德《奏为新开铅矿已著成效仰祈圣鉴事》，《宫中档乾隆朝奏折》第 41 辑，第 5～7 页。
⑥ 清代钞档：乾隆四十三年三月二十九日，户部尚书英廉等题，引自彭泽益主编《中国近代手工业史资料》第一卷（1840～1949），中华书局，1962，第 369 页。

赴二郎滩，供兑京铅，无岁课定额，是年共出铅一百余万斤。四十三年以后，每年出铅仅二三十万斤之间，寻复递减。至六十年，遵义府知府稽承孟以硐老山空具详。嘉庆元年，贵州巡抚冯光熊题奏，奉旨封闭。"① 乾隆五十九年四月至六十年三月，新收"新寨厂课铅三万零二十斤"②。推算其一年内产铅 15100 斤，实已不敷厂费，于嘉庆元年封闭。

水洞帕厂，又名兴发厂，与新寨厂同年设立。乾隆四十二年，贵州巡抚裴宗锡奏："惟水洞帕白铅厂一处，达磨山黑铅厂一处，矿旺砂多，且黑铅可抽银课，此二处现已试采有效，即以水洞帕作为达磨山子厂。"③ 但从清代档案中看，水洞帕一直作为独立铅厂奏销，可能因达磨山厂持续时间较短之故。据该厂奏销报告，乾隆五十年抽课 55000 斤、乾隆五十一年产铅 280000 斤、乾隆五十二年产铅 278800 斤。④ 乾隆五十四年，大学士和复核水洞帕奏报，引用贵州巡抚陈步瀛原奏称：水洞帕厂"乾隆五十三年正月起至十二月底，计一十二个月，各炉户共烧出铅二十七万八千九百余斤，……再照水洞帕兴发厂自开采以来，俱止草皮浮矿，并无进山大堂，是以渐形短绌，实系尽抽尽报"⑤。乾隆五十九年抽课 44050 斤，收买余铅 176200 斤。⑥ 按抽课量推算产量为 220250 斤，余铅全部官买。

---

① 道光《遵义府志》卷十九《坑冶》。

② 嘉庆十三年六月二十八日，大学士管理户部事务禄康《题为遵旨察核贵州省乾隆五十九年四月起一年内各厂收买发运铅斤用过工本脚费银两事》，中国第一历史档案馆藏，档号：02－01－04－18888－013。

③ 裴宗锡：《滇黔奏稿录要》，乾隆四十二年四月十一日，《奏为奏明试采铜铅各厂分别已未有效仰祈圣鉴事》，第 495～498 页。

④ 乾隆五十一年五月二十八日，贵州巡抚李庆棻《题为遵旨议奏事》，《内阁大库档》，档号：NO 000137321；乾隆五十二年十一月初五日，贵州巡抚李庆棻《题为遵旨议奏事》，《明清档案》：A250－026；乾隆五十三年七月二十二日，贵州巡抚李庆棻《题为遵旨议奏事》，《明清档案》：A253－071。

⑤ 乾隆五十四年十二月十四日，大学士管理和珅《题报复核贵州水洞帕兴发厂开采白铅抽获课铅变价钱粮支销人役工食等项应准开销事》，《内阁大库档》，档号：NO 000144453。

⑥ 嘉庆十三年六月二十八日，大学士管理户部事务禄康《题为遵旨察核贵州省乾隆五十九年四月起一年内各厂收买发运铅斤用过工本脚费银两事》，中国第一历史档案馆藏，档号：02－01－04－18888－013。

嘉庆朝以来，水洞帕厂产量快速下降。嘉庆六年（1801），户部尚书成德奏报："黔省贵阳省城钱局需用白铅，前于开铸案内声明，将大定府属兴发厂出产白铅改拨运供，其该厂原供川铅，拨归威宁州妈姑厂采办供应在案。嗣因兴发厂出铅短缩，仅能勉敷定局。"① 嘉庆八年，水洞帕厂抽课16570斤，收买余铅66280斤，课余铅全部发运大定局供铸。② 嘉庆十六年，水洞帕厂余铅72240斤全部官买，推算产量90300斤。③ 道光初年，水洞帕厂产量又恢复到乾隆末年的水平。如道光五年，收买该厂余铅280224斤④，推算产量为350280斤。但持续时间不长，之后又快速回落。至道光二十五年，该厂收买九成余铅62016斤⑤，推算年产量仅为68907斤。该厂管理人役，据同治《钦定户部则例》载，水洞帕厂设书记1名、客课长2名、巡役6名、家丁1名、水火夫2名，月支厂费银27.39两，由课铅变价支给。⑥

连发山厂设于乾隆四十二年。乾隆四十一年十一月，贵州巡抚裴宗锡奏："连发山铅矿颇旺，现经该州试采，每日可得铅一千数百斤，每月约可出铅四五万，已有成效，将来厂旺铅多，即可运供省局。请照乐助厂成例，每出铅百斤，抽课二十斤外，官买四十斤，每百斤给价一两五钱，其余四十斤听其通商，由司给票销售。"⑦ 连发山厂于乾隆四十一年试采，推算年产量54万斤左右，其课余铅规定与乐助堡厂相同。乾隆六十年封闭。⑧

---

① 嘉庆六年十二月初一日，户部尚书成德《题覆贵州威宁州铅厂运供省局铅斤照旧抽课事》，《明清档案》：A308－057。

② 嘉庆二十四年三月十五日，大学士管理户部事务托津《题为详明筹办铅务等事》，中国第一历史档案馆藏，档号：02－01－04－19911－017。

③ 道光三年二月十三日，贵州巡抚嵩孚《题为详明筹办厂务事》，中国第一历史档案馆藏，档号：02－01－02－2881－013。

④ 道光十二年二月初二日，护理贵州巡抚印务云南布政使钟祥《题为详明筹办厂务等事》，中国第一历史档案馆藏，档号：02－01－04－20538－005。

⑤ 咸丰元年六月二十三日，贵州巡抚乔用迁《题为详明筹办厂务等事》，中国第一历史档案馆藏，档号：02－01－04－21489－014。

⑥ 同治《钦定户部则例》卷三十五《钱法二》。

⑦ 朱批奏折：乾隆四十一年十月二十日，贵州巡抚裴宗锡《奏为试采连发山铅厂已有成效事》，引自《清代的矿业》，第337页。

⑧ 《大清高宗皇帝实录》卷一千四百九十一，乾隆六十年十一月，贵州巡抚冯光熊奏。

三　猴子、羊角、白蜡、永兴寨黑铅厂

猴子厂开设于康熙五十七年。据雍正三年贵州巡抚毛文铨奏称："窃查黔省猴子厂于康熙五十七年具题开采以来，至康熙六十一年矿已衰微，续升布政使裴率度具详咨部请封，嗣因部覆不准停止，管厂官无可如何，臣于是年在大定州地方另蹋一山，地名落龙硐，详明开采，帮补猴子厂，迄今又已四载，落龙硐亦复衰微。"① 可见，猴子厂新开之际尚称旺盛，但至康熙六十一年就已衰落，新开落龙硐帮补，至雍正三年又衰落。猴子、腻书、阿都三厂，雍正三年抽课银及课铅变价银共 3600 余两、雍正四年 1865.7 两、雍正五年 786.8 两，其中猴子厂雍正五年抽获课银 134.7 两、课铅变价银 63.9 两。② 按黑铅市价，每百斤价银 2.14 两，二成抽课，推算雍正五年猴子厂黑铅产量约为 1.5 万斤；按照三厂课银递减比例，推算雍正三年、四年猴子厂黑铅产量分别约为 6 万斤和 3 万斤。以此估计，康熙末年，猴子厂年产量应超过 10 万斤。

羊角、白蜡二厂设于雍正五年。雍正八年，总理户部事务允祥据贵州巡抚张广泗奏称："威宁府属柞子、白蜡、羊角三厂，自雍正六年正月初一日起，至雍正七年三月底止，一年限满。据布政使鄂弥达详称，抽收柞子厂课银二万七千七十四两三钱九分一厘零，抽获炉底铅课变价银四千七百八十七两九钱八分六厘，尚存厂未变课铅四千四百一十四斤。……，以上三厂共解司库银三万二千四百二十四两四钱六分五厘零，存厂未变课铅一十万五千七百二十九斤。"③ 除了柞子厂外，剩余 10.1 万余斤未变价课铅应为羊角、白蜡二厂所抽，推算二厂产量应不低于 50 万斤。雍正七年四月至八年三月底，又抽获"白蜡厂课银二百一十二两零，存厂未变课铅一万四千三百九十三斤；又羊角厂课银三百一两零，炉底课毛铅变价银一十

---

① 雍正三年五月初一日，贵州巡抚毛文铨《奏猴子厂落龙硐矿砂衰微将尽续采有弊无益折》，《雍正朝汉文朱批奏折汇编》第四册，第 871 页。

② 雍正七年十二月十三日，贵州巡抚张广泗《奏为会勘威宁铅矿等事》，《明清档案》：A42 - 21；雍正七年十二月十三日，贵州巡抚张广泗《为会堪威宁等事》：A42 - 22。

③ 户科史书：雍正八年正月二十九日，总理户部事务和硕怡亲王允祥等《题为恳准开厂裕课便民事》，引自《清代的矿业》，第 319~320 页。

二两七钱零，存厂未变炉底课毛铅一万七千五百七斤"①。推算白蜡厂产铅 71965 斤，羊角厂产毛铅 100235 斤，折合净铅 3.3 万斤。乾隆十三年四月至十四年三月，"又抽获羊角厂炉底课毛铅二万六千七百四十二斤"②，推算净铅产量为 4.4 万斤。乾隆十九年四月至二十年三月，"又抽获羊角厂炉底课毛铅二万六千三百二十九斤"③，推算净铅产量为 4.3 万斤。

永兴寨厂。乾隆三十年（1765），贵州巡抚方世儁奏："该臣看得黔省清平县分驻凯里县丞属永兴寨地方出产黑铅矿砂，……查明永兴厂自上年试采起，至本年八月底止，共抽获课铅二万三千余斤，计每年可抽课铅一万二三千斤。"④ 推算年产黑铅 6 万余斤。次年，户部议准："清平县永兴厂山形丰厚，矿铅旺发，试采有效，应请设厂开采，每百斤抽课二十斤。"⑤ 永兴寨厂的产量较为稳定。乾隆五十三年，贵州巡抚李庆棻奏：永兴寨厂"新收乾隆五十一年正月起至十二月底，连闰计一十三个月，各铺商共收获铅五万五千九十六斤零"⑥。嘉庆八年，贵州巡抚福庆奏："至凯里县丞永兴厂，每年出产黑铅四五万斤，原题案内声明，因该厂出铅不旺，俱系附近苗民零星采获，携赴城市易换盐米，其课系向承买之各商铺就近抽收，每年约计抽获铅课八九千至一万斤不等，止敷拨供下游都匀等十五标协营操演之用。"⑦ 但此后，该厂产量有所下降。如嘉庆十年，福庆再奏："该臣看得凯里县丞永兴寨厂，多系穷苗，田土稀少，赖此采挖易换盐米资生，并不招商采办，所获铅斤为数无几。"⑧

---

① 户科史书：雍正九年二月初九日，保和殿大学士仍管吏部部尚书事张廷玉等《题为恳准开厂裕课便民事》，引自《清代的矿业》，第 322 页。
② 乾隆十六年四月二十一日，贵州巡抚开泰《题为恳准开厂裕课便民事》，《内阁大库档》，档号：NO 000105455。
③ 乾隆二十一年五月二十四日，贵州巡抚定长《题为恳准开厂裕课便民事》，《内阁大库档》，档号：NO 000112898。
④ 乾隆三十年十二月二十日，贵州巡抚方世儁《题为试采黑铅有效详请题报开采事》，《内阁大库档》，档号：NO 000122233。
⑤ 《大清高宗皇帝实录》卷七百六十三，乾隆三十一年六月丙辰，户部议准贵州巡抚方世俊奏称。
⑥ 乾隆五十三年四月二十五日，贵州巡抚李庆棻《题为恳恩开采裕课利民事》，《内阁大库档》，档号：NO 000140316。
⑦ 军机处录副奏折：嘉庆八年九月十六日，贵州巡抚福庆《奏为查明黔省铅厂情形恭折奏闻仰祈圣鉴事》，引自《清代的矿业》，第 338～339 页。
⑧ 嘉庆十年九月初二日，贵州巡抚福庆《题为详请题明酌改厂员以资弹压而重地方事》，《内阁大库档》，档号：NO 000004737。

第三章

清代黔铅产销关系与储备调节

清代文献中黔铅产销主要针对官铅而言，官铅是相对商铅、私铅的称谓，包括课铅和官购余铅两部分，课铅即政府所征实物矿税，同时政府出资收买除课铅以外的部分或全部铅锌产品，称谓官购余铅，与课铅一起转销全国各地，以供中央及各省的钱局鼓铸与火器铸造，故产量的波动势必影响官铅购销量的变化。因此，清代黔铅的产量与官铅的购销密切相关。笔者 2011 年曾撰文论述清代的矿厂奏销制度，认为这一制度普遍适用于清代所有地域和矿种，依靠这一制度形成的奏销数据，清代政府实现了对矿业的监管和调控。[①] 保存至今的奏销数据是研究清代黔铅产销量及其变化的核心资料，因此首先必须明确奏销数据的类型、内容及统计方式。

据笔者查找，现存清代档案中的黔铅奏销资料主要分为两类。一类是各厂历年的抽课量、课铅变价银两及开支厂费的奏销报告，称为"抽收课铅以及开销人役工食等银两数目"奏销报告。因各个矿厂设立的时间不一，故不同矿厂同一届的统计时段并不完全一致。如户部批准莲花厂设立的时间为雍正十二年六月一日，故每届的统计时段为当年六月一日至次年五月底，如其中遇到闰月，统计时间为 13 个月。这类数据在第二章关于矿厂的研究中已大量引用，但保存的并不完整，如作为黔铅最大矿厂的莲花厂，雍正十二年至咸丰四年的 120 年中，还缺 13 个年份的奏销数

---

① 马琦：《矿业监管与政府调控：清代矿厂奏销制度述论》，《中国经济史研究》2011 年第 3 期。

据，即使保存下来的奏销报告中，明确记载产量的极少。2011 年，笔者曾以清代档案中的这类数据为基础，撰文探讨过清代黔铅的产量和销量，并对传统研究方法进行了检讨。[①] 但因当时搜集到的奏销数据有限，故研究结果精度不高。

另一类是以年为单位的贵州全省所有黑白铅厂的采办、转运、销售课余铅斤数目和工本、脚价、余息银两数目的奏销报告，称为"抽收铅斤工本并转运铅斤水陆脚价等项银数"奏销报告。这类报告均按清代奏销的四柱清册形式编成，即旧管、新收、开除、实在。其中，新收一项包括官购余铅、划入余铅项下的变价课铅（用于开支厂费和补充军饷）及收买商铅的数量，部分年份有全省所抽课铅量的记载；排除项下包括每年京运、楚运、川黔采买的正铅与耗铅，以及汉口、永宁售卖铅斤数量。

一般而言，受矿业生产规律的影响，矿产量波动性较大，在技术不变的情况下，产量呈现逐渐下降的趋势，而矿产品的需求却具有相对稳定性。因此，探讨清代政府如何解决黔铅产销变化过程中的非同步性问题，是本章的主要任务。

第一节　黔铅产量波动

清代黔铅的产量决定政府官铅购销量，而官购余铅比例和销量的变化又影响产量的波动。因为清代黔铅抽课比例相对稳定，且与产量有直接的关系，是推算产量最基本的资料。笔者在第二章中，根据第一类奏销数据，已经详细考证了清代黔铅主要矿厂的产量变化。但是，除了莲花、福集、柞子三厂数据较为完整外，其他各厂的奏销数据缺失较多。因此，必须结合各厂置废时间及其产量阶段性变化趋势，及其他相关历史文献的记载，分时段进行梳理和汇总，进而推算清代黔铅产量。

[①] 马琦：《清代黔铅的产量与销量：兼对以销量推算产量方法的检讨》，《清史研究》2011 年第 1 期。

一　雍正二年至雍正十一年白铅产量

清代贵州白铅厂的设立始于雍正二年，如前文提及的马鬃岭、丁头山、齐家湾等厂，大多由清理私矿而来。雍正二年，三厂产量分别为 130 万斤、40 万斤、12 万斤，合计 182 万斤。次年，三厂抽课变，"其变价银六千六百二十九两五钱"①，按二成抽课、每百斤价银一两五钱推算，产量约为 221 万斤。至雍正七年，齐家湾厂已经封闭，又新开砂硃、大鸡、江西沟等厂，鄂尔泰奏报："查马鬃岭厂每年约可出铅一百万斤，大鸡厂约可出铅一百五六十万斤，砂硃厂约可出铅二三十万斤，江西沟厂约可出铅一二十万斤，四厂共计三百万斤，……又丁头山一厂可出铅十余万斤。"②故雍正七年白铅产量当不低于 310 万斤。雍正八年，管理户部事务张廷玉引用黔抚张广泗奏称：贵州"各厂每年抽收课铅约有七十余万斤"③。按其提及马鬃岭、丁头山、大鸡、砂硃、大兴五厂判断，应专指白铅而言，年产量应在 350 万斤以上。雍正九年新开小洪关厂，该厂试采期间，20 天产铅 27 万斤④，其产量应不低。次年，鄂尔泰奏："今该（丁头山）厂渐次发旺，每年出铅几及百万斤"，故请增加官购余铅工本⑤。因此，雍正十年前后，虽然江西沟、大鸡、大兴等厂已经封闭，但马鬃岭、丁头山、砂硃三厂产铅 260 余万斤，加之小洪关厂，总产量应高于雍正七年的 350 万斤，暂定为 400 万斤。雍正十一年，马鬃岭、丁头山二厂产量合计为 141 万斤；参照砂硃厂雍正九年和乾隆元年的产量，雍正十一年该年产量约为 60 万

---

① 户科史书：雍正六年九月二十二日，署理贵州巡抚印务云南巡抚沈廷正《题为详请开采等事》，引自《清代的矿业》，第 316～317 页。

② 雍正七年十一月初七日，云贵总督鄂尔泰《奏为奏明调剂黔省铅斤并办获滇省铅息事》，《雍正朝汉文朱批奏折汇编》第十七册，第 159～160 页。

③ 户科史书：雍正八年六月二十七日，管吏部户部尚书张廷玉等《题为详明筹办厂务并恳请借帑买运余铅以便厂民以济公项事》，引自《清代的矿业》，第 320～322 页。

④ 户科史书：雍正九年六月十二日，户部尚书张廷玉等《题为报明开采铅厂裕课便民事》，引自《清代的矿业》，第 323 页。

⑤ 户科史书：雍正十年三月初五日管吏部户部尚书张廷玉等《题为请添借帑银收买铅斤事》，引自《清代的矿业》，第 324 页。

斤，而小洪关厂该年抽课 30.7 万斤①，推算产量为 153.5 万斤，四厂合计 354.5 万斤。

二 莲花厂时代的白铅产量

雍正十二年，莲花厂设立，其采冶活动一直持续至咸丰四年。在这 121 年中，除了 14 个年份缺失外，第一类奏销数据中保存有 107 个年份的纪录。笔者在第二章第二节中已据此推算出莲花厂历年产量。因此，雍正十二年至咸丰四年贵州白铅总产量将以莲花厂为基础，再结合其他主要矿厂的产量进行推算。为了便于推算，笔者以各厂有奏销数据支撑的产量为基础，相邻两个数据之间，按照等额递减或递增的方法，插入缺失年份的数据，再汇总、整理所有年份产量数据，笔者称之为产量序列 A，其变化趋势如图 3 - 1 所示。

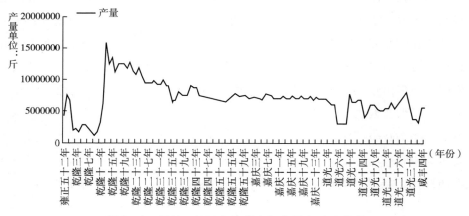

图 3 - 1　1734 ~ 1854 年贵州白铅产量序列 A 趋势

注：有的矿厂缺失初始年份数据，则以该厂年份最早的数据替代；有的矿厂缺失终止年份数据，则以 2.5 万斤作为该年数据。因为黔铅各厂每月厂费银最低都在 30 余两以上，而厂费由抽课变价银开支，如果年产量低于 2.5 万斤，意味着政府入不敷出，矿厂势必封闭。

但是，依据现存奏销数据推算的产量并不一定是各厂历年产量的峰值或峰谷，因此按照等额趋势递减或递增方法插入的缺失年份数据并不等于

---

① 雍正十二年九月十三日，贵州巡抚元展成《奏为报明开采铅矿等事》，《明清档案》：A060 - 047。

实际产量，导致产量序列 A 存在一定的误差。因此，必须利用其他数据对产量序列 A 进行校正。

笔者在第二类奏销报告的新收项目中找到全省抽课总量的数据 13 份和全省官买余铅总量的数据 16 份，按照抽课及官买余铅比例推算出 19 个年份的全省白铅总产量，笔者称之为产量序列 B。如果将 A、B 两组序列中的相关年份进行比较，可以计算出与实际产量之间的误差。

表 3 - 1　清代贵州白铅相关年份产量误差率

年号纪年	公元纪年	产量序列 A（斤）	产量序列 B（斤）	误差率（%）
乾隆六年	1741	2512222	3500000	28.22
乾隆十四年	1749	12329656	14000000	11.93
乾隆二十一年	1756	12373112	12258270	- 0.94
乾隆二十五年	1760	10180605	9248515	- 10.08
乾隆三十年	1765	9004165	6318915	- 42.5
乾隆三十五年	1770	6386898	6026806	- 5.98
乾隆三十九年	1774	7245215	6394515	- 13.3
乾隆五十年	1785	6484534	5077270	- 27.72
乾隆五十一年	1786	6380900	5693210	- 12.08
乾隆五十五年	1790	7267960	6318915	- 15.02
乾隆五十七年	1792	7220009	7441570	- 2.98
乾隆五十九年	1794	7352427	7246380	- 1.46
嘉庆八年	1803	7345482	6681235	- 9.94
嘉庆十六年	1811	6818591	6607185	- 3.2
嘉庆二十二年	1817	6640057	6318915	- 5.08
道光五年	1825	2835552	2766645	- 2.49
道光二十五年	1845	5854967	2764530	- 111.79

表 3 - 1 所示，乾隆六年和乾隆十四年的误差率为正，表明这产量序列 A 中这两年的数据低于实际产量，且偏离幅度较大，因此对这两年前后的数据分别增加 30% 和 10%；乾隆二十年以后的误差率均为负，说明产量序列 A 中的数据高于实际产量，但大部分年份的偏离幅度并不大，故仅对偏离幅度高于 ±10% 的年份进行修正，如对乾隆二十五年、乾隆三十年、乾隆五十年、乾隆五十一年、乾隆五十五年、嘉庆八年、道光二十五年前后

的数据分别减少 10%、40%、25%、10%、15%、10% 和 110%。对产量序列 A 修正之后，创建新的产量序列 C，再加上前文考证的雍正二年至雍正十一年的白铅产量数据加入，获得清代雍正二年至咸丰四年贵州白铅产量列表。

表 3-2　1724~1854 年贵州白铅产量

单位：万斤

年号纪年	公元纪年	产量	年号纪年	公元纪年	产量	年号纪年	公元纪年	产量
雍正二年	1724	182.00	乾隆三十三年	1768	532.78	嘉庆十七年	1812	611.59
雍正三年	1725	221.00	乾隆三十四年	1769	515.94	嘉庆十八年	1813	645.34
雍正四年	1726	243.25	乾隆三十五年	1770	383.21	嘉庆十九年	1814	607.41
雍正五年	1727	265.50	乾隆三十六年	1771	399.99	嘉庆二十年	1815	605.32
雍正六年	1728	287.75	乾隆三十七年	1772	467.25	嘉庆二十一年	1816	639.08
雍正七年	1729	310.00	乾隆三十八年	1773	669.98	嘉庆二十二年	1817	597.61
雍正八年	1730	350.00	乾隆三十九年	1774	652.07	嘉庆二十三年	1818	633.02
雍正九年	1731	375.00	乾隆四十年	1775	661.81	嘉庆二十四年	1819	597.33
雍正十年	1732	400.00	乾隆四十一年	1776	786.06	嘉庆二十五年	1820	597.19
雍正十一年	1733	355.00	乾隆四十二年	1777	769.60	道光元年	1821	614.70
雍正十二年	1734	418.41	乾隆四十三年	1778	789.83	道光二年	1822	561.11
雍正十三年	1735	722.18	乾隆四十四年	1779	648.30	道光三年	1823	519.68
乾隆元年	1736	643.73	乾隆四十五年	1780	632.49	道光四年	1824	501.63
乾隆二年	1737	252.72	乾隆四十六年	1781	622.72	道光五年	1825	255.20
乾隆三年	1738	278.91	乾隆四十七年	1782	510.78	道光六年	1826	236.80
乾隆四年	1739	229.57	乾隆四十八年	1783	502.64	道光七年	1827	218.40
乾隆五年	1740	342.18	乾隆四十九年	1784	494.49	道光八年	1828	200.00
乾隆六年	1741	326.59	乾隆五十年	1785	486.34	道光九年	1829	665.34
乾隆七年	1742	286.78	乾隆五十一年	1786	478.57	道光十年	1830	570.13
乾隆八年	1743	198.01	乾隆五十二年	1787	470.33	道光十一年	1831	582.29
乾隆九年	1744	116.97	乾隆五十三年	1788	484.40	道光十二年	1832	594.45
乾隆十年	1745	164.61	乾隆五十四年	1789	514.25	道光十三年	1833	580.94
乾隆十一年	1746	345.86	乾隆五十五年	1790	545.10	道光十四年	1834	351.57
乾隆十二年	1747	706.61	乾隆五十六年	1791	567.35	道光十五年	1835	407.48
乾隆十三年	1748	716.38	乾隆五十七年	1792	541.50	道光十六年	1836	531.07
乾隆十四年	1749	356.26	乾隆五十八年	1793	532.40	道光十七年	1837	523.21
乾隆十五年	1750	448.61	乾隆五十九年	1794	551.43	道光十八年	1838	478.26

续表

年号纪年	公元纪年	产量	年号纪年	公元纪年	产量	年号纪年	公元纪年	产量
乾隆十六年	1751	1234.41	乾隆六十年	1795	515.65	道光十九年	1839	443.29
乾隆十七年	1752	1359.46	嘉庆元年	1796	507.33	道光二十年	1840	442.10
乾隆十八年	1753	1352.11	嘉庆二年	1797	527.41	道光二十一年	1841	234.40
乾隆十九年	1754	1344.76	嘉庆三年	1798	514.74	道光二十二年	1842	241.17
乾隆二十年	1755	1294.76	嘉庆四年	1799	519.12	道光二十三年	1843	274.91
乾隆二十一年	1756	1361.04	嘉庆五年	1800	495.38	道光二十四年	1844	234.39
乾隆二十二年	1757	1226.79	嘉庆六年	1801	673.28	道光二十五年	1845	263.47
乾隆二十三年	1758	965.49	嘉庆七年	1802	667.19	道光二十六年	1846	292.56
乾隆二十四年	1759	1041.71	嘉庆八年	1803	661.09	道光二十七年	1847	321.65
乾隆二十五年	1760	916.25	嘉庆九年	1804	608.70	道光二十八年	1848	350.73
乾隆二十六年	1761	841.37	嘉庆十年	1805	610.73	道光二十九年	1849	258.18
乾隆二十七年	1762	834.88	嘉庆十一年	1806	607.41	道光三十年	1850	165.62
乾隆二十八年	1763	554.97	嘉庆十二年	1807	645.29	咸丰元年	1851	168.69
乾隆二十九年	1764	573.77	嘉庆十三年	1808	611.47	咸丰二年	1852	137.42
乾隆三十年	1765	540.25	嘉庆十四年	1809	613.51	咸丰三年	1853	235.37
乾隆三十一年	1766	538.56	嘉庆十五年	1810	651.39	咸丰四年	1854	243.90
乾隆三十二年	1767	580.85	嘉庆十六年	1811	613.67	合　　计		73277.12

注：雍正四年、五年、六年、九年的数据是根据前后年份等额趋势递增或递减插入而来。

表 3-2 所示，雍正二年至咸丰四年的 131 年中，贵州产白铅总量 7.33 亿斤，年均 559 万斤，最大年产量为乾隆十三年的 1716 万斤，最低年产量为乾隆九年的 116 万斤，两者相差近 15 倍。清代贵州白铅产量波动剧烈，其变化趋势如图 3-2 所示。

清代贵州白铅产量变化经历了两次大的周期波动。第一次为雍正二年至乾隆九年。从雍正二年的 182 万斤逐渐增至雍正十年的 400 万斤，此年小幅回落，但雍正十二年又再次快速增长，雍正十三年达到第一波段峰值的 722 万斤，这是新开白铅矿厂增加的结果。此后逐渐下降，至乾隆九年跌至峰谷的 116 万斤，这与乾隆元年政府停止余白铅收购有关。

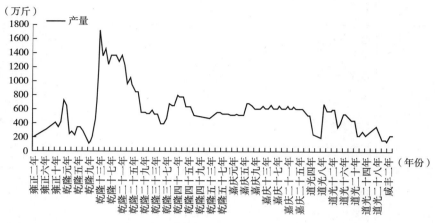

图 3 - 2　清代贵州白铅产量变化趋势

　　第二次为乾隆十年至咸丰四年。乾隆十年产量再次急剧增长，乾隆十三年到达峰值，为 1716 万斤，这是莲花厂产量激增及新开福集厂所致；之后快速回落，至乾隆三十五年的 383 万斤，随着生产成本的上升，矿民利润递减，以致入不敷出，导致白铅产量逐渐下滑。乾隆三十六年后又小幅回升，至乾隆四十三年升至 789 万斤，其后小幅回落至乾隆四十七年的 510 万斤。乾隆四十年前后白铅产量回升是政府增开新厂的结果，但这些矿厂大多持续时间不长，以致产量又再次回落。乾隆四十八年（1783）至道光四年（1824），白铅产量在 470 万斤~660 万斤至今小幅波动。这一时期产量趋于稳定，但这是厂官购买商铅以凑定额的结果，实际产量仍在持续下降，笔者在第二章论述莲花、福集二厂产量时已经得到证实。道光五年后产量快速下降，至道光八年仅为 200 万斤，道光九年产量又急剧增加至 665 万斤，之后产量在波动中下降，至道光二十一年（1841）后，年产量仅为 200 万斤左右。道光时期不再局限于定额，实抽实报，反映了白铅产量持续下降的实况。有鉴于此，道光九年实行矿税减半政策以刺激生产，这在产量上也有明显的表现，但持续时间不长，因为这无法从根本上改变矿民经营状况逐渐恶化的趋势，故白铅产量在道光二十一年后又再次下降。

三　黑铅产量

　　清代贵州黑铅产量以柞子厂为最，故笔者以此为中心，结合其他黑铅厂置废时间，梳理、汇总各厂数据，考察清代贵州黑铅产量变化。柞子厂设立之前，曾开猴子、腻书、阿都三厂。据雍正七年，贵州巡抚张广泗奏："又各厂炉底硐分等银，除阿都厂向作人役工食，……所有猴子厂雍正五年四月二十八日起至雍正六年正月十五日止，抽获炉底课铅变价银六十三两九钱四分五厘，腻书厂自雍正五年六月二十二日起至本年九月二十一日止，抽获炉底课铅变价银三百九十四两二分二厘。"[1] 炉底铅即产银之后的黑铅，按照二成抽课、每百斤变价银2.14两计算，柞子、腻书二厂产铅分别为1.5万斤和9.2万斤。此外，雍正三年至雍正五年，三厂抽课银及课铅变价银逐渐对半递减[2]，推算雍正三年、四年三厂产铅量分别为21万斤和42万斤。雍正五年，与柞子厂同时设立的白蜡、羊角二厂，雍正六年产量50万斤，次年仅为10.4万斤，至乾隆十三年，进一步降至4.4万斤，乾隆十九年为4.3万斤，次年即矿竭封闭。乾隆三十七年，另开永兴寨厂，但年产量仅为6万余斤，乾隆五十一年降至5.5万斤，嘉庆时期年产量仅为4.4万斤，虽然至咸丰四年仍在生产，但产量并无明显增长。结合第二章已经考证过的柞子厂产量，将清代贵州黑铅产量整理如表3-3。

表3-3 清代贵州黑铅产量

单位：斤

时 间	产 量	时 间	产 量
雍正三年	107000	乾隆三十五年	303968
雍正四年	210000	乾隆三十九年	249185
雍正五年	920000	乾隆四十二年	358911
雍正六年	2116988	乾隆四十八年	919617
雍正七年	2049316	乾隆五十年	1003690
雍正八年	1317900	乾隆五十一年	1012346
雍正九年	1302900	乾隆五十四年	658555
乾隆五年	743932	乾隆五十七年	655311
乾隆十三年	166516	乾隆五十九年	284366
乾隆十九年	786256	嘉庆八年	185000

---

① 雍正七年十二月十三日，贵州巡抚张广泗《奏为会勘威宁等事》，《明清档案》：A42-22。

② 雍正七年十二月十三日，贵州巡抚张广泗《奏为会勘威宁铅矿等事》，《明清档案》：A42-21。

续表

时　　间	产　　量	时　　间	产　　量
乾隆二十二年	368385	嘉庆十六年	788494
乾隆二十五年	1326756	嘉庆二十二年	347756
乾隆三十年	676829	道光五年	378384
乾隆三十一年	192233	道光二十五年	119818

表 3－3 所示，黑铅最大年产量为雍正六年的 211.7 万斤，最小年产量为雍正三年的 10.7 万，两者相差近 20 倍，年均产量 69.8 万斤。从雍正三年至道光二十五年，贵州黑铅产量经历了四次较大的周期波动。雍正三年至乾隆十三年是第一次波动：雍正三年至六年，黑铅产量急剧扩大，这是新开矿厂的结果，尤其是柞子、白蜡、羊角三厂；之后因黑铅销售不畅，价格下跌，导致年产量快速下降，至乾隆十三年跌至 16.6 万年。乾隆十四年至乾隆三十一年，黑铅产量经历了第二次起伏：乾隆二十五年 132 万斤的年产量与乾隆二十二年新开的硃矿塘厂关系密切，但随着开采的延续，余铅全部官买及官价过低等因素导致矿民经营状况逐渐恶化，产量势必下降。乾隆三十二年至嘉庆八年是第三次波动：因乾隆四十七年实行的余铅四成通商政策再次激发了矿民的生产热情，乾隆五十年的产量再次突破一百万斤，但次年产量便再次下降，这与商铅有名无实有关。嘉庆九年至道光二十五年是第四次波动：嘉庆十六年 78.8 万斤的年产量是嘉庆十一年新开倸布戛厂的结果，在此之后产量又持续下跌。

综合黑白铅而论，自雍正二年至咸丰四年，清代黔铅产量波动显著，形成了四次大波动周期，每次波动幅度各异，持续时间不一，但均无法改变产量总体向下的趋势。这些波动的产生，既有矿厂置废方面的原因，也有政府政策调控的效应。而政府之所以调控生产，是为了完成官铅采办量，以满足运销的需求。

第二节　官铅运销量变化

2011 年，笔者曾根据清代政书中关于销售政策变化的记载，考证过清代黔铅不同渠道的运销量及其变化。① 但是，地方官府在执行过程中，大多会根据实际情况的变化，对原有政策适时调整，致使政策与实际存在一定的差异。故本节结合清代贵州历年"抽收铅斤工本并转运铅斤水陆脚价等项银数"奏销报告中开除项下的相关数据，对政策规定的运销量进行证实或修正。

一　京运量

雍正十二年，户部奏准："京局鼓铸每年额办铅三百六十六万余斤，自雍正十三年为始，令贵州巡抚遴委贤员，照各厂定价，每百斤给价银一两三钱，依数采买，分解宝泉、宝源二局。"② 也就是说，自雍正十三年开始，每年京运白铅 366 万余斤，至乾隆六年变为每年白铅 316 万斤、黑铅50 万斤，合计仍为 366 万余斤。但是，乾隆四年，贵州总督兼管巡抚事务张广泗奏称："黔省办运京局铅三百六十六万斤，自乾隆元年奉文止办半运以来，计至现在办运乾隆五年，已少运铅九百余万斤。"③ 乾隆七年，协理户部事务纳亲复核贵州巡抚张广泗奏销乾隆五年四月起至乾隆六年三月底贵州收买运存各处转运京局及销售铅斤数目时亦称：该年度"开除砂砾、莲花、月亮岩三厂运存永宁、綦江二处铅内，转运京局课余白铅一百八十三万斤零一钱"。④ 显然，乾隆元年至乾隆五年，贵州办运京铅，每年仅为原额的一半，即白铅 183 万斤。

乾隆五年，因京局改铸青钱，"每年应需黑铅五十万斤，令贵州总督于柞子等厂收买，其原白铅每年减办五十六万斤，……均于乾隆六年为始，按年解部"；乾隆七年，因停止云南代京铸钱，京局加卯鼓铸，"每年应加运黑铅二十万五百七十一斤"⑤。乾隆六年，黔铅京运以黑铅 56 万斤替代白铅，

---

① 马琦：《清代黔铅的产量与销量：兼对以销量推算产量方法的检讨》，《清史研究》2011年第 1 期。

② 乾隆《钦定大清会典则例》卷四十四《户部·钱法》办铅锡。

③ 乾隆四年十一月十二日，贵州总督兼管巡抚事务张广泗《为遵旨议奏事》，《明清档案》：A91 – 65。

④ 乾隆七年四月初四日，协理户部事务纳亲《题为会查黔省莲花等厂收存课余铅斤数目及存剩工本等银数目事》，中国第一历史档案馆藏，档号：02 – 01 – 04 – 13450 – 013。

⑤ 乾隆《钦定大清会典则例》卷四十四《户部·钱法》办铅锡。

京铅仍为半运，即 183 万斤；京铅每年加运 200571 斤，应始于乾隆七年。至乾隆十年，京运恢复原额。乾隆九年六月，贵州总督张广泗议奏称："第乾隆八年以前，解铅止一百七八十万斤，水脚节省无多。嗣因京局添铸，自乙丑年（乾隆十年）为始，岁解黑白铅四百五十四万二千余斤。"① 次年五月，张广泗又奏："先奉部行，自乙卯年为始，每年办解京局上下两运白铅一百八十三万斤，嗣因改铸青钱，每年减办白铅五十六万，只办白铅一百二十七万斤，至乾隆七年内京局加卯鼓铸，复行每年办解宝泉宝源两局白铅三百八十四万一千九百余斤，连耗铅四百三万三千余斤。"② 结合张广泗的前后表述，可知，乾隆六年，京运白铅 127 万斤，黑铅 56 万斤，合计 183 万斤。乾隆七年，因停止云南代京铸钱，"宝泉局增炉十座"，加卯鼓铸③，不但白铅恢复原额 366 万余斤，而且加运黑铅 200571 斤，白铅势必按配铸比例加运。因此，乾隆七年开始，贵州岁解京局正加白铅 3841914 斤（加耗铅 403.3 万斤）、黑铅 700571 斤，合计 4542485 斤。④

乾隆十年五月，贵州总督张广泗奏：乾隆九年三月底，贵州厂店"二共约存铅六百二十余万斤，内除九年四月以后，应办丙寅年上下两运正耗白铅四百三万余斤，又川黔两省鼓铸白铅四十五万八千余斤，又应办解宝源局癸亥年备贮正耗白铅一百二十万余斤，合共应需运铅五百六十七万余斤，是至乾隆十年三月底止存铅五十余万斤"⑤。也就是说，乾隆九年京运，除了正额、加办、耗铅之外，还有宝源局备贮白铅，正耗 120 万余斤，即该年运京铅达 577 万余斤。当然，京局备贮并非常例。乾隆十四年，因贵州黑铅产量下降，每年京运黑铅 700571 斤改归湖南办解，贵州仅办解白铅正额 3841914 斤。如乾隆二十一年，贵州"各厂运存永宁等处余铅内，兑交委员王启绪等解交京局铅三百八十四万一千九百一十四斤"。⑥

① 《大清高宗皇帝实录》卷二百十八，乾隆九年六月，贵州总督张广泗议奏。
② 乾隆十年五月初七日，贵州总督张广泗《题为贵州白铅不敷供铸请以乾隆十年三月为始增价收买余铅以济运解事》，中国第一历史档案馆藏，档号：02 - 01 - 04 - 13868 - 010。
③ 乾隆《钦定大清会典则例》卷四十四《户部·钱法》京局鼓铸。
④ 乾隆《钦定大清会典》卷十四《户部·钱法》。
⑤ 乾隆十年五月初七日，贵州总督张广泗《题为贵州白铅不敷供铸请以乾隆十年三月为始增价收买余铅以济运解事》，中国第一历史档案馆藏，档号：02 - 01 - 04 - 13868 - 010。
⑥ 乾隆二十四年正月二十一日，署贵州巡抚周人骥《题为详明筹办厂务等事》，中国第一历史档案馆藏，档号：02 - 01 - 04 - 15200 - 002。

乾隆二十四年，户部规定："贵州白铅，自二十六年为始，每年添办四十万斤，即令上、下两运正、副委员各带解一十万斤解部交收。"① 但乾隆二十五年，贵州在"各厂运存永宁等处余铅内，兑交委员谢之隧等四百六十四万一千九百一十四斤，……又兑交各委员折耗余铅二十四万二千五百二十斤零"②。显然，乾隆二十五年新增加运白铅不止 40 万斤，而是 80 万斤，该年实际京运正额白铅为 4641914 斤，这应该不是常例。如嘉庆《钦定大清会典事例》载：乾隆"二十七年奏准，贵州额解白铅四百二十四万一千九百一十四斤"；"二十九年奏准，贵州白铅，自三十年为始，每年添办一十五万斤，运京供铸；又奏准，湖南郴州铅厂封闭，所有每年额办黑铅七十万五百七十一斤，令贵州湖南各半办运"。③ 如此，则乾隆三十年开始，京运黑白铅正加额应为 4742199 斤。乾隆三十一年，贵州巡抚方世儁奏报：上年贵州"自永宁转运丙戌年下运、丁亥年上运，及加运京局白铅，并办运黑铅，共四百七十四万二千一百九十九斤八两"④。

乾隆三十七年，贵州巡抚觉罗图思德奏报：乾隆三十五年，贵州"自永宁办运壬辰年下运及加运带解共白铅二百七十四万四千九百四十六斤"⑤；按照一年上下两运推算，该年京运白铅额为 5489892 斤，即使去除带解沉溺铅斤外，也比京运白铅额定高出 80 万余斤。乾隆三十年至乾隆三十四年（1769）中缅战争期间，军队及物资运输大量征用运输工具，致使厂店运输迟滞。如乾隆三十二年，贵州巡抚鄂宝奏称"停运汉口铅斤不如暂停京局半年铅运"，皇帝就此事谕军机大臣："且黔省接送京兵、采办马匹不过暂时筹办，原可计日就竣，何致张皇竭蹶若此。即如滇省亦有运解

---

① 嘉庆《钦定大清会典事例》卷一百七十三《户部·钱法》办铅锡条。
② 乾隆二十七年十二月二十日，贵州巡抚乔光烈《题为黔省莲花等铅厂乾隆二十六年收铅工本及运存销售支用等银两题销请旨事》，中国第一历史档案馆藏，档号：02 - 01 - 04 - 15507 - 003。
③ 嘉庆《钦定大清会典事例》卷一百七十三《户部·钱法》办铅锡条。
④ 乾隆三十一年八月二十日，贵州巡抚方世儁《题为奏销黔省莲花等厂乾隆三十年四月至三十一年三月收过奉拨司库铅斤工本等项银两事》，中国第一历史档案馆藏，档号：02 - 01 - 04 - 15876 - 003。
⑤ 乾隆三十七年二月十二日，护理贵州巡抚图思德《题报莲花等厂乾隆三十五年至三十六年抽收过铅斤工本并转运铅斤水陆脚价等项银数事》，中国第一历史档案馆藏，档号：02 - 01 - 04 - 16401 - 015。

铜斤，并未闻其因承办军需，难于兼顾，黔省何转以此藉口，声张咨部耶。"① 贵州省内厂店运输迟缓导致永宁铅店无法按时受兑京铅，故战争结束之后，加办赶运，以符年额。如笔者推测不误，该年京运量应非常例。乾隆四十二年，护理贵州巡抚郑大进又奏报：乾隆三十九年（1774），贵州"自永宁转运丙申年上、下正加白铅，并办运黑铅，及带解前运委员李海观、刘祁、张凤校挂欠共黑白铅四百九十二万六千二百九斤五两"②。除了与湖南分办黑铅 350258.5 斤及挂欠黑白铅每年约 20 余万斤外，该年运京白铅额与原额相符。乾隆四十年，又因贵州黑铅"出产短少"，京局黑铅全归湖南办解，则年运白铅 4391914 斤。而次年，贵州巡抚裴宗锡称："查（贵州）额解京铅四百三十九万一千九百余斤。"③

黔铅虽然按年京运，但由于受到中缅战争及刘标亏空铜铅案的影响，致使京铅少运一年。如乾隆四十二年初，贵州巡抚裴宗锡奏："兹据布政使郑大进详报委办戊戌年上运京铅黄平州知州袁治额运正加白铅一百九万七千九百七十八斤八两，并摊带己亥年上运白铅五十四万八千九百八十九斤四两，……于乾隆四十一年十二月初二日由重庆开行解京。……再查京铅开行违限，前于奏明预提己亥上运京铅，摊派戊戌上下两运四员分起带解，以清积滞案内，业将积年递相积压，遂致脱漏一运，非由委员有心玩误所致。"④ 虽然提前带运下年京铅，但各年运额并无变化。

乾隆四十九年（1784），京局黑铅仍由湖南、贵州两省分办；次年，因"宝泉局配用黑铅不敷，于原额之外，令贵州添办黑铅三万二千九百余斤，解京供铸"⑤。即乾隆四十九年，贵州年办京局黑铅 350258.5 斤，乾隆五十一年增至 383238 斤。如乾隆五十年，贵州"自永宁转运丁未年上

---

① 《大清高宗皇帝实录》卷七百九十三，乾隆三十二年八月，谕军机大臣等。
② 乾隆四十二年九月二十五日，护理贵州巡抚郑大进《题报乾隆三十九年四月至四十年三月黔省各厂抽收买运课余铅斤用过价脚等项银两数目事》，中国第一历史档案馆藏，档号：02－01－04－16890－005。
③ 裴宗锡《滇黔奏稿录要》（不分卷），乾隆四十一年四月十八日，《奏为奏明请旨事》，全国图书馆文献缩微复制中心，2007，第 209～214 页。
④ 乾隆四十二年一月十二日，贵州巡抚裴宗锡《奏为恭报京铅开行日期仰祈睿鉴事》，《宫中档乾隆朝奏折》第 37 辑，第 507～510 页。
⑤ 嘉庆《钦定大清会典事例》卷一百七十三《户部·钱法》办铅锡条。

下两运白铅四百三十九万一千九百一十四斤、五十年份黑铅三十五万二百八十五斤八两"[1]；乾隆五十一年"自永宁转运戊申年上下两运白铅四百三十九万一千九百一十四斤、五十一年分黑铅三十八万三千二百三十八斤"[2]。乾隆五十九年至嘉庆三年（1798），因京局改铸黄钱，无须黑铅配铸，停止贵州、湖南所办黑铅。如乾隆五十九年，贵州"发运永宁等处铅斤内，兑交委员袁正己、舒宁、邹学瀛、张世昌等办运京局白黑铅四百六十七万八千九百七十二斤，又前次长交宝泉局黑铅三百七十五斤，又停运黑铅九万五千八百九斤"[3]，与原额仅少 746 斤。

嘉庆四年，京局又恢复鼓铸青钱，贵州仍照黑铅原额办解，次年又加办黑铅 9 万斤。[4] 如嘉庆八年，贵州"发运永宁等厂铅斤，兑交委员范光晋、薛振基、吴明馨、王志敬办运京局白铅四百三十九万一千九百一十四斤，又兑交黑铅五十万三千二百三十八斤"[5]。白铅与原额相符，而黑铅交原额多出 3 万斤。多出的部分实际上是黔铅京运带解的军铅。如嘉庆十六年，贵州"自永宁局转运癸酉年上下两运白铅四百三十九万一千九百一十四斤，又带解辛未年下运、癸酉年上运及癸酉年营操黑铅五十万三千二百三十八斤"[6]。每年带解营操黑铅 30000 斤，但其开始时间并无明文记载，暂定为嘉庆五年。黔铅每年 4895152 斤的京运量一直持续至道光朝中期。

---

① 乾隆五十四年三月二十一日，贵州巡抚郭世勋《题报黔省莲花等厂乾隆五十至五十一年收过铅斤支销工本水陆脚费等项银两各数事》，中国第一历史档案馆藏，档号：02－01－04－17573－006。

② 乾隆五十五年七月初五日，贵州巡抚额勒春《题为报销莲花等厂乾隆五十一至五十二年收买铅斤支用工本脚费实存余息银两各数目事》，中国第一历史档案馆藏，档号：02－01－04－17618－023。

③ 嘉庆十三年六月二十八日，大学士管理户部事务禄康《题为遵旨察核贵州省乾隆五十九年四月起一年内各厂收买发运铅斤用过工本脚费银两事》，中国第一历史档案馆藏，档号：02－01－04－18888－013。

④ 嘉庆朝《钦定大清会典事例》卷一百七十三《户部·钱法》。

⑤ 嘉庆二十四年三月十五日，大学士管理户部事务托津《题为遵察贵州嘉庆九年三月前一年内各厂收买发运铅斤用过工本脚费等项银两》，中国第一历史档案馆藏，档号：02－01－04－19911－017。

⑥ 道光三年二月十三日，贵州巡抚嵩孚《题为贵州产铅各厂自嘉庆十六年四月起至十七年三月收过铅斤支销工本水陆脚费实存余息银两各数目事》，中国第一历史档案馆藏，档号：02－01－02－2881－013。

道光二十五年，运京白铅 4421914 斤，而黑铅仅 30000 斤。① 黑铅运量的变化始于何时，文献中并无明确记载，暂定为道光二十年（1840）。当然，京运也有例外，如道光七年（1827）并无黔铅京运。道光十二年（1832），护理贵州巡抚印务云南布政使钟祥奏报：道光五年贵州"拨兑丁亥年京运委员净白黑铅斤无项。查黔省应办丁亥年京运鼓铸白黑铅斤，前奉行，准户部咨，……奏明将黔省丁亥年应解京铅停其办运，所需该年铅本即可毋庸题拨"。②

二　楚运及代运湖南

乾隆五年之后，因开铸省份越来越多，黑白铅斤供不应求。如乾隆十年户部尚书刘于义奏："至于配铸之黑白铅锡，俱买于湖北之汉口，连年各省一齐开铸，以致汉口铅价日贵一日。"③ 因此，乾隆十一年贵州总督张广泗奏请：贵州每年余铅"尚有百万余斤，动藩库公项银，尽数收买，运至四川之永宁下船，抵赴汉口发卖，以供江浙等省钱局采办之用"。④ 这就是黔铅楚运，每年运销黔铅 100 万斤于汉口销售。乾隆十四年，经爱必达奏请，楚运每年增至 200 万斤，⑤ 如"独山州州同欧阳璐办运乾隆十八年上运汉口售供各省鼓铸铅一百五万斤，于乾隆十八年二月二十九日行至川省云阳县磁庄子地方，陡遭暴风坏船，沉溺铅一十一万六千八百五十七斤"⑥。按楚运分上、下两运，各半运解，乾隆十八年上运应白铅 100 万斤。楚运起先专指白铅，但鼓铸青钱需用黑铅，此处多出的 5 万斤应为配

---

① 咸丰元年六月二十三日，贵州巡抚乔用迁《题为详明筹办厂务等事》，中国第一历史档案馆藏，档号：02－01－04－21489－014。

② 道光十二年二月初二日，护理贵州巡抚印务云南布政使钟祥《题为详明筹办厂务等事》，中国第一历史档案馆藏，档号：02－01－04－20538－005。

③ 乾隆十年六月二日，吏部尚书兼管户部尚书事务刘于义《奏为遵旨议奏事　江西采买滇铜黔铅鼓铸事》，《明清档案》：A138－26。

④ 《皇朝文献通考》卷十七《钱币考五》，乾隆十一年条。

⑤ 户部《题复贵州巡抚爱必达将黔省各省厂余铅酌定官商分买备贮运销及请拨工本等项事》，乾隆十四年六月，《内阁大库档案》，编号：000102915。又载《大清高宗皇帝实录》卷三百四十二，乾隆十四年六月，户部议覆贵州巡抚爱必达奏称。

⑥ 乾隆十四年六月，户部《题复贵州巡抚爱必达将黔省各省厂余铅酌定官商分买备贮运销及请拨工本等项事》，《内阁大库档案》，编号：000102915。

运黑铅。其起始时间，兹暂定为楚运开启之年。

乾隆三十一年，方世儁奏："窃照黔省出产白铅，于乾隆十四年经前抚臣爱必达奏准，每年酌拨二百万斤运湖北汉口售供各省鼓铸之用。嗣于二十年前抚臣定长议请正额之外，加运一百八十万斤，经部复准办理。至二十三年因楚局递年分运壅滞难销，前抚臣周琬查明奏请停运一年，并于加运铅内酌减四十万斤，每年共运铅三百四十万斤。迨后二十五年，又因汉局存积铅斤约敷两年销售，复经前抚臣周人骥奏明，停运一年，并请将加运一百四十万斤停止办理，每年止照原议拨正额铅二百万斤运楚销售各在案。兹据布政使良乡粮驿道永泰会详称，查明楚局原积铅斤自渐运以来，按年销售，所余无几，请自乾隆丙戌年起，每年加运铅一百万斤，存贮楚局，以备售供。"① 按方世儁所称，乾隆二十年起，楚运正额之外，每年加运铅180万斤。然乾隆二十四年贵州巡抚周人骥奏报：乾隆二十一年"汉口销售余铅二百六十一万四千二百一十八斤零"②。显然，除了正额之外，加运楚铅已经开始销售。乾隆二十六年，贵州在"汉口、巴陵二处销售余铅五百七十二万八千五百八十三斤零"③，该年所销大多应是往年加运堆积之铅。巴陵售铅是指每年楚运带解白铅20万斤供湖南采办，始于乾隆二十四年，不在楚运额之内，如"湖南岁需贵州白铅二十万斤，于黔省委运汉口出售铅片之便，带解楚南"④。乾隆三十年，贵州"销售湖南采买二十八年分鼓铸白铅一十五万七千五百斤"⑤。由此可见，乾隆二十年起，每年加运楚铅180万斤；乾隆二十三年（1758）停运一年；乾隆二十四年起，加运140万斤；乾隆二十五年又停运一年；乾隆二

① 乾隆三十一年三月，户部《奏为加运楚局铅斤事》，《内阁大库档案》，编号：000049046。
② 乾隆二十四年正月二十一日，署贵州巡抚周人骥《题为详明筹办厂务等事》，中国第一历史档案馆藏，档号：02-01-04-15200-002。
③ 乾隆二十七年十二月二十日，贵州巡抚乔光烈《题为黔省莲花等铅厂乾隆二十六年收铅工本及运存销售支用等银两题销请旨事》，中国第一历史档案馆藏，档号：02-01-04-15507-003。
④ 《大清高宗皇帝实录》卷五百八十五，乾隆二十四年四月，湖南巡抚冯钤奏。又见嘉庆朝《钦定大清会典事例》卷一百七十五《户部·钱法》。
⑤ 乾隆三十一年八月二十日，贵州巡抚方世儁《题为奏销黔省莲花等厂乾隆三十年四月至三十一年三月收过奉拨司库铅斤工本等项银两事》，中国第一历史档案馆藏，档号：02-01-04-15876-003。

十六年停止加运，恢复原额 200 万斤；乾隆三十一年起，又每年加运 100 万斤。

但是，据乾隆三十六年，贵州巡抚李湖奏："自乾隆三十年间刘标亏空工本侵挪运费，铅额既亏，铅运屡误，已渐成积重之弊，前抚方世儁复奏，请加运楚铅一百万斤，于办理掣肘之时倍增捉襟之困，以致该厅州节年所办那后补前，辗转停压。现据楚运委员李华钟、王石润等月报册开：戊子年上加运铅八十一万余斤，己丑年仅收正额铅一百六十余万，是徒有加拨之名，反启压运之累，转不如循照旧额，年运年清之较为核实也。"① 也就是说，乾隆三十三年（1768）仅加运 81 万斤，而次年已无加运，正额尚且短缺 40 万斤。次年，贵州巡抚觉罗图思德奏："其运楚销售额铅三百万斤，先经李湖条奏，请裁减加运一百万斤。臣查各省采买，除减炉停铸加卯等，尚需铅二百一十八万斤，今正额二百万斤，加运五十万斤，以三十五年为始，每年办运二百五十万斤。"② 可见，李湖裁减加运 100 万斤、图思德奏请加运 50 万斤的奏请均获批，即乾隆三十五年起，每年楚运白铅正加 250 万斤。如乾隆四十二年，贵州巡抚裴宗锡奏言："楚省额运二百六十二万五千斤。"③ 这 262.5 万斤包含耗铅，折合正铅 255 万斤。除了原额白铅 250 万斤，还有代运黑铅 5 万斤。

乾隆四十九年，护理贵州巡抚布政使孙永清奏："湖北汉口铅局积存白铅一百三十万余斤，又有四川永宁铅局黑铅五十万斤，为数实属繁多，请将下年额办楚铅，暂行减运一半。"④ 乾隆五十四年，贵州巡抚郭世勋又奏："黔省每年额办楚铅二百五十万斤，运赴湖北汉口，以供各省采买鼓铸。嗣因汉局铅多，奏准减半运铅一百二十五万斤。查现在汉局余铅无几，请自本年为始，仍照原额拨运铅二百五十万斤。"⑤ 可见，乾隆五十年

---

① 乾隆三十六年七月初十日，贵州巡抚李湖《奏为清厘运铅积弊事》，中国第一历史档案馆藏，档号：04 - 01 - 30 - 0481 - 021。

② 乾隆三十七年十一月二十二日，贵州巡抚图思德《奏为遵旨查明楚铅迟误及催运在途积铅情形事》，《军机处档折件》，编号：018826。

③ 裴宗锡：《滇黔奏稿录要》（不分卷），乾隆四十二年正月十二日，《奏为新开前场试采已有成效预筹改拨京初二运铅进一节帑项而裕备贮仰祈圣鉴事》，第 401～408 页。

④ 乾隆四十九年四月，户部《奏为减运铅斤由》，《内阁大库档》，档号：NO 000214235。

⑤ 《大清高宗皇帝实录》卷一千三百三十五，乾隆五十四年七月，调任贵州巡抚郭世勋奏。

至五十三年，楚运白铅减半，每年 125 万斤。但郭世勋奏请当年楚运白铅量并未恢复至 250 万斤。如乾隆五十七年（1792），贵州"拨支委员松桃同知孙良慧办运汉口销售莲花、福集、兴发、柞子等厂变价充饷毛白黑课余铅一百三十六万四千一百四十八斤七两，……又拨交孙良慧运汉未售莲花厂充饷课净白铅八百一十一斤，作毛白铅八百五十一斤八两"①。该年楚运，折算净黑白铅 130 万斤，白铅仍为半运。乾隆五十八年（1793），楚运正耗白铅 2625000 斤、黑铅 52500 斤，由都匀县知县祝星番领运。② 至此，楚运正加额才真正恢复。

嘉庆时期，楚运量并无显著变化。如嘉庆八年，"委员刘世栋办运汉口销售净白铅二百五十万斤"③。但嘉庆二十二年（1817），"委员周文英办运汉口销售净白铅二百六十五万斤、净黑铅五万斤"④。且每年楚运黑白净铅 270 万斤一直持续到道光时期。如道光五年，"发交委员署锦屏县知县李振堃办运癸未年楚铅内拨妈姑羊角新发等厂加办课白铅五十七万二千一百一十二斤，……合计该员李振堃办运净白铅二百六十五万斤，黑铅五万斤，共白黑铅二百七十万斤"⑤。再如道光十二年，"今委员吴师之办运辛卯年汉口销售净白铅二百六十三万斤，净黑铅五万斤"⑥。楚运白铅额从 250 万斤增至 263 万斤始于何年，文献中无明文记载，兹暂定为嘉庆二十二年。此外，如遇汉口铅斤堆积，则暂时停运一二年。如道光二年（1822），史致远奏："黔省岁办楚铅，向以汉局存贮之盈虚，酌核黔厂转运之缓急。嘉庆二十年因汉口铅斤支绌，趱运癸甲、乙丙四起楚铅，现在汉局存铅充裕，足敷各省三年采买之用，若再将丙子趱运

---

① 嘉庆五年二月十二日，护理贵州巡抚印务贵州布政使常明《题为详明筹办厂务等事》，中国第一历史档案馆藏，档号：02 - 01 - 04 - 18309 - 002。

② 户部《移会稽察房贵州巡抚冯光熊奏报楚铅开行》，乾隆五十七年十一月二十七日，《内阁大库档案》，编号：000150806。

③ 嘉庆二十四年三月十五日，大学士管理户部事务托津《题为详明筹办铅务等事》，中国第一历史档案馆藏，档号：02 - 01 - 04 - 19911 - 017。

④ 道光八年，大学士管理户部事务禧恩《题为查核黔省铅厂嘉庆二十二年至二十三年铅厂收存工本银两数目事》，中国第一历史档案馆藏，档号：02 - 01 - 04 - 20345 - 030。

⑤ 道光十二年二月初二日，护理贵州巡抚印务云南布政使钟祥《题为详明筹办厂务等事》，中国第一历史档案馆藏，档号：02 - 01 - 04 - 20538 - 005。

⑥ 道光十七年，贵州巡抚贺长龄《题为详明筹办厂务等事》，中国第一历史档案馆藏，档号：02 - 01 - 04 - 20900 - 032。

及借拨趱办乙亥之铅按年踵运，亦不过久贮汉局。……准其将未办第四起丙子趱运楚铅停其办运，其已运乙亥趱办系借拨正运楚铅，即抵本年壬午楚铅正运，所有乙亥、丙子二起未运加趱铅斤既无须办运。"[1] 道光十四年，户部亦奏："黔省每年办运汉口销售白铅二百六十三万斤，……今据该抚奏称，汉局存铅现因直陕等省奏停铸务，无须采买，累年积贮至八百四十余万斤之多，若再照常办运，未免陈陈相因，空悬成本，请将来年之壬癸两年停其办解。"[2] 统计嘉庆、道光两朝，停运嘉庆二十、二十一年，道光五、六、七、十二、十三、十五、十六年、十八年、十九年等楚运。[3]

三 滇川黔三省采买与永宁售卖

早在京运开始之前，黔铅就已开始外销。雍正元年（1723）云南开局鼓铸，需用白铅67.6万余斤，本省所产不敷使用，故"云南省每年买运黔厂倭铅五十万斤"[4]。雍正六年，云贵总督鄂尔泰奏："迨雍正五年份，经臣题请减炉九座，止存三十六座，用铅既少，又值滇之罗平州属卑浙、块泽二厂出铅颇旺，运局搭铸尽可敷用，遂将黔厂之铅停运。"[5] 也就是说，自雍正元年至雍正四年，云南每年从贵州购买白铅50万斤。

自云南停购后，黔铅堆积，销售不畅，"是以（云贵总督鄂尔泰）暂于司库借动盐余银两作工本脚价，仍委朱源淳收买，除课铅照原定之

---

① 《大清宣宗皇帝实录》卷二十八，道光二年正月，上谕内阁。
② 道光十四年九月，户部《奏为汉局存铅较多酌请暂停办运事》，《内阁大库档案》，档号：NO 000017377。
③ 《大清宣宗皇帝实录》卷一百七，道光六年十月，上谕内阁；贺长龄纂《耐庵奏议存稿》卷三《汉局白铅请暂停办运折》，道光十七年八月二十六日；户部《移会稽察房贵州巡抚贺长龄奏为准将楚铅暂停办运事》，道光二十一年六月，《内阁大库档案》，编号：000049242。
④ 雍正二年十一月二十一日，云贵总督高其倬《奏节省铅价调剂钱法折》，《雍正朝朱批汉文奏折汇编》第四册，第54页。
⑤ 雍正六年十月二十日，云南总督鄂尔泰《奏为奏明借动库项收铅运售获息情由仰祈圣鉴事》，《雍正朝朱批汉文奏折汇编》第十三册，第721页。

价鲜黔报销外，余铅按时价收买统运汉口，卖给京商，所获余息尽数归公。自雍正五年二月起，至九月止，共发过银二万两，收获铅二百万零"①。自雍正五年起，政府收购余铅，转销永宁、汉口，获利充饷。雍正八年，贵州巡抚张广泗奏："通计每年收买各厂余铅三四百万斤，转运销售。再各厂每年抽收课铅有七十余万斤，留供鼓铸。但今开局伊始，只需用铅一十五万八千四百斤零，尚有余剩课铅五十四五万斤，应与所买余铅一并运销。"②自雍正八年开始，政府转销黔铅由贵州省负责，除了余铅外，还包括剩余课铅。政府转销黔铅，获益匪浅。雍正十年四月至九月，贵州布政使常安奏："奴才办解（余铅运销）六月，收获银一十六万三千五百余两。"③同年六月，常安又奏："收买运售，除归还买本脚价外，每百斤可获余息银一两四五钱，如尚有余息，亦行全数充公，每年以买运铅三四百万斤计算，约可获余息银五六万两，……计自雍正八年四月接准部文起，至雍正九年三月底止，一年限满，已据开报买售过余铅银两数目，除原借库银六万两仍留充工本外，已解过司库余息银八万余两；又自雍正九年四月至本年二月得获余息银约有十一万余两，尚有零星节省余息，俟三月底一年已满，方可扣算确数开报，则是原借工本六万两办理，通计两年所获余息已有二十余万两矣。"④雍正十二年二月，江西布政使常安再奏："再黔省倭铅一项大有裨益。自奴奉旨清查以来，雍正十年获余息银一十六万三千五十余两，十一年又获余息因一十六万九千九百余两。"⑤同月，贵州巡抚元展成奏："至倭铅银两，自雍正七年至雍正十一年十二月止，共收过银二十五万余两。"⑥以政府

---

① 雍正六年十月二十日，云南总督鄂尔泰《奏为奏明借动库项收铅运售获息情由仰祈圣鉴事》，《雍正朝朱批汉文奏折汇编》第十三册，第 721 页。

② 雍正八年三月二十七日，贵州巡抚张广泗谨《奏为奏明事》，《雍正朝朱批汉文奏折汇编》第十八册，第 324～328 页。

③ 雍正是年九月十六日，贵州布政使常安谨《奏为奏闻事》，《雍正朝汉文朱批奏折汇编》第二十三册，第 304 页。

④ 雍正十年六月十二日，贵州布政使常安《奏为遵旨回奏事》，《雍正朝汉文朱批奏折汇编》第三十册，第 521～534 页。

⑤ 雍正十二年二月初一日，江西巡抚常安《奏为奏闻事》，《雍正朝汉文朱批奏折汇编》第二十五册，第 823 页。

⑥ 雍正十二年二月初四日，贵州巡抚元展成《奏为遵旨覆奏事》，《雍正朝汉文朱批奏折汇编》第二十五册，第 845 页。

转销黔铅百斤获息银一两五钱为准，雍正七年至十一年贵州转销课余铅 1667 万斤，年均 333.4 万斤。因雍正十三年开始黔铅京运，存贮课余铅以备发兑，大规模转销黔铅基本停止，但永宁销售及川黔采买仍在进行。如乾隆五年，"永宁卖过砂硃、莲花二厂运存旧余铅三十四万五百斤，每百斤卖银三两九钱，……实获余息银五千七百三十二两三分"①。永宁售铅基本上为四川采买，以供鼓铸。

宝黔局于雍正八年设立，用本省所产白铅鼓铸。乾隆《毕节县志》载："雍正八年设宝黔局于城内，置炉十座，年铸三十六卯，照滇省例铜六铅四配搭。乾隆五年添炉十座，六年改铸青钱，照京局铜铅对搭，每铜五十斤，配白铅四十一斤八两，黑铅六斤八两，滇锡二斤。乾隆十年每年加铸十卯，共四十六卯，每年鼓铸用铜五十二万余斤，内买滇铜三十九万斤，黔铜一十三万余斤；每年用白铅四十四万斤，自水城福集厂拨运供铸；每年用黑铅六万五千斤，自威宁之柞子厂拨运供铸；每年用滇锡二万斤，自滇省之个旧厂买运供铸。"② 至于宝黔局鼓铸用铅量，乾隆七年，协理户部事务纳亲引贵州巡抚张广泗疏称："一疏称（贵州）各厂每年抽收课铅约有七十余万斤，留供（宝黔局）鼓铸，今开局伊始只需铅一十五万八千四百斤。"③ 也就是说雍正八年至乾隆四年，宝黔局每年采买白铅 158400 斤。乾隆五年宝黔局增炉十座，年需白铅应增加一倍，即 316800 斤。次年改铸青钱，配铸比例由白铅 40% 变为白铅 41.5% 和黑铅 6.5%，推算年需白黑铅分别为 328680 斤和 51480 斤。乾隆十年，贵州总督张广泗奏称，乾隆九年应办"川黔两省鼓铸白铅四十五万八千余斤"④。乾隆十年，宝黔局加卯鼓铸，白黑铅需用量亦当增加。如乾隆二十一年，"各厂课铅内拨运宝黔局鼓铸铅四十四万四千四百六十斤"⑤。

---

① 乾隆七年四月初四日，协理户部事务纳亲《题为会查黔省莲花等厂收存课余铅斤数目及存剩工本等银数目事》，中国第一历史档案馆藏，档号：02 - 01 - 04 - 13450 - 013。
② 乾隆《毕节县志》卷四《赋役志·鼓铸》。
③ 乾隆七年四月初四日，协理户部事务纳亲《题为会查黔省莲花等厂收存课余铅斤数目及存剩工本等银数目事》，中国第一历史档案馆藏，档号：02 - 01 - 04 - 13450 - 013。
④ 乾隆十年五月初七日，贵州总督张广泗《题为贵州白铅不敷供铸请以乾隆十年三月为始增价收买余铅以济运解事》，中国第一历史档案馆藏，档号：02 - 01 - 04 - 13868 - 010。
⑤ 乾隆二十四年正月二十一日，署贵州巡抚周人骥《题为详明筹办厂务等事》，中国第一历史档案馆藏，档号：02 - 01 - 04 - 15200 - 002。

　　乾隆二十四年宝黔局移建省城贵阳，每年除铸定额之外，加铸二十三卯；乾隆三十五年，减炉五座，裁减加铸；四十四年（1779），又减铸十卯，每年鼓铸三十六卯。乾隆五十二年，分五炉移设大定府；乾隆五十九年，停各省鼓铸。嘉庆元年，复开各省铸局，改铸黄钱；嘉庆五年，各省局改为青钱。① 除了乾隆五十九、乾隆六十年停铸外，乾隆二十四年、乾隆三十五年、乾隆四十四年、嘉庆五年宝黔局用铅均有变化。如乾隆二十六年，"各厂课铅内拨运宝黔局鼓铸铅五十二万一百一十一斤"②；乾隆五十六年，"兴发厂发运大定局鼓铸白铅一十万一千五百四十五斤一两"③；嘉庆朝《大清会典》载："宝黔局用滇铜三十四万一千七百余斤，本省白铅二十六万余斤；大定局滇铜九万三千九百余斤，本省铜二万斤，本省白铅九万六千余斤。"④ 此应为嘉庆十六年数据。

　　宝川局设于雍正十年，采买黔铅鼓铸。乾隆十二年增炉十五座，乾隆十九年增炉七座，乾隆二十年增炉十座，加铸十八卯，合计炉四十座；乾隆四十六年因产停炉减卯；乾隆五十九、乾隆六十两年停铸；嘉庆元年至嘉庆三年鼓铸黄钱，嘉庆五年改铸青钱。⑤ 其采买黔铅数量：乾隆五年，"永宁卖过砂砵莲花二厂运存旧余铅三十四万五百斤"⑥；乾隆二十一年，"永宁等处销售余铅一百二万九十五斤"⑦；乾隆五十年，"四川省采买酌拨水洞帕厂白余铅八十万斤"⑧；嘉庆八年，"永宁销售过川省

---

① 嘉庆《钦定大清会典则例》卷一百七十五《户部·钱法》直省鼓铸条。
② 乾隆二十七年十二月二十日，贵州巡抚乔光烈《题为黔省莲花等铅厂乾隆二十六年收铅工本及运存销售支用等银两题销请旨事》，中国第一历史档案馆藏，档号：02－01－04－15507－003。
③ 嘉庆五年二月十二日，护理贵州巡抚印务贵州布政使常明《题为详明筹办厂务等事》，中国第一历史档案馆藏，档号：02－01－04－18309－002。
④ 嘉庆朝《钦定大清会典》卷十四《户部·广西清吏司》，该书所引户部赋役钱粮为嘉庆十七年数据，见该书凡例。
⑤ 嘉庆《四川通志》卷七十《食货、钱法》。
⑥ 乾隆七年四月初四日，协理户部事务纳亲《题为会查黔省莲花等厂收存课余铅斤数目及存剩工本等银数目事》，中国第一历史档案馆藏，档号：02－01－04－13450－013。
⑦ 乾隆二十四年正月二十一日，署贵州巡抚周人骥《题为详明筹办厂务等事》，中国第一历史档案馆藏，档号：02－01－04－15200－002。
⑧ 乾隆五十五年七月初五日，贵州巡抚额勒春《题为详明筹办厂务等事》，中国第一历史档案馆藏，档号：02－01－04－17618－023。

委员张仲芳采买净白铅二十六万六千六百六十六斤"①。道光末年依然如此。②

在笔者 2011 年的研究的基础上③，根据对奏销数据的证实与校正，将 1723～1854 年的贵州官铅销量列表 3－4。

表 3－4　1723～1854 年贵州官铅销量

单位：斤

时间	白铅	黑铅	合计	时间	白铅	黑铅	合计	时间	白铅	黑铅	合计
1723	500000		500000	1767	5047414	400285	5447699	1811	7158580	553238	7711818
1724	500000		500000	1768	7857414	400285	8257699	1812	7158580	553238	7711818
1725	500000		500000	1769	6647414	400285	7047699	1813	7158580	553238	7711818
1726	500000		500000	1770	7547414	400285	7947699	1814	7158580	553238	7711818
1727	3500000		3500000	1771	7547414	400285	7947699	1815	4658580	503238	5161818
1728	4000000		4000000	1772	7547414	400285	7947699	1816	4658580	503238	5161818
1729	3334000		3334000	1773	7547414	400285	7947699	1817	7308580	553238	7861818
1730	3334000		3334000	1774	7547414	400285	7947699	1818	7308580	553238	7861818
1731	3334000		3334000	1775	7547414	50000	7597414	1819	7308580	553238	7861818
1732	3462000		3462000	1776	7389914	50000	7439914	1820	7308580	553238	7861818
1733	3462000		3462000	1777	7389914	50000	7439914	1821	7308580	553238	7861818
1734	128000		128000	1778	7389914	50000	7439914	1822	7308580	553238	7861818
1735	3788000		3788000	1779	7389914	50000	7439914	1823	7308580	553238	7861818
1736	1958000		1958000	1780	7389914	50000	7439914	1824	7308580	553238	7861818
1737	1958000		1958000	1781	7389914	50000	7439914	1825	4658580	503238	5161818
1738	1958000		1958000	1782	7389914	50000	7439914	1826	4658580	503238	5161818
1739	1958000		1958000	1783	7389914	50000	7439914	1827	266666		266666

① 嘉庆二十四年三月十五日，大学士管理户部事务托津《题为详明筹办铅务等事》，中国第一历史档案馆藏，档号：02－01－04－19911－017。

② 咸丰元年六月二十三日，贵州巡抚乔用迁《题为详明筹办厂务等事》，中国第一历史档案馆藏，档号：02－01－04－21489－014。

③ 参见马琦《清代黔铅的产量与销量：兼对以销量推算产量方法的检讨》，《清史研究》2011 年第 1 期。

时间	白铅	黑铅	合计	时间	白铅	黑铅	合计	时间	白铅	黑铅	合计
1740	2170500		2170500	1784	7389914	400258	7790172	1828	7308580	553238	7861818
1741	1610500	500000	2110500	1785	6441914	433238	6875152	1829	7308580	553238	7861818
1742	4182414	700571	4882985	1786	6141914	433238	6575152	1830	7308580	553238	7861818
1743	4182414	700571	4882985	1787	6141914	433238	6575152	1831	7308580	553238	7861818
1744	5382414	700571	6082985	1788	6141914	433238	6575152	1832	4658580	503238	5161818
1745	4182414	700571	4882985	1789	6141914	433238	6575152	1833	4658580	503238	5161818
1746	5182414	750571	5932985	1790	5908580	433238	6341818	1834	7308580	553238	7861818
1747	5223714	750571	5974285	1791	5908580	433238	6341818	1835	4658580	503238	5161818
1748	5223714	750571	5974285	1792	5908580	433238	6341818	1836	4658580	503238	5161818
1749	6223714	50000	6273714	1793	7158580	433238	7591818	1837	7308580	553238	7861818
1750	6223714	50000	6273714	1794	7158580	50000	7208580	1838	4658580	503238	5161818
1751	6223714	50000	6273714	1795	6891914	50000	6941914	1839	4658580	503238	5161818
1752	6223714	50000	6273714	1796	7158580	50000	7208580	1840	7338580	80000	7418580
1753	6223714	50000	6273714	1797	7158580	50000	7208580	1841	7338580	80000	7418580
1754	6339914	50000	6389914	1798	7158580	50000	7208580	1842	7338580	80000	7418580
1755	8803914	50000	8853914	1799	7158580	433238	7591818	1843	7338580	80000	7418580
1756	4339914	50000	4389914	1800	7158580	553238	7711818	1844	7338580	80000	7418580
1757	4339914	50000	4389914	1801	7158580	553238	7711818	1845	7338580	80000	7418580
1758	4339914	50000	4389914	1802	7158580	553238	7711818	1846	7338580	80000	7418580
1759	7939914	50000	7989914	1803	7158580	553238	7711818	1847	7338580	80000	7418580
1760	5339914	50000	5389914	1804	7158580	553238	7711818	1848	7338580	80000	7418580
1761	6939914	50000	6989914	1805	7158580	553238	7711818	1849	7338580	80000	7418580
1762	4939914	50000	4989914	1806	7158580	553238	7711818	1850	7338580	80000	7418580
1763	4939914	50000	4989914	1807	7158580	553238	7711818	1851	7338580	80000	7418580
1764	4939914	50000	4989914	1808	7158580	553238	7711818	1852	7338580	80000	7418580
1765	5047414	400285	5447699	1809	7158580	553238	7711818	1853	7338580	80000	7418580
1766	8047414	400285	8447699	1810	7158580	553238	7711818	1854	7338580	80000	7418580

从表 3-4 可以看出，雍正元年（1723）至咸丰四年（1854），贵州官铅销量变化显著。从雍正元年至乾隆二十年（1755），销量从 50 万斤增至 885 万斤，虽然期间有三次小幅回落，但整体趋势向上；乾隆二十一年（1756）至乾隆三十四年（1769），销量在 438 万~885 万反复波动；乾隆三十四年（1769）以后，除了道光七年（1827）突降回升外，销量基本维持在 771 万斤均线上下。

第三节　官铅采办与厂店储备

产销平衡是产业持续发展的前提和保证。对于持续一个半世纪的清代黔铅矿业而言，其产销关系如何？笔者结合前文的研究结果，将清代黔铅产量和官铅销量的变化趋势比较如图 3 - 3 所示。

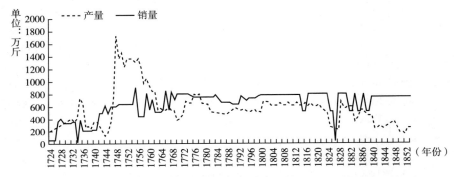

图 3 - 3　清代黔铅产量与官铅销量变化趋势比较

显然，从雍正二年（1724）至咸丰四年（1854）的 131 年间，黔铅产量多变，而官铅销量相对平稳，两者的变化趋势严重偏离。也就是说，在大部分时间内，要么产大于销，要么销大于产，产销失衡是其常态。

当然，黔铅销售除了官铅之外还有商铅。但是，官铅中的课铅及官购余铅的多寡却于产量密切相关。政府征收课铅及购买余铅被称为官铅采办，官铅采办数量是官铅运销的基础。因此，要厘清黔铅的产销关系，必须了解官铅采办及其数量变化。本章第一节中已经重建了黔铅产量序列，据此可以推算出历年课铅量及其变化；而官购余铅变化更为复杂，它不但受产量的制约，还受官购比例、价格及官铅销量等多重因素的影响。

一　官铅采买

清代贵州官购余铅始于雍正五年。因黔铅产量大增，而云南又停止采买，导致销售不畅，黔铅大量堆积，价格急剧下降。因此，云贵总督鄂尔泰奏请暂借官银，收买余铅，运销汉口，以缓解黔铅销售难题。"自雍正五年二月起，至九月止，共发过银二万两，收获铅二百万零。"① 这一政策一直持续至雍正十三年。"迨至乾隆元年，因铅厂收积已多，京局存铅又尚充裕，题请将莲花、砂朱二厂所出铅斤除抽课外，余铅听民自行销售。"② 因为雍正五年至雍正十三年，余铅全部官购，故这一时期官铅采办量等于黔铅产量。

乾隆元年以后，京铅及川黔采买均从以前存贮铅斤内拨运。随着滇铜京运量的增加，威宁至永宁一线运力紧张，故乾隆初年规定，新开的遵义小洪关、绥阳月亮岩厂余铅四成官买，由赤水河分运。③ 至乾隆八年，因京铅运量大增，户部据贵州总督张广泗奏议："'莲花、砂硃等厂矿砂既薄，……请将每斤一分有零原价，定为一分五厘，一面收买，一面发运。'应暂如所请。"④ 也就是说，从乾隆八年开始，贵州铅厂已经恢复了官买全部余铅的旧例。

然乾隆十年以后，黔铅年产量大增。如果仍旧实行余铅全部官购，势必造成官铅积压过多。乾隆十四年，户部议复贵州巡抚爱必达奏称："'黔厂余铅酌定官商收运各款：每年运供京局及川黔两省鼓铸，并运汉销售，共铅九百万斤。现各厂岁出铅一千四百余万斤，嗣后每百斤除抽课二十斤外，余铅官买五十斤，以三十斤通商。总以抽收课余，足敷九百余万数，余听炉民自售等语。'应如所奏办理。"⑤ 如乾隆二十一年四月起至二十二年三月底，贵州新收各厂课铅 2451654 斤，收买各厂余铅 6738064 斤。⑥ 推算官购余铅量占产量的 55%。正如爱必达所言，官铅采买以满足京楚二运

---

① 雍正六年十月二十日，云南总督鄂尔泰《奏为奏明借动库项收铅运售获息情由仰祈圣鉴事》，《雍正朝朱批汉文奏折汇编》第十三册，第 721 页。

② 乾隆四年十一月十二日，贵州总督兼管巡抚事务张广泗《为遵旨议奏事》，《明清档案》：A91 – 65。

③ 乾隆四年十一月十二日，贵州总督兼管巡抚事务张广泗《为遵旨议奏事》，《明清档案》：A91 – 65。

④ 《大清高宗皇帝实录》卷一百八十五，乾隆八年二月，户部议覆贵州总督兼管巡抚张广泗疏奏。

⑤ 《大清高宗皇帝实录》卷三百四十二，乾隆十四年六月，户部议覆贵州巡抚爱必达奏称。

⑥ 乾隆二十四年正月二十一日，署贵州巡抚周人骥《题为详明筹办厂务等事》，中国第一历史档案馆藏，档号：02 – 01 – 04 – 15200 – 002。

及川黔采买量为准，官购余铅比例并非一定，而是根据产量波动随时调整，产量过高则减少官购余铅比例，产量过低则提高官购余铅比例。乾隆三十五年四月起至三十六年三月底，贵州各厂抽收课铅 1441968 斤，收买余铅 4821445 斤，官购余铅比例为 66.87％。① 而黔铅产量下降至每年官铅销量之际，余铅势必全部官买。如乾隆五十年四月起至五十一年三月底，贵州各厂抽课铅 1015454 斤，收买余铅 4024632 斤②，官购余铅比例则高达 79.28％。也就是说，乾隆五十年以后，余铅全部官购，官铅采办量等于黔铅产量，致使商铅有名无实。嘉庆朝以后，黔铅产量进一步降低，贵州不得不收买其他省份的商铅以凑数。如嘉庆九年贵州巡抚福庆奏报："又嘉庆五年正月起至十二月底（贵州莲花）厂务归道经管止，奉文加办铅斤，因本厂不旺，难以增办，于界连滇属之竹箐等处招丁发本采办，收买商铅一百三十六万五千斤，镕净铅一百三十万斤，就近发运滇省盐井渡躧道直运泸州，仍作为由厂运永造报。"③

贵州额办官铅量亦有变化。前文引用乾隆十四年贵州巡抚爱必达言，每年额办官铅 900 余万斤。但是，乾隆三十六年，贵州巡抚李湖却奏称："查黔省铅斤，每年威宁州额办五百万斤，水城厅额办二百万斤，按年兑运京铅四百六十一万余斤，楚铅二百万斤，川铅四十余万斤。"④ 乾隆三十九年贵州巡抚觉罗图思德亦奏："请自乾隆三十八年为始，（黔铅）于年额七百五十万斤外，饬令该厅州俟农隙时再加运铅一百万斤。"⑤ 乾隆四十二年，贵州巡抚裴宗锡亦言："窃照黔省为产铅之区，每年额办京楚白铅七百余万斤，京铅运送部局，楚铅运交汉口，俾资京外鼓铸。"⑥ 可见，乾隆

---

① 乾隆三十七年二月十二日，护理贵州巡抚图思德《题为详明筹办厂务等事》，中国第一历史档案馆藏，档号：02 - 01 - 04 - 16401 - 015。
② 乾隆五十四年三月二十一日，贵州巡抚郭世勋《题为详明筹办厂务等事》，中国第一历史档案馆藏，档号：02 - 01 - 04 - 17573 - 006。
③ 嘉庆九年十二月十五日，贵州巡抚福庆《题为铅厂矿煤两旺等事》，中国第一历史档案馆藏，档号：02 - 01 - 04 - 18544 - 013。
④ 乾隆三十六年七月初十日，贵州巡抚李湖《奏为清厘运铅积弊事》，中国第一历史档案馆藏，档号：04 - 01 - 30 - 0481 - 021。
⑤ 乾隆三十九年二月二十七日，贵州巡抚觉罗图思德《奏为年额应办京楚铅斤全数运竣恭折奏闻仰祈圣鉴事》，《宫中档乾隆朝奏折》第 34 辑，第 683～685 页。
⑥ 乾隆四十二年一月十二日，贵州巡抚裴宗锡《奏为新开铅厂试采已有成效预筹改拨京楚二运铅斤以节帑项而裕备贮仰祈睿鉴事》，《宫中档乾隆朝奏折》第 37 辑，第 504 页。

朝中期以后，贵州每年采办白铅 750 万斤、黑铅 40 万斤，合计 790 万斤。嘉庆时期，官铅采办量稍有增加。如嘉庆十九年，贵州巡抚庆保奏称："窃照黔省每年额采运京局并川楚本省鼓铸共需铅八百余万斤"①，即每年采办白铅 800 万斤，加上黑铅 50 万斤，合计白黑铅 850 万斤左右。道光年间，官铅采办量又有所下降。如道光八年，贵州巡抚嵩溥奏："窃照黔省各厂出产白铅，办供京运及本省川省鼓铸，并运赴湖北汉口铅局，以供直隶等九省采买之用，每岁需净铅七百五十余万斤"②，即降至乾隆朝后期的水平。

笔者根据清代贵州"抽收铅斤工本并转运铅斤水陆脚价等项银数"奏销报告记载，将部分年份贵州官铅采买量列表 3 - 5。

表 3 - 5　清代贵州官铅采买量

单位：斤

时间	白　铅			黑铅	白黑铅合计
	课白铅	余白铅	合　计		
乾隆十年	857640	6660807	7518447	696963	8215410
乾隆二十一年	2338303	6738064	9076367	—	9076367
乾隆二十六年	59840	4155132	4214972	933005	5147977
乾隆三十年	1105420	5055132	6160552	456490	6617042
乾隆三十五年	1441968	4821445	6263413	180165	6443578
乾隆三十九年	2278869	5115612	7394481	132105	7526586
乾隆五十年	1406032	4024632	5430664	360000	5790664
乾隆五十一年	1013712	4646723	5660435	—	5660435
乾隆五十六年	2641132	5946393	8587525	230000	8817525
乾隆五十九年	1412830	5796677	7209507	90000	7299507
嘉庆八年	1325135	5344881	6670016	496471	7166487
嘉庆十六年	1295237	6298999	7594236	580900	8175136
嘉庆二十二年	1263783	6420132	7683915	238100	7922015
道光五年	553329	2213316	2766645	296678	3063323
道光二十五年	276453	2488073	2764526	70240	2834766

---

① 朱批奏折：嘉庆十九年七月六日，贵州巡抚庆保《奏为黔省铅务亟宜酌筹变通请并归道员经管以则专成而裕鼓铸事》，引自《清代的矿业》，第 342 页。

② 道光八年十月二十五日，贵州巡抚嵩溥《奏为铅厂办理竭蹶恳请暂减一成课铅以纾厂力恭折奏祈圣鉴事》，中国第一历史档案馆藏，档号：04 - 01 - 35 - 1362 - 019。

如表 3-5 所示，乾隆十年至乾隆二十一年，贵州官铅采买量从 821 万斤增至 907 万斤，与前文所引爱必达所言相符。乾隆二十六年，官铅采买量突然下降至 514 万斤，远远低于官铅销售量，这与乾隆朝中期黔铅产量下降直接相关。乾隆二十六年之后，官铅采买量逐渐上升，至乾隆五十六年达到 881 万斤；乾隆末年至嘉庆末年，官铅采买量相对稳定，在 716 万斤~817 万斤之间波动。虽然乾隆四十年后，黔铅产量一度回升，但持续时间很短，官铅采买量相对稳定是建立在大量购买商铅的基础之上。道光时期，官铅采办额急速下降，仅为 30 万斤左右。这是黔铅产量进一步下降的表现。

如果说前文将黔铅产量与官铅销量进行比较，因忽略了商铅销量，而无法反映真实的产销关系的话。那么，笔者以官铅采购与官铅销量进行比较，应该可以更好地表现产销关系。

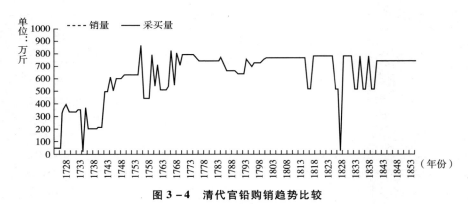

图 3-4　清代官铅购销趋势比较

图 3-4 所示，官铅购销量的变化趋势并不同步，从乾隆十年（1745）至道光二十五年（1845）的一个世纪中，官铅采买量要么低于官铅销量，要么高于官铅销量，绝大部分时间内产销失衡，与前文黔铅产量与官铅销量的比较结果一致。

二　厂店储备及其作用

不论是清代黔铅产量与官铅销量，还是官铅采购与销售之间，均存在波动频率不一的现象，反映出矿业产量剧烈波动与矿产品需求相对稳定之间的矛盾，即产销失衡。清代黔铅的产销矛盾不但制约着矿产生产的持续性，而且影响全国币材的供给。事实上，清代黔铅生产持续长达一个半世纪，这其中必有解决产销矛盾的途径和方法。

早在雍正朝前期，黔铅已经出现产大于销的矛盾。雍正六年，云南总督鄂尔泰奏报："（贵州）马鬃岭等厂俱在僻壤，山路崎岖，难以通商，而开采小民又半系赤贫，苦无工本，不能久贮，每铅百斤厂价已减至八九钱一两不等"，故建议由政府出资收购余铅转销汉口等地。① 这一政策的实施，不但降低了矿民的经营风险，而且扩大了黔铅的销售市场，还增加了政府收入，可谓一举三得。

雍正十一年十一月，上谕内阁，京局鼓铸所需铅斤由贵州办运。次年十二月，贵州巡抚元展成奏："黔省各厂所出铅斤，现准咨部，行令委官解运京局，凡有出产之处，均应开采，以备解运。"② 可见，为了保证京运，黔抚元展成奏请全面开放贵州铅矿，所抽课铅及官买余铅可能不在大规模转销汉口，存贮以备京运。乾隆元年开始，京铅运额减半。因官铅存贮过多，京运由存铅拨兑，不再收买余铅。如乾隆四年贵州总督张广泗奏称："迨至乾隆元年，因铅厂收积已多，京局存铅又尚充裕，题请将莲花、砂硃二厂所出铅斤除抽课外，余铅听民自行销售，各在案。莲花、砂硃二厂收存铅斤分拨乾隆五年半运之数外，止存铅七百余万，兼之开采日久，砂硃厂现已衰微，莲花厂亦出产渐少，所抽课项均属无几。"③ 因前期存贮官铅逐渐减少，故乾隆四年新开的月亮岩厂实行余铅四成官买。

乾隆七年以后，黔铅京运量不但恢复原额，而且持续增加，以致备贮官铅量快速下降。如乾隆十年，贵州总督张广泗奏报："查自乾隆九年三月以前，各厂约存铅一千二百余万斤，内除办解过京局壬戌、癸亥、甲子、乙丑年额铸加铸，暨川黔各局鼓铸白铅七百六十余万斤外，约尚存白铅四百四十余万斤，加以九年四月起至十年三月底，各厂应收买课余铅一

① 雍正六年十月二十日，云南总督鄂尔泰《奏为奏明借动库项收铅运售获息情由仰祈圣鉴事》，《雍正朝汉文朱批奏折汇编》第十三册，第721页。
② 乾隆九年，贵州总督张广泗《奏为抽收课铅事》转引前抚元展成题奏，《内阁大库档案》，档号：NO 000000331。
③ 乾隆四年十一月十二日，贵州总督兼管巡抚事务张广泗《为遵旨议奏事》，《明清档案》：A91－65。

百八九十万斤，二共约存铅六百二十余万斤，内除九年四月以后应办丙寅年上下两运正耗白铅四百三万余斤，又川黔两省鼓铸白铅四十五万八千余斤，又应办解宝源局癸亥年备贮正耗白铅一百二十万余斤，合共应需运铅五百六十七万余斤，是至乾隆十年三月底止存铅五十万余斤，尚不敷办运乾隆十年十月起解丁卯年上运一半之数。"[1] 按壬戌年（乾隆七年）京运应于乾隆五年发运，贵州官铅存量1200余万斤应为乾隆初年之事。张广泗按官铅购销量估算，至乾隆十年三月底，官铅存量仅为50余万斤，故张广泗奏请将官购余铅每百斤价银从一两三钱增至一两五钱。值得一提的是，贵州所运京铅中有"宝源局癸亥年（乾隆八年）备贮正耗白铅一百二十万余斤"。前文已论，此次备贮应非常例，但表明中央户工二局已有铅斤储备的意识。官购余铅价格提高后取得了良好的效果，余铅收购量大幅度提高。乾隆十一年，黔抚张广泗奏报："乾隆十年三月底，……存莲花等厂收买未运，及已运存永宁、綦江、镇远、施秉四处课余白铅三百七十万二千一百九十三斤八两六钱"，且乾隆十年四月至十一年三月又收购各厂余白铅6660807斤，变价及充饷课铅856740斤。[2] 可见，新增官铅量已经远大于官铅销量。

《清代的矿业》中载有一条缺失形成时间的朱批奏折，内称："贵州总督张广泗奏请节省铜铅余息以裨工程一折。奉朱批，军机大臣等议奏，钦此。……又查莲花、砂硃、月亮岩各厂，每年约可出铅一千万余斤，每年需用七百余万斤，尚余三百万斤，今议于京、黔及各省铸局应需铅斤外，每年再预备二百万斤，留待矿厂衰微之时济用外，尚余铅百余万斤，暂于公项银内借动二万两收买，转运汉口发卖，……连前节省银七千两，每年约可获银二万余两。"[3] 该书将本条资料置于乾隆十年，且未言明理由，不妥。乾隆十一年四月，上谕："据张广泗奏称：'黔省钱局及采买铜斤，内有运铅秤头及钱局公费可以节省，余铅可以获息，每年可得二万余金，以

---

① 乾隆十年五月初七日，贵州总督张广泗《题为贵州白铅不敷供铸请以乾隆十年三月为始增价收买余铅以济运解事》，中国第一历史档案馆藏，档号：02-01-04-13868-010。

② 乾隆十一年十月十一日，贵州总督张广泗《题为详明筹办厂务并恳题请借帑买运余铅以便厂民以济公项事》，中国第一历史档案馆藏，档号：02-01-04-14047-18。

③ 朱批奏折：乾隆□年，张廷玉等奏，引自《清代的矿业》，第330页。

为通省开河修城之用'等语。"① 上谕所言即张广泗奏请之事，由此确定张广泗所奏应在乾隆十一年初。也就是说，从乾隆十一年开始，除了满足官铅运销之外，贵州每年额外购买余铅 200 万斤，作为官铅储备，"留待矿厂衰微之时济用"。

　　乾隆十四年，贵州巡抚爱必达奏："黔省铅厂旺盛，余白铅五百万斤，……此项余铅五百万斤内，再拨（楚运）一百万斤，共二百万斤，已足各省鼓铸之需，其余四百万斤，每年再存备一百万斤。"② 因黔铅产量大增，政府不但增加了官铅运销量，而且扩大了官铅储备量，官铅储备量从每年的 200 万斤增至 300 万斤。但即使如此，每年余铅还剩余 300 万斤。因此，爱必达又建议："每年运供京局及川黔两省鼓铸并运汉销售，共铅九百万斤。现各厂岁出铅一千四百余万斤，嗣后每百斤除抽课二十斤外，余铅官买五十斤，以三十斤通商。总以抽收课余，足敷九百余万数，余听炉民自售，……并请拨预备铅斤工本银四万三千五百两。"③ 即保证在每年 900 余万斤的官铅采办额的基础上，剩余部分允许通商，余铅通商比例根据产量适时调整。事实上，当时每年官铅销量在 600 余万斤左右。之所以每年采购官铅 900 余万斤，其中包含 300 万斤的储备量。而爱必达所言"豫备铅斤工本银四万三千五百两"，按每百斤价银一两五钱推算，恰好可购余铅 300 万斤。

　　自乾隆十四年起，每年储备官铅 300 万斤，成为定例。如乾隆二十二年，大学士管理户部事务傅恒奏称："贵州巡抚吴士端题前事，……乾隆二十一年十月及二十二年四月应办戊寅年上下两运白铅三百八十四万一千九百一十四斤，……又备贮铅三百万斤，需工本银四万三千五百两，总计工本水陆脚费共银二十七万三千二百四十六两四千五分零。"④ 即中央每年划拨给贵州办运黔铅的资金 27 万余两，其中包括收购 300 万斤"备贮铅斤"所需的工本银 4.35 万两。逐年高额储备，导致官铅库存急剧增加。乾隆二十

① 《大清高宗皇帝实录》卷二百六十五，乾隆十一年四月，上谕。
② 乾隆十四年 6 月，户部《题复贵州巡抚爱必达将黔省各省厂余铅酌定官商分买备贮运销及请拨工本等项事》，《内阁大库档案》，档号：NO 000102915。
③ 《大清高宗皇帝实录》卷三百四十二，乾隆十四年六月，户部议覆贵州巡抚爱必达奏称。
④ 乾隆二十二年六月十三日，大学士管理户部事务傅恒《题为钦奉上谕事》，《明清档案》：A194 - 104。

一年三月底，贵州"存莲花厂收买未运及已运存永宁余铅四千二百七十七万二千七百二十九斤零，又存各厂课铅二千二百一十万九千四百九十五斤"①，合计 6488 万余斤，相当于当时官铅销量的 14 倍。黑铅储备量，据乾隆二十五年贵州巡抚周人骥奏报，截至乾隆二十四年三月底，榨子厂存留黑铅 36166239 斤。② 至乾隆三十一年三月，贵州厂店存贮白黑铅斤仍高达 5500 万余斤。③ 如此巨额储备，缘于乾隆十年以来，黔铅持续性高产所致。

乾隆朝后期，因黔铅产量下降，每年新购官铅逐渐减少，甚至低于官铅运销量，不得不从储备官铅中凑拨，导致官铅存贮量开始逐渐下降。如乾隆五十三年，贵州巡抚李庆棻奏："黔省福集、莲花二厂，岁供京楚两运白铅六百余万斤，每年所产有一百余万斤缺额，自乾隆四十五年始，俱以旧存余铅凑拨，日形支绌。"④ 可见，储备官铅已经发挥了"矿厂衰微之时济用"的功能，但李庆棻称开始于乾隆四十五年，可能有误。如乾隆三十九年四月至四十年三月，新收官铅 7532586 斤，开除 7523070 斤，余存 31507714 斤。⑤虽然官铅购销量基本持平，而且官铅储量已大幅下降，表明此前规定的每年 300 万斤官铅储备已经无法实现，而且存在用储备官铅凑拨的事实。乾隆五十七年三月，贵州官铅存量已降至 2614 万余斤；乾隆六十年三月进一步降至 1572 万余斤。⑥

嘉庆朝以来，每年官铅采购量比运销量低 100 余万斤，不敷部分仍由存贮官铅凑拨，导致官铅存量进一步降低。如嘉庆八年三月底，

---

① 乾隆二十四年正月二十一日，署贵州巡抚周人骥《题为详明筹办厂务等事》，中国第一历史档案馆藏，档号：02 – 01 – 04 – 15200 – 002。

② 乾隆二十五年三月十二日，贵州巡抚周人骥《题为详请题明等事》，《内阁大库档》，档案号：NO000115618。

③ 乾隆二十四年正月二十一日，署贵州巡抚周人骥《题为详明筹办厂务等事》，中国第一历史档案馆藏，档号：02 – 01 – 04 – 15200 – 002。

④ 《大清高宗皇帝实录》卷一千三百十一，乾隆五十三年八月，贵州巡抚李庆棻奏。

⑤ 乾隆四十二年九月二十五日，护理贵州巡抚印务布政使司郑大进《题为详明筹办厂务等事》，中国第一历史档案馆藏，档号：02 – 01 – 04 – 16890 – 005。

⑥ 嘉庆五年二月十二日，护理贵州巡抚印务贵州布政使常明《题为详明筹办厂务等事》，中国第一历史档案馆藏，档号：02 – 01 – 04 – 18309 – 002；嘉庆十三年六月二十八日，大学士管理户部事务禄康《题为详明筹办厂务等事》，中国第一历史档案馆藏，档号：02 – 01 – 04 – 18888 – 013。

贵州厂店存净铅 1678 万余斤，毛铅 705 万余斤，合计 2384 万斤；该年四月至次年三月，新收官铅 678.7 万斤，开除 792 万斤。① 嘉庆十六年闰三月，官铅存量为 1590 万万余斤，其中包括 358 万的毛铅。② 嘉庆二十年，云贵总督伯麟奏："查黔省每年需京楚川及省局鼓铸白铅八百余万斤，妈姑以及猓纳等厂年仅出铅四百五十万斤，福集厂仅出铅一百八十余万斤，尚不敷铅一百七八十万斤。"③ 至道光四年三月，官铅存量已降至 1183.8 万斤。④ 道光九年开始，在一成抽课的刺激下，黔铅产量一度回升，官铅采购量亦相应增加，官铅存量有所增加。如道光十二年，存永宁局净白黑铅 944 万余斤，而道光二十五年，增至 1616 万余斤。⑤

表 3－6　清代贵州官铅存储量变化

单位：万斤

时　间	存　量	时　间	存　量
乾隆元年	1200	乾隆五十一年	3517
乾隆五年	699	乾隆五十六年	2614
乾隆六年	928	乾隆五十七年	2684
乾隆十年	370	乾隆五十九年	1671
乾隆二十一年	3488	乾隆六十年	1572
乾隆二十二年	6615	嘉庆八年	2384
乾隆二十五年	7016	嘉庆九年	2728

① 嘉庆二十四年三月十五日，大学士管理户部事务托津《题为详明筹办铅务等事》，中国第一历史档案馆藏，档号：02－01－04－19911－017。
② 道光三年二月十三日，贵州巡抚嵩孚《题为详明筹办厂务事》，中国第一历史档案馆藏，档号：02－01－02－2881－013。
③ 嘉庆二十年六月初七日，云贵总督伯麟《莲花铅厂自嘉庆十八年六月起至十九年五月底出铅抽课变价以及管厂人役工食等项铅斤银两事》，中国第一历史档案馆藏，档号：02－01－04－19592－028。
④ 道光十二年二月初二日，护理贵州巡抚印务云南布政使钟祥《题为详明筹办厂务等事》，中国第一历史档案馆藏，档号：02－01－04－20538－005。
⑤ 道光十七年，贵州巡抚贺长龄《题为详明筹办厂务等事》，中国第一历史档案馆藏，档号：02－01－04－20900－032；咸丰元年六月二十三日，贵州巡抚乔用迁《题为详明筹办厂务等事》，中国第一历史档案馆藏，档号：02－01－04－21489－014。

续表

时　间	存　量	时　间	存　量
乾隆二十六年	6576	嘉庆十六年	1591
乾隆三十年	5501	嘉庆二十二年	1622
乾隆三十一年	5441	嘉庆二十三年	1623
乾隆三十五年	3785	道光五年	1184
乾隆三十六年	4074	道光六年	1179
乾隆三十九年	3901	道光十三年	1302
乾隆四十年	3151	道光二十五年	1975
乾隆五十年	3501	道光二十六年	2081

从表3-6看，贵州官铅存储量变化明显，在调节官铅购销关系方面发挥了至关重要的作用。具体而言，乾隆元年至乾隆十年，官铅存量呈下降趋势，这是因为停止余铅收购后官铅运销量远大于每年新收课铅量的结果；乾隆十一年开始，因黔铅产量大增，加之恢复余铅收购政策，官铅收购量远大于销量，且每年储备300万斤，官铅储量急剧增加；乾隆二十五年之后，官铅储量逐渐下降，虽然乾隆朝后期和嘉庆朝前期有小幅回升，但仍然无法改变整体趋势。

第四章

清代黔铅运销与管理

清代黔铅运销分为官铅和商铅两类，因资料所限，本章只讨论官铅运销及其管理。清代贵州官铅运销较为复杂，可分为内销和外销，内销是指运销宝黔局的铅斤，属于省内厂局间运输；而外销又有京运、楚运、川运三种，除云南直接至各厂买运外，其他外销铅斤均先从各厂转运至四川永宁铅局，称为分运或递运；京楚二运在永宁领运，分批运送京局和汉口，称为长运，各省再赴汉口买运。同时，清代黔铅运销遍及全国，范围广、距离远、时间长、种类多，考察传统时代大规模、跨区域运输的组织、协调、监督与管理是本章的重点。

第一节　联运枢纽与局店销售

清代黔铅运销地点几乎遍及全国，而贵州却僻处西南一隅，运输距离遥远。清代出于成本、时间和安全的考虑，选择在水陆联结点的四川永宁设立铅局，存贮各厂铅斤，然后集中外运。因此永宁铅局至关重要。

一　永宁铅局与四川采买

清代黔铅主要矿厂集中于大定府。大定府僻处贵州西北部，北隔赤水河与四川省叙永直隶厅永宁县接界。黔铅产量最大的莲花、柞子二厂位于威宁州，福集厂地处水城厅，三厂距永宁城的直线距离仅为 150 公里左右，黔铅陆运永宁后，沿纳溪河、长江、运河可直达全国。因此，永宁作为黔铅外销的水陆联运枢纽具有地理优势。

明清时期，威宁经毕节至永宁一线是川滇黔三省交通要道。明初在这一线广设卫所，置兵守卫，如永宁卫、普市守御所、摩尼所、赤水卫、毕节卫、乌撒卫等。永宁城外的永宁河（又称纳溪河）流至泸州汇入长江。洪武二十四年（1391），"（曹）震至泸州按视，有支河通永宁，乃凿石削崖，以通漕运"。① 可见，早在明初，四川永宁就已成为云贵北上的水陆交通枢纽。清代前期，这一线的重要性更加突出。雍正三年，贵州威宁镇总兵石礼哈奏："康熙五十八年（金世扬）升授黔省巡抚时，王日生又同至黔省，到威宁府开采天桥、腻书、阿都、柞子等厂，至四川重庆府发卖，亦伏巡抚之势，所过威宁府与永宁、毕节县等处之税俱不纳国课。"② 说明早在康熙末年，威宁所产铅斤经毕节、永宁运往重庆销售。雍正四年，贵州巡抚威宁镇总兵石礼哈称，四川省东川府向省城请领官兵饷银，"必由黔属之威宁府、毕节、永宁等县方入川境"③。可见，早在清代前期，威宁至永宁一线已经成为川滇黔三省人员往来、商贸运输的必经之地。

雍正五年之后，滇铜黔铅大旺，云贵督抚收购铜铅，转运永宁、汉口等地销售。如雍正七年，云贵总督鄂尔泰奏："其湖北铜运，该省愿买滇铜，臣现在发运一百余万至永宁水路，听其收领，湖南、广东俱委员差役赴滇买铜，臣俱令粮道如数发卖。"④ 次年，贵州总督张广泗奏："其马鬃岭、丁头山等厂并续开之大鸡、砂硃、大兴等厂，每年产铅除完交课项外，尚约有余铅三四百万斤，各厂所费工本，多寡不一，其收买价值议定

---

① 《明史》卷三百十二《四川土司传二》。
② 雍正三年四月二十二日，贵州威宁镇总兵石礼哈《奏报恶棍王日生开矿贩卖等劣迹事》，《雍正朝汉文朱批奏折汇编》第四册，第 813 页。
③ 雍正四年三月二十日，署理贵州巡抚威宁镇总兵石礼哈《奏为钦奉上谕事》，《雍正朝汉文朱批奏折汇编》第七册，第 6～8 页。
④ 雍正七年十一月初七日，云南总督鄂尔泰《奏为报明七年分盐铜课息事》，《雍正朝汉文朱批奏折汇编》第十七册，第 161～162 页。

每百斤一两四五钱不等，另加驮脚盘费运往永宁汉口等处销售。"① 也就是说，自雍正六年起，永宁已经成为滇铜黔铅运销的主要地点和水陆枢纽。光绪《续修叙永永宁厅县合志》载："铅局在城西盐店街，康熙初年创立，转运贵州京铅，设局驻永。"② 永宁铅局设立时间有误，但不会晚于雍正时期。

黔铅京运、楚运开启之后，仍以永宁为水陆联运枢纽。如乾隆四年，贵州总督张广泗奏："黔省历年办运京局铅斤，皆由威宁雇马驮赴永宁，由船载运。"③ 因各厂铅斤陆运永宁前后不一，势必于水陆转运处设局，以供收拨。乾隆十四年，贵州巡抚爱必达奏："永宁水次设书办一名，月给工食银二两四钱，巡役一名，月给工食银一两八钱，统于课铅项下开支。"④ 如乾隆二十九年，贵州巡抚刘藻奏："水城厅、威宁州两处年办厂铅甚多，向由该厅州雇马驮运永宁县水次，……至永局交兑事宜，并在路未到之铅，统令该府经管督催。"⑤

永宁虽设铅局，但无专管官员。乾隆三十五年，贵州巡抚李湖奏："虽永宁设有局房，总司收兑，亦未派员经理，责令查催开报，上偷下玩，荡无法守，每致有运无交，积成锢弊。"⑥ 故其建议："永宁局收兑铅斤，应派员驻扎，专司经理也。查永宁设局原为存贮京楚铅斤、兑给委员领运而设，每岁计共收兑七百余万斤，责成綦重。向来止系大定府拨发亲友、家人在局管事，并无专员秤收发兑，既非慎重经理之道；其收局兑运数目并不随时开报，遇有迟延缺误，各衙门无从稽考，遂致弊窦滋生，殆难究诘。应请于永宁局派委佐贰一员，前往驻扎，按年更换，专司收兑铅斤，查对厂簿，如有已发未到之铅，即知会原拨地

---

① 雍正八年三月二十七日，贵州巡抚张广泗《奏报地方政务折》，《宫中档雍正朝奏折》第16辑，第82页。
② 邓元镠、万慎纂修《续修叙永永宁厅县合志》卷五《建置志·公署》，光绪三十四年铅印本。
③ 乾隆四年十一月十二日，贵州总督兼管巡抚事务张广泗《为遵旨议奏事》，《明清档案》：91－65。
④ 乾隆十四年九月二十四日，贵州巡抚爱必达《题为详请题报开采白铅矿场以济鼓铸事》，中国第一历史档案馆藏，档号：02－01－04－14331－005。
⑤ 《大清高宗皇帝实录》卷七百五，乾隆二十九年二月，署贵州巡抚刘藻奏。
⑥ 乾隆三十五年九月，贵州巡抚李湖《奏为请定铅运章程以清积弊仰祈圣鉴事》，中国第一历史档案馆藏，档号：04－01－35－1277－015。

方官，向马柜夫行脚户跟究，并行各卡查催，仍将逐日收兑铅数，按旬汇报抚司道府存核，所需养廉及巡卡工食即于铅驮节省项下酌给报销。"① 乾隆三十七年，护理贵州巡抚布政使觉罗图思德奏定："新设局员书役宜定给养廉工食也。查水城威宁厂员既有额设养廉，今永宁局新添佐杂一员，自宜岁给养廉银六十两；该局原有书巡毋庸添设，委员即照厂员之例，定以一年一换，……查委员、书役养廉工食等银，……应请在于贵西道存贮汉口销售获息银内就近支给，每年仍按原额造册，移司报销。"②

永宁铅局设专职委员，负责接收、拨兑铅斤事宜，并按时上报收拨数目。如乾隆三十九年，四川总督文绶亦奏："黔省办运各省铅斤，俱由川省永宁县雇船转送，因系水陆通衢，向来设局存贮。"③ 再如乾隆四十九年，贵州巡抚永保奏："黔省威宁各厂黑白铅斤，由威宁运毕节，达川省永宁铅局。……并檄饬永宁局委员，将已收者随时查报，以归核实。"④ 嘉道时期，永宁铅局一直存在。如同治《钦定户部则例》载："永宁局委员岁支养廉银六十两，于粮道、贵西道养廉银六百两内按股匀给。"⑤

永宁铅局不仅是转运枢纽，也是黔铅外销地点之一。前文曾引雍正八年贵州总督张广泗奏，称官购余铅转销永宁、汉口等地。黔铅京运开始之后，永宁售铅仍在继续。乾隆七年四月，贵州总督张广泗奏：乾隆五年四月至次年三月，"永宁卖过砂碟、莲花二厂运存旧余铅三十四万五百斤，每百斤卖银三两九钱，……实获余息银五千七百三十二两三分"⑥。同年十月，贵州总督张广泗又奏报：乾隆五年四月至次年三月，永宁"卖过川局并京局折耗铅四十六万七千四百三斤零"⑦。显然永宁售铅，主要针对四川采买。乾

---

① 乾隆三十六年七月初十日，贵州巡抚李湖《奏为清厘运铅积弊事》，中国第一历史档案馆藏，档号：04-01-30-0481-021。

② 乾隆三十七年四月初三日，护理贵州巡抚印务布政使觉罗图思德《奏为敬筹运铅善后事宜仰祈圣鉴事》，中国第一历史档案馆藏，档号：04-01-35-1283-020。

③ 《大清高宗皇帝实录》卷九百七十三，乾隆三十九年十二月，署四川总督文绶奏。

④ 《大清高宗皇帝实录》卷一千二百二十一，乾隆四十九年十二月，贵州巡抚永保奏。

⑤ 同治《钦定户部则例》卷三十五《钱法二》，同治十二年校刊本。

⑥ 乾隆七年四月初四日，协理户部事务纳亲《题为会查黔省莲花等厂收存课余铅斤数目及存剩工本等银数目事》，中国第一历史档案馆藏，档号：02-01-04-13450-013。

⑦ 乾隆七年十月初六日，贵州巡抚张广泗《题为奉旨查明配运莲花砂碟二厂乾隆七年京局白铅斤数应需脚费数目事》，中国第一历史档案馆藏，档号：02-01-04-13453-010。

隆十年，江西奏请采买云贵铜铅，户部议奏："但两省每年办解京局铜铅为数甚多，且本省及四川等处需用，此外有无余剩可供别省之处。"① 贵州宝黔局用铅显然不必舍近求远，那么，只有四川赴永宁买铅。乾隆十六年，四川总督策楞奏报：四川乾隆十一年"采买黔省白铅二十四万九十斤，每斤价银三两九钱，共银九千七百一十一两，黑铅三万四千九百一十三斤零，每百斤价银三两四钱九分九厘零，共银一千二百二十一两八钱一分六厘零。又运黔省黑白铅二十八万万千九百一十三斤零，由永宁水运至钱局，每百斤水脚银四钱八分，共水脚银一千三百六十二两七钱八分二厘零"。②

永宁售铅数量因川省鼓铸需求而变。乾隆二十年，四川"增炉十座，共四十座，每年加铸十八卯，每年需铜一百四十万斤"③，推算每年鼓铸用铅 134 万余斤。除了本省所产之外，大量购买黔铅。如乾隆二十一年四月至二十二年三月，"永宁等处销售余铅一百二万九千五斤，每百斤价银三两九钱，……获余息银九千八百七十三两一分六毫零"④。嗣后川省铅厂旺盛，减少了购买黔铅的数量。如乾隆三十年四月至三十一年三月，永宁销售川省白铅仅为 49.8 万斤。⑤ 乾隆五十二年四川总督保宁奏称："查川省配铸白铅旧例，除本省白沙、旺盖二厂产外，每年赴黔省采买白铅四十九万八千斤，以供配用。兹准黔省咨称，各厂衰疲，此后每年仅可拨买二十七八万运本省。"⑥ 黔铅产量下降，售川铅斤进一步减少。如乾隆五十六年四月至五十七年三月，"四川省采买酌拨水洞帕厂存贮永局毛白铅二十八

---

① 《大清高宗皇帝实录》卷二百四十二，乾隆十年六月，大学士等议奏据江西抚臣塞楞额奏称。
② 乾隆十六年八月二十六日，四川总督兼管巡抚事策楞《题为请增鼓铸以便兵民事》，《明清档案》：A174 - 84。
③ 嘉庆《四川通志》卷七十《食货·钱法》。
④ 乾隆二十四年正月二十一日，署贵州巡抚周人骥《题为详明筹办厂务等事》，中国第一历史档案馆藏，档号：02 - 01 - 04 - 15200 - 002。
⑤ 乾隆三十一年八月二十日，贵州巡抚方世儁《题为奏销黔省莲花等厂乾隆三十年四月至三十一年三月收过奉拨司库铅斤工本等项银两事》，中国第一历史档案馆藏，档号：02 - 01 - 04 - 15876 - 003。
⑥ 乾隆五十二年七月，工部《移会稽察房四川总督保宁奏宝川局鼓铸前因黑铅不敷添用白铅今局库现存黑铅尚属充裕且白铅不敷配铸请仍照往例减配以资调剂》，《内阁大库档案》，编号：000138705。

万斤"①。嘉道年间,永宁售川铅斤数量保持稳定。如嘉庆八年、嘉庆二十二年、道光四年(1824)、道光十二年、道光二十五年,永宁销售川省白铅均为 266666 斤。②

四川由永宁购铅,运至成都省局,称为川运。嘉庆《钦定大清会典事例》载:"四川采买贵州白铅,每一百斤照旧给价银三两九钱,自永宁运至成都,每一百斤给水脚银四钱八分。"③ 其路线大致自永宁铅局沿纳溪河、长江、资江水运至成都。其管理与各省采买滇铜黔铅一致,如四川委员成都府龙泉驿巡捡柴中博赴黔采运乾隆三十六年白铅 49.8 万斤逾限,按例参处。④

二 汉口铅局与各省购运

贵州贩运黔铅至汉口销售早已有之。如雍正七年,贵州巡抚张广泗提议:贵州"所有各厂课铅应请留铅供用,其余铅亦应照滇例借动库银项收买,……运往永宁、汉口等处销售"。⑤ 主要卖给京商,但因京铅改由贵州办运,汉口售铅一度中断。乾隆朝以来,各省纷纷设局鼓铸,需铅甚多,汉口铅价日渐上涨。如乾隆十年户部尚书刘于义奏:"至于配铸之黑白铅锡,俱买于湖北之汉口,连年各省一齐开铸,以致汉口铅价日贵一日。"⑥

---

① 嘉庆五年二月十二日,护理贵州巡抚印务贵州布政使常明《题为详明筹办厂务等事》,中国第一历史档案馆藏,档号:02 - 01 - 04 - 18309 - 002。

② 嘉庆二十四年三月十五日,大学士管理户部事务托津《题为详明筹办铅务等事》,中国第一历史档案馆藏,档号:02 - 01 - 04 - 19911 - 017;道光八年大学士管理,户部事务禧恩《题为查核黔省铅厂嘉庆二十二年至二十三年铅厂收存工本银两数目事》,中国第一历史档案馆藏,档号:02 - 01 - 04 - 20345 - 030;道光十二年二月初二日,护理贵州巡抚印务云南布政使钟祥《题为详明筹办厂务等事》,中国第一历史档案馆藏,档号:02 - 01 - 04 - 20538 - 005;道光十七年,贵州巡抚贺长龄《题为详明筹办厂务等事》,中国第一历史档案馆藏,档号:02 - 01 - 04 - 20900 - 032;咸丰元年六月二十三日,贵州巡抚乔用迁《题为详明筹办厂务等事》,中国第一历史档案馆藏,档号:02 - 01 - 04 - 21489 - 014。

③ 嘉庆《钦定大清会典则例》卷一百七十五《户部·钱法》直省办铜铅锡。

④ 乾隆三十七年七月四日,阿尔泰《奏为川省宝川局辛卯年鼓铸需用白铅委龙泉驿巡捡柴中博赴黔采运逾限事》,《军机处档折件》,编号:000017589。

⑤ 雍正八年三月二十七日,张广泗:《奏报地方政务折》,《宫中档雍正朝奏折》第16辑,第462页。

⑥ 乾隆十年六月二日,吏部尚书兼管户部尚书事务刘于义《奏为遵旨议奏事 江西采买滇铜黔铅鼓铸事》,《明清档案》:A138 - 26。

因此，乾隆十一年贵州总督张广泗奏请：贵州每年余铅"尚有百万余斤，动藩库公项银，尽数收买，运至四川之永宁下船，抵赴汉口发卖，以供江浙等省钱局采办之用"。① 乾隆十四年，经爱必达奏请，楚运每年增至 200 万斤。②

黔铅楚运至汉口，设局销售。据嘉庆《钦定大清会典事例》记载，乾隆十一年，楚运工本运费由贵州藩库暂借，运汉黔铅售价以成本为准，每百斤白铅价银 3.656 两、黑铅 4.944 两，所收铅价作为次年办运费用；乾隆十五年规定，贵州运赴汉口铅斤，交坐局委员售卖，每铅百斤给养廉工食银 0.04 两，与运员平分；乾隆二十一年规定，委员坐局售卖，由汉阳同知就近管理，铅价收存汉阳府库，由下任运员解领回黔。③ 乾隆十八年，贵州巡抚定长奏称："窃照黔省地处苗疆，正杂各员缺半多紧要，凡遇缺出，题补委署，在在需人，兼有每年上、下两运委解京铅，往返需得两年，又坐汉销售递年更换，并一切差委事件，需员甚多。"④ 显然，汉口铅局设有专职委员负责售卖，但嗣后改为运员坐局售卖，售完解银回铅报销。如乾隆四十四年规定："贵州委员运汉销售铅斤，系全数卖毕，携价回省报销，未免守候需时，应改为后运交存现运委员，铅抵汉口，即将前运未卖之铅，交与现员代卖，前运委员即携已卖之价回省销差，并饬现员先尽前运存铅卖毕，再行接卖自运之铅，仍令前员报销以清年款。"⑤

但是，楚运年额最高时达 300 余万斤，无法一次全运，又需坐局销售，难以兼顾。如乾隆五十五年规定："黔省运楚销售铅斤，委员在黔领银，前赴永宁接收铅斤，运至汉口镕化，但每年所运不能一次完竣，头帮到汉口，该员即坐局销售，其余铅斤均令家属在永宁陆续接兑，运至重庆，应

---

① 《皇朝文献通考》卷十七《钱币考五》，乾隆十一年条。
② 乾隆十四年六月，户部《题复贵州巡抚爱必达将黔省各省厂余铅酌定官商分买备贮运销及请拨工本等项事》，《内阁大库档案》，编号：000102915。又载《大清高宗皇帝实录》卷三百四十二，乾隆十四年六月，户部议覆贵州巡抚爱必达奏称。
③ 嘉庆《钦定大清会典则例》卷一百七十五《户部·钱法》直省办铜铅锡。
④ 定长：《贵州巡抚定长奏稿》卷一《奏为请旨拣发以资委员事》，乾隆十八年十二月初四日，国家图书馆抄本。
⑤ 嘉庆《钦定大清会典则例》卷一百七十五《户部·钱法》直省办铜铅锡。

令委员将家属姓名移知永宁局员，并四川重庆巴县等处，照京运之例，于泸州换船时，将铅斤条数知会巴县，按照木牌查验，仍将该运铅斤，已运若干，应存若干，通盘覈计，如有短少，即行究办。"① 即使加强兼管，但仍无法完全化解，故嘉庆十年规定："贵州每年运赴湖北汉口销售铅斤，黔省委员至汉口交代，湖北委员接收清楚，即行起程回黔，毋庸在汉口守候销售，其接收铅斤及兑发各省委员采买事宜，令汉阳同知就近坐局管理，每届岁底责成汉阳府盘察结报，所有售获铅价寄贮湖北藩库，黔省下运委员到楚，领解回黔归款。"② 也就是说，汉局售铅改由汉阳同知负责，汉阳府兼管。

因楚运黔铅售银存贮湖北藩库，经常被湖北借用，不能按时回黔，影响楚运。如道光二十四年贵州巡抚贺长龄奏："臣查黔省办运楚铅所需工本脚费，系于京铅工脚银内通融借拨，专俟售获铅价归还。嗣因汉局存铅过多，停运数年，迨后仍陆续运往，迄无铅价解回，以致奏拨京运正款递年虚积。覆计汉局尚存铅四百余万斤，除未售之铅不计，以及黔员借项三千六百余两作正开销外，实有售存银三十六万二千余两，均经楚省借动，归还无期，此后额办楚铅无项可垫，现今供厂局工资甚属支绌，若不提回铅价接济，恐致贻误额运。"③

各省委员采买楚铅，备银赴汉，与坐局委员交涉，按部定价格采买。乾隆五十二年，贵州巡抚李庆棻奏："黔省每年应办楚铅二百五十万斤，委员解赴湖北汉口铅局，以供各省采买鼓铸之用，其销售铅价银两，向责成湖北汉阳府同知查验，解交汉阳府库暂贮，俟委员销售事竣，领解回黔报销。请嗣后委员到汉口采买铅斤价银，仍令汉阳府同知查验，径解湖北藩库收存，俟黔省后运委员到楚，立即催令前运交代清楚，给咨领解银两，回黔报销。"④ 当时汉局铅斤销售由各运员负责，但铅价银却由汉阳府同知经手，显然有杜绝私卖之意。

---

① 嘉庆《钦定大清会典则例》卷一百七十五《户部·钱法》直省办铜铅锡。
② 嘉庆《钦定大清会典则例》卷一百七十五《户部·钱法》直省办铜铅锡。
③ 贺长龄：《耐庵奏议存稿》卷十《楚省借动铅价银两请催解来黔折》，道光二十四年十月二十六日。
④ 《大清高宗皇帝实录》卷一千二百七十三，乾隆五十二年正月。贵州巡抚李庆棻奏。

各省汉口购铅后，运往省局的路线各异。江苏、浙江运铅，沿长江水运至镇江，再沿江南运河水运至苏州与杭州；江西、福建运铅，沿长江、赣江、闽江及其支流，分别达南昌与福州；陕西运铅，溯汉水北上均州，经商州至西安；直隶运铅，沿长江、运河、大清河水运保定府；山西运铅，沿长江、运河水运至直隶河间府故城县郑家口，再陆运经正定府获鹿县而至太原；湖北运铅，由汉口水运至武昌城；广东自汉口溯湘江而上，经长沙，越灵渠，至桂林，沿西江支流及干流至广州。①

第二节　陆路分运与管理

清代黔铅外运以四川永宁为主要水陆联运枢纽，京楚二运均由永宁铅局拨兑。但是，永宁局铅是由各厂分运而来。因此，首先必须了解清代贵州厂店、厂局之间的黔铅运销，笔者将其统称为陆路运输。

一　威宁道

1. 运输线路

威宁至永宁，直线距离虽近，但要翻越乌蒙山区，其间羊肠鸟道，运输费时。据乾隆九年调查：

> 查自威宁税门首起至顿子坎一站四十里，顿子坎至瓦甸一站五十里，瓦甸至七家湾一站一站六十里，七家湾至平山铺一站五十里，平山铺至新屯一站六十里，新屯至毕节一站六十里，毕节至层台一站四十四里，层台至白岩一站四十里，白岩至赤水河一站四十里，赤水河至摩尼一站四十五里，摩尼至普市一站五十里，普市至大湾一站四十里，大湾至永宁一站四十里，计一十三站共设六十四塘，计程六百一十九里，处处皆高岗峻岭，石磴嶙峋，兼之岚重菁深，雾多泥滑，且

遇过河之处岸高沟险，卸渡艰难，迥非他出可比。惟自顿子坎至瓦甸、瓦甸至七家湾、七家湾至平山铺、平山铺至新屯、新屯至毕节、摩尼至普市，此六站之内，间有坦坡，是以一日尚能行五六十里为一站；至若由威宁至顿子坎、毕节至层台、层台至白岩、白岩至赤水河、赤水河至摩尼、普市至大湾、大湾至永宁，此七站之内鸟道崎岖，危坡曲磴，步若登梯，如行螺旋，叠溪深坎，处处碍行，竭尽一日，或力虽只四十余里即为一站，而人马之劳疲更甚于日行七十里之离，是以往来商旅皆必旧定之程，以为歇站，而不能破站越程。自威至永实须一十三站，此历来久走之程途，并非因解运铜铅而始，足此毕威实不能日行两站，或日行站半。①

此则史料中的地名，大多保存至今。如瓦店在今赫章县双坪乡瓦店村，七家湾在今赫章县白果镇七家湾村，平山铺即今赫章县平山乡驻地平山村，毕节即今毕节市七星关区驻地，层台即今七星关区层台镇驻地，赤水河在今叙永县赤水镇驻地，摩尼在今叙永县摩尼镇摩尼村，普市在今叙永县正东镇普市村。按其途经地点，威宁—毕节基本沿今 G326 国道自西向东而行，毕节至叙永沿 G76 国道自南至北而行。尤其是毕节至叙永段因翻越乌蒙山、跨越赤水河，路况崎岖，不但日行仅"四十余里"，且无法通行大车，只能人背马驮。

威宁州铅厂大多处于威宁至毕节的驿道旁边，由厂到站的路线无须多论。如莲花、柞子二厂分别位于今赫章县妈姑镇莲花村和海子村，距离瓦店站分别为 4 公里和 10 公里。乾隆十年新开的福集厂地处水城厅，远在妈姑以南。乾隆十一年，贵州总督张广泗奏："水城运铅至威宁州属柞子厂，相距两大站。"② 可能开厂之初，福集厂铅经由柞子厂北上。但乾隆十四年，贵州巡抚爱必达奏："再查由（福集）厂至毕节县，经过者罗密箐，小径错出交互，每多将铅埋藏深箐，分往私卖；而毕节又系铜铅总汇之区，短运夫马俱在此处转雇；孙家湾亦系三岔路口，赤水河乃川黔交界，

---

① 乾隆九年六月十六日，云南总督张允随《为京铜运脚不敷等事》，《明清档案》：A131 - 102。

② 《大清高宗皇帝实录》卷二百六十一，乾隆十一年三月，户部议覆贵州总督张广泗疏称。

驮马易于偷费之所，今水城新开猓木底、福集两厂，铅斤旺发，每月发运三四十万余斤，实非他厂可比，且十余站始运铅至永宁，自应照莲花厂之例，于铅斤经过之者罗密箐设立书办一名、巡役二名，毕节县设立书办一名、巡役二名，孙家湾设立书办一名、巡役二名，赤水河设立书办一名、巡役二名，永宁设立书办一名、巡役一名，以济办理，所设书巡各役均于发运之日起，书办每月给工食银二两四钱，巡役每月给工食银一两八钱，统于每年办运京局节省水脚银内造册报销。"① 爱必达称福集厂运铅至毕节经过者罗箐。据光绪《水城厅采访册》载："者落箐塘，由马鬃至此凡十里，设兵二名。又五里接大定协分防白布河汛沙子塘界，北路共五塘二汛，计程八十里，此为赴本府及毕节路。"② 马鬃即马鬃岭塘，在今纳雍县骔岭镇驻地旁，地处贵州 S307 道上。据此推断，者罗箐应在雍熙县城雍熙镇西，而雍熙可北上毕节、东达织金。因此，福集厂运铅应从今水城区老鹰山镇沿 S307 道至纳雍县县城，再向北沿 S211 道至毕节县城。爱必达又称由毕节运铅至赤水河畔，路过孙家湾，该处为三岔路口，然孙家湾地名今已不存。

乾隆三十六年，贵州巡抚李湖奏："查自各厂起运铅驮会归毕节地方，向分中、西、北三路行走，靠北一路山径丛杂，由滇省慕乡经过，每多偷藏滋弊，应行堵截，驮铅夫马悉归中路转运，以杜分歧。惟牛驮一项须就西路水草，在毛鸡场分走，至干溪铺会合中路前进。"③ 慕乡、鸡毛场、干溪铺等地名今已不存。然据乾隆《毕节县志》记载，毕节"城东十里至观音桥，十里至迎宾铺，十里至木稀铺，十里至梅子沟，十里至层台讯，二十里至孙家铺，十里至小哨沟，五里至大哨沟，十里至小铺塘，十里至环秀桥，十里至白岩铺，……过河即至四川永宁界"；"城北二十里至龙官桥，与镇雄威宁诸夷猓地方犬牙交错，直至八九十里之外，山深箐密，不通大路，防御不可不严"；并言"毛鸡厂即迎宾铺"④。道光《大定府志》

---

① 乾隆十四年九月二十四日，贵州巡抚爱必达《题为详请题报开采白铅矿场以济鼓铸事》，中国第一历史档案馆藏，档号：02－01－04－14331－005。
② 光绪《水城厅采访册》卷七《武备门》兵制。
③ 乾隆三十六年七月初十日，贵州巡抚李湖《奏为清厘运铅积弊事》，中国第一历史档案馆藏，档号：04－01－30－0481－021。
④ 乾隆《毕节县志》卷一《疆域·屯堡》、卷五《营汛》附塘铺。

载："毕节至赤水汛，出东门壬行，十里至观音桥，有铺有塘，十里至迎宾馆，有铺有塘，十里至木犀，有铺有塘，十里至梅子沟，有塘，十里至层台，有铺，二十里至孙家铺，有铺有塘，十里至小哨沟，五里至大哨沟，有塘，十里至小铺，有铺有塘，十里至环秀桥，有塘，十里至白岩，有铺有塘，……。又自迎宾馆左行二十里至毛栗坪，十里至冷水河，十里仍辖孙家铺。"① 查阅今地图，迎宾铺在今毕节市海子街镇迎宾村，木稀铺在今八寨镇木樨村，层台汛在今层台镇层台村，小哨沟在今燕子口镇小哨村，白岩铺在今亮岩镇亮岩村，毛栗坪在今八寨镇毛栗坪村，冷水河在今八寨镇冷水河村。因此，孙家铺应在今层台村、冷水河村和小哨村之间的五里村附近，且毕节城至赤水河间的中路应由观音桥、迎宾村、木樨村、五里村、小哨村、燕子口镇至亮岩镇，西路由迎宾村向北，经毛栗坪村、冷水河村至五里村与中路汇合。因毕节城北20里即入镇雄州境，李湖所言慕乡应在今毕节市七星关区八寨镇及其以西地区。

2. 路况与运价

威宁至永宁一线是川滇黔三省交通要道，商贸往来频繁。乾隆初年，黔铅、滇铜相继京运，该路货运量大增，运力严重不足。乾隆三年，户部议复贵州总督张广泗奏："贵州总督兼管巡抚事张广泗疏报，黔省办运铅斤，部议停运一年。未奉部文之先，已将己未年正耗铅斤改由贵阳直运楚省，请仍照旧解。查威宁一路，有江、安、浙、闽四省承办铜斤人员，并商驮货物均于此处雇运，马匹无多，脚价必贵，是以议令停运一年。"② 次年，因滇铜亦由东川—昭通—镇雄分运。但正如张广泗所称："地方马匹止有此数，铜斤虽经分运，威宁驮马实已截去两路，而欲以大定等处一路马匹，每年接运滇铜二百万斤，接运黔铅一百八十三万斤，又耗铅九万一千五百斤，并川省鼓铸铜铅六十万斤，黔省毕局铜铅四十余万斤，另案题请添炉十座，又需铜铅十余万斤，合计威宁每年仍有办运铜铅五百三十余万斤，驮马不敷，实有壅阻需滞之处。"③ 威宁至永宁一线运力不敷可见

---

① 道光《大定府志》卷十七《疆土志第七·关路记》。
② 《大清高宗皇帝实录》卷八十二，乾隆三年十二月，户部复议贵州总督兼管巡抚事张广泗疏奏。
③ 乾隆四年十一月二十日，贵州总督张广泗《奏为遵旨议奏事》，《明清档案》：A91－65。

一斑。

乾隆八年，贵州总督张广泗建议提高运价，吸引驮马，解决威宁至永宁一线运力不敷的难题。但户部议复："一、'黔省加运铅斤，由威宁发运者二十余万，运脚维艰，请照滇省题请运铜百斤，每站给运脚一钱二分有零之数，一例给发。'查滇抚张允随所题，经部咨行令确查，尚未题覆，今应令张广泗一并会议具题，再议。一、'莲花、砂朱二厂铅斤均由威宁一路雇运，因滇铜拥挤，必须陆续起解，额设人役，不敷稽查，每有脚户偷窃等弊。今请于威宁所属之威家湾，并毕节、永宁二属，共设书役十三名，逐站注单递交，其工食于水脚节省项下动支。'应如所请。"① 张广泗意图援引铜运之例，提高威宁段陆运运价，但户部称尚未批复，令云贵督抚相同确查议奏，同时，为了防止脚户沿途盗窃，每站增设书巡一名，逐站确查催运，加强运输管理。

次年，云南总督张允随复奏："查滇黔运铜运铅，固在马匹多寡，但脚户驮运往来，原冀获利，若脚价宽裕则踊跃争趋，倘脚价短少则裹足不前，是马匹之多寡全在脚价之增减。况威宁一路从前黔省只办铅数十万斤，议定铜七铅三，分马雇运，于马匹未到之前，先期差役押令承揽，始得勉强领运，是以黔省运铅可以八分五厘，而滇省运铜断不能一体支销。数年以来，惟因运铜之价多于运铅之价，设法招徕，尚得竭厥办理，若照黔省一体发给，铜斤早已迟误，何能按年解运，是滇省办铜无误，正因加增脚价，所以马匹上能敷用，今黔省加运铅斤既已多需马匹，且因沿途食物草料昂贵，八分五厘之价不能雇运，题请照依运铜脚价一体发给，则滇省办运铜斤雇募自必更难，每百斤每站给银一钱二分九厘二毫零，实难核减，应请照数发给。"并引东川府知府田震、护大定府事平远州知州钮嗣昌联合调查结果："查黔省运铅比照滇省运铜之价，每百斤每站给银一钱二分九厘二毫，虽较原定之价似属加增，然按之时势，实有万难，不独沿途食物草料之贵数倍往时，现今铜铅日增，马匹日少，而脚户揽驮客货每马一匹，每驮只重一百五十斤，自威至永现雇脚价银四两五钱，今办运铜铅每马一匹即照客货，亦只驮一百五十斤计算，每百斤每站给银一钱二分

① 《大清高宗皇帝实录》卷一百八十五，乾隆八年二月，户部议复贵州总督兼管巡抚张广泗疏奏。

九厘二毫，计程一十三站，每驮只获银二两五钱一分九厘四毫，较之驮运客货少获银一两九钱八分有零，是以脚户揽驮客货，而不肯驮运铜铅，若再不及此数，则脚户日益躲避，铜铅雇运愈难，必致迟误鼓铸。"① 云贵督抚确查之后，仍奏请威宁至永宁段陆运运价，从每站每百斤价银八分五厘增至一钱二分九厘二毫。同年七月，户部议复："又据滇黔两省督抚，请增脚价，每站一钱二分九厘零，则该处马匹，亦可雇募敷用。……自后如有迟误，应将威宁、永宁及委驻承运各员参处，经过之地，该员亦协同雇募船马，迟延者一例查参。"② 乾隆十年新设的福集厂位于水城厅，势必一并提高陆运运费。乾隆十一年，户部议复贵州总督张广泗奏称："'水城运铅至威宁州属柞子厂，相距两大站，运铅脚价应照威宁之例，每铅百斤每站给银一钱二分零。'……应如所请。"③

3. 运输组织与管理监督

厂店之间的运输由各厂厂员具体组织实施。如乾隆十四年，贵州巡抚爱必达奏："臣伏查黔省运京铅斤多产自上游莲花、福集、猓木底等厂，向系厂员运至川属之永宁，交与委员接收转运。"④ 其管理则由矿厂所在州县官负责。如乾隆二十九年，贵州巡抚刘藻奏："水城厅、威宁州两处，年办厂铅甚多，向由该厅州雇马驮运永宁县水次，惟相距各十有余站，路远铅多，马易疲毙，每于毕节地方另雇接运，而该处非其管辖，呼应不灵。查水城、威宁、毕节皆大定府所属，请嗣后令水城、威宁将不能径达永宁铅斤运至毕节，交大定府接收雇运，至永局交兑事宜，并在路、未到之铅，统令该府经管督催。"⑤ 刘藻以就近管理原则，将各厂额运的部分铅斤划归大定府办理，并由大定府统管。虽然名义上遵循方便运输、就近管理原则，但同时也提高了陆运的管理级别，反映出政府对陆运的重视。

---

① 乾隆九年六月十六日，云南总督张允随《为京铜运脚不敷等事》，《明清档案》：A131 - 102。
② 《大清高宗皇帝实录》卷二百二十一，乾隆九年七月，户部覆云南总督张允随奏称。
③ 《大清高宗皇帝实录》卷二百六十一，乾隆十一年三月，户部议覆贵州总督张广泗疏称。
④ 乾隆十四年八月二十二日，贵州巡抚爱必达《奏为钦奉上谕事》，中国第一历史档案馆藏，档号：04 - 01 - 35 - 1241 - 003。
⑤ 《大清高宗皇帝实录》卷七百五，乾隆二十九年二月，署贵州巡抚刘藻奏。

但是，乾隆三十一年之后，受中缅战事和刘标亏空案的影响，黔铅省内运输出现严重问题。乾隆三十一年，因中缅战事扩大，政府从内地大量调兵，地处交通线上的黔西北自然承担起军需物资的转运任务，不得不抽调马匹等运输工具以应对。乾隆三十二年八月，上谕："户部奏鄂宝咨请停运汉口铅斤不如暂停京局半年铅运一折，该部通融酌办，所奏甚是，已依议行矣。鄂宝于停运铅斤之事，何以不行奏闻，遽尔咨部，已属不合。且黔省接送京兵，采办马匹不过暂时筹办，原可计日就竣，何致张皇竭蹶若此。即如滇省亦有运解铜斤，并未闻其因承办军需，难于兼顾，黔省何转以此藉口，声张咨部耶。鄂宝著传旨申饬。"① 乾隆皇帝显然低估了贵州的运输困境。如乾隆三十四年，贵州巡抚良卿奏："上年驮马缺乏，稽迟铅运，臣同道府等均干吏议，共知猛省，殚力筹催，赶赴例限，所有积滞京铅，现已趱运清楚，嗣后不致再有贻误。"② 良卿所言，受运送军需的影响，运力匮乏，黔铅厂店运输不济，永宁存铅不足，导致乾隆三十三年京运延迟。楚运亦未能幸免。乾隆三十五年，浙江巡抚奏称委员赴汉口采买铅斤两年未回，皇帝令湖北、贵州两省据实回奏，黔抚"寻奏：黔省铅斤，因近年驮马稀少，先尽京运办解，致楚铅未能克期运贮汉口，本年五月，陆续运铅到局"。③

与此同时，威宁州知州刘标亏空案发。乾隆三十四年九月，上谕："据良卿参奏，承办铜铅之威宁州知州刘标，发运铅斤短缺百数十万，挨查多无著落，而已领脚价、应办省局铜斤又复托词稽缓，抗不解交，显有侵欺支饰情弊。"④ 经审讯，刘标任内"亏缺铜本脚价银四万八千三百九十余两外，约计少铅七百余万斤，核缺工本脚价银十余万两"⑤。现任巡抚良卿、前任巡抚方世儁、前任布政使张逢尧、按察使高积、粮驿道永泰、大定知府马元烈等贵州高官，因参与、勒索、包庇等问题，或被处决，或被革职。

---

①　《大清高宗皇帝实录》卷七百九十三，乾隆三十二年八月，上谕军机大臣等。
②　《大清高宗皇帝实录》卷八百三十七，乾隆三十四年六月，贵州巡抚良卿奏。
③　《大清高宗皇帝实录》卷八百六十五，乾隆三十五年七月，上谕军机大臣等。
④　《大清高宗皇帝实录》卷八百四十二，乾隆三十四年九月，上谕。
⑤　《大清高宗皇帝实录》卷八百四十四，乾隆三十四年十月，上谕。

此次案件对黔铅运输影响巨大，据乾隆三十五年贵州巡抚李湖奏报："刘标案内，经钦差侍郎钱维城等查奏，未运铅二百九十五万七千余斤，脚户分领未见铅一百三十七万六千余斤，此外尚有参革大定府知府马元烈、水城通判王葆元，及续后接办之府厅州各任内铅斤，均多在途停滞，前后统计共九百万九千余斤。推原其故，固由刘标等捏运压兑，纵任脚户停积滋弊所致，亦缘自乾隆二十九年，议将该厅州额办铅斤运至毕节，划分一半归大定府接收转运，辗转交卸，遂致挽运日益稽迟。"① 刘标案使大量应运铅斤积压在途，导致永局无铅可拨。如乾隆三十七年，贵州巡抚觉罗图思德奏："臣查人铅俱见一项，共五百四十万六千五百余斤，除已运到局外，尚有未到铅三百八十三万三千三百三十四斤，现在责成该府厅州严催原领脚户赶运，勒令本年岁底运竣"；"至有铅无人一项，共六十一万零三百五十一斤，各脚户早已逃亡，应于承领之马柜名下着追"；"其人铅俱无一项，共一百九十六万六千四百四十斤，工本运脚共需银五万三千九百三十九两三钱一分，……此实由于各马柜不察来历，混行保领，承运官漫无稽查，各上司亦不认真督催，以致日久虚悬，自应及早摊赔"；"又有人无铅一项，共一百零二万六千三百三十九斤，计工本运脚银二万八千零八十八两零，……应请照人铅俱无之例，饬令历任承运之员及各上司先行赔偿"；并规定，"嗣后遇有交代，令旧官将发运在途铅斤扫数到局，方准新任出结，于正限之外量予加展，如仍敢以在途铅斤徇情交收，一经查出即将新旧各官照虚出通关问拟，……责令威宁水城两厅州直运永宁，责成贵西道及大定府督办"②。觉罗图思德按照类别拟定处理办法，并强调各员所运铅斤全部到局后方准前后交接，由贵西道和大定府督办厂局运输。铅斤积压在途，永宁无铅可拨，导致京楚二运延迟。如贵州巡抚宫兆麟因"办理运京铅斤，奏报起运日期前后不符"，被革职，云贵总督彰宝降一级留任。③

① 乾隆三十五年九月，贵州巡抚李湖《奏为请定铅运章程以清积弊仰祈圣鉴事》，中国第一历史档案馆藏，档号：04－01－35－1277－015。
② 乾隆三十七年四月三日，护理贵州巡抚印务布政使觉罗图思德《奏为再筹铅运事宜仰祈圣鉴事》，中国第一历史档案馆藏，档号：04－01－35－1283－019。
③ 《大清高宗皇帝实录》卷八百七十五，乾隆三十五年十二月，吏部议奏；《大清高宗皇帝实录》卷八百八十一，乾隆三十六年三月癸亥，吏部议奏。

李湖认为厂店运输延迟，一方面受刘标案影响，另一方面与乾隆二十九年规定大定府接收转运一半铅斤有关。至于大定府转运一事，前文已有论述，刘藻本意在于就近组织运输，但却忽略了运输效率。因此，李湖建议：第一、暂停新运以清旧积；第二、历年在途铅斤及已发运费分别追赔；第三、各厂旧存铅斤运费通融给发；第四、取消大定府转运，仍由各厂直运；第五、运费存贮藩库，由贵西道领发；第六、运输沿线设站分段稽查。如沿途"均应按站设立卡房，每处派拨书手一名、巡役二名，铅斤出厂编号，给发印照，填明发运日期、铅斤数目、脚户姓名，逐卡查验，登记号簿。设有某号未到，立即查催，仍将发运铅数按旬造送永宁局查对，永宁局收到铅数，亦按旬造送各厂稽核，均通报抚司道府衙门查考，并令经由适中之毕节县，将入境出境铅驮一体查催开报"①。在新规的严格监管之下，运输效率大增。乾隆三十八年（1773）初，贵州巡抚觉罗图思德奏报："再臣前奏，节年积滞在途铅计四百四十余万斤，已于上年岁内扫数全运到局。"②

同年，觉罗图思德奏请进一步完善厂局运输管理："设立总理以便委员协催。……应请嗣后派委京楚运员月日，较旧例早委三个月，于本任交代清竣后，令亲赴铅厂，会同该厂分管卒人役，并在各卡书差，催押驮夫人等，自厂赶运永局"；"设立滚单以便随时稽查。……应请仿照票号收发式样，将水城、威宁运铅马驮给印票，编号赶运，按站点验，下站查点铅驮马匹两单内所填数目不符，该守站书办应向来役询明：因何缺马驮？现在何处？于滚单内粘签声明，转递下站，于收管内登注，一面禀明，起运各官立即查办补运，至回空时由永宁局仍于滚单内填注年月日期，回马几匹，若有短少，亦于单内注明，该厅州将登运某字号铅若干斤、马若干匹、滚单几张，呈报贵西道查明汇转臣衙门"；"工本运脚应归藩库支放。查妈姑等厂应领厂本并自厂至永宁运脚银两，前抚臣李湖请令该管贵西道驻扎威宁，由道赴司领回，存贮道库，该厅州将应领之银于道库支

---

① 乾隆三十六年七月初十日，贵州巡抚李湖《奏为清厘运铅积弊事》，中国第一历史档案馆藏，档号：04－01－30－0481－021。

② 乾隆三十八年正月，贵州巡抚觉罗图思德《奏为赴厂盘查铅斤事》，中国第一历史档案馆藏，档号：04－01－35－1287－011。

领，……请嗣后将工本运脚银两仍贮司库，按季由该厅州预具领状，申送该道衙门，核其总领，移司领回，转发该厅州领办，该道于季终造具收支清册，送司查核，年终统由藩司造册请销”；"严禁马柜毋许侵分脚价。查脚户赴厂领铅至永，每百斤给运脚银一两三钱四分不等，脚户众多，该厅州难以总办，不能按名给发，向设马柜一项，其往担承领银代雇，原与牙行无异，……应请嗣后责成该道转发，将每年驮价随抽银五分，每背夫一名，抽实用银二分五厘，此后毋许稍有侵渔，铅有短少，着落马柜负责，倘若查提脚户追领运脚，照监守计赃论拟，仍将应发运脚数目大书告于厂站至所，俾人人共晓"。①

通过李湖、觉罗图思德等人的整顿，厂局运输置于政府严密监控之下。如乾隆四十九年，贵州巡抚永保奏："臣查贵西道张继辛在黔年久，人甚明练，办事细致，且近驻威宁，现已责令该道督率大定府知府，将已发各铅于沿途详细稽查督催，收发转运，并委试用佐杂等官四员，交该道府委派，于沿途分段驻扎，专司催趱，按五日一次，将催过铅斤号数折报该道府，暨臣衙门查核，其毕节总路，臣另委员驻扎，将收到转发各数亦按日折报，并檄饬永宁局委员，将已收明者随时报查以对，其自厂及沿途发运之数，庶某号已到，某号未来，了如指掌，既可随时挨号指催。"②

但是，乾隆四十六年，又将威宁铅厂直运永宁铅斤，改由毕节接运。乾隆四十七年，贵州布政使孙永清奏："又威宁莲花、柞子等厂办运京楚铅斤，自上年经督抚二臣奏准，改由毕节接递转运，章程新定，稽查宜严。臣顺道查核，安设滚运各站，均属妥帖，亦无停留积滞。"③ 乾隆五十年，云贵总督富纲、贵州巡抚李庆棻等奏："贵州水城厅属福集厂，额运京楚铅二百二十余万斤，向由该厅运至毕节，仍由毕节转运永宁，查该厅长运雇用毕节夫马，呼应不灵，请照威宁铅运之例，由厂运毕，到日即并

---

① 乾隆三十八年五月二十九日，贵州巡抚觉罗图思德《奏为请定铅务章程以防流弊事》，中国第一历史档案馆藏，档号：03-1257-030。

② 乾隆四十九年十二月初九日，贵州巡抚永保《奏为查勘威宁一带铜运及黑白铅厂挖炼挽运各情形并饬办缘由事》，中国第一历史档案馆藏，档号：04-01-35-1319-002。

③ 乾隆四十七年三月十五日，贵州布政使孙永清《奏为循例勘估城垣顺道查催铜铅运务事》，《宫中档乾隆朝奏折》第51辑，第228~229页。

归毕节，接收转运。"① 此时情形与乾隆二十九年已大不相同，经过李湖、图思德等的整顿，厂局运输监管已较为完善，运输效率已大大提高。之所以改由毕节转运，是为了便于组织运力，更好完成运输任务。

汇集嘉庆十八年（1813）至同治十一年（1872）各衙门案例的《钦定户部则例》载："贵州额办京铅，自厂至永宁，由威宁州、水城通判陆路分运过站，威宁州并水城通判至永宁各计一十一站"；"贵州省妈姑等厂铅斤，由威宁至毕节，毕节至永宁均令毕节县承运，福集厂铅由水城至永宁亦令毕节县承运"；"水城厅承运福集厂铅斤，自厂至毕节，设喃摆、者萝箐、这沟、石板井、猪场五卡"；"毕节县接受转运铅斤，自毕节至永宁设螃蟹井、镇西、林口、河边、黄土川、殷家沟、渣口岩七卡"。② 这则材料记载的是毕节转运威宁、水城两地铅斤，然后又用小字注明"向系威宁州承运"和"向系水城厅承运"，将不同时期的厂局运输混在一起。至于运输沿途的查卡地名大多在今地图上仍有保留，与前文所述运输路线一致。

需要说明的是，威宁道因马匹有限，运铅大多靠人背。道光时期，途经此地的贝青乔称："自毕节以西五六百里间，男妇以驮负为业，背盐入黔，背铅入蜀，一路往来如织也，戏赠以诗：'岩户由来健步多，相君之背贵如何。入时原不宜强项，俯偻都成郭橐驼。一笑群姓结队来，弓鞋飞步乱山隈。倘逢桴鼓梁红玉，娘子军应领背嵬。'"③

二　綦江道

自滇铜京运开始后，威宁道运输量剧增，运力有限，导致运输迟缓，云贵督抚已经着手新辟支线，分流威宁道运输压力。如前文提及云南新开东川经昭通、镇雄至永宁支线，分流威宁道运铜压力。乾隆三年，户部议复贵州总督张广泗奏称："又疏称：'京局铜铅，乃每年必需之物，己未铅

---

① 《大清高宗皇帝实录》卷一千二百四十三，乾隆五十年十一月，云贵总督富纲、贵州巡抚李庆棻等奏。
② 同治《钦定户部则例》卷三十六《钱法三·贵州陆运京铅》，同治十二年校刊。
③ 贝青乔：《半行庵诗存稿》卷四《毕节县》，同治五年刻本。

斤虽改由省城一路办解，运存之铅，业已无多。此后仍由威宁办运，究虞拥挤。请于黔省较近水次，兼产铅矿之地，招商开采，收买接济。'应如所请。"① 与靠近水运码头之地开采铅矿，其目的是为了分道转运京铅，避免威宁道拥挤。次年，于黔北绥阳县开设月亮岩铅厂。乾隆五年，户部议定：月亮岩厂"所出铅斤官商分买，如出铅一万斤，照例抽课二千斤，其余八千斤官商各买一半，……即由月亮岩分路解运"。②

月亮岩厂从何处分路解运京铅，文献中并无明确记载。据乾隆七年贵州总督张广泗奏报乾隆五年四月至六年三月底，贵州购销运售铅斤工本银两时称："旧管乾隆五年三月底存工本银一万六千八十八两九钱六分六厘九毫，砂硃等厂收买未运存永宁、綦江二处共课余铅六百九十八万六千二百一十四斤四两九钱"；"拨运自砂硃、莲花、月亮岩三厂共运永宁、綦江二处新旧收买课余白铅二百八万七千九百七十一斤，每百斤用脚费自八钱七分至一两（九八平折库平银）不等"；"开除砂硃莲花月亮岩三厂运存永宁綦江二处铅内转运京局课余白铅一百八十三万斤零一钱"③。莲花、砂硃二厂铅斤直运永宁铅局，计 12 站，每百斤每站运费银八分五厘，这在前文已有论述。但是，此年京铅拨运除了永宁外还有綦江，綦江显然设有铅局以供收拨，而綦江之铅显然有月亮岩厂运存。按运价和运费推算，以上三厂至局的路程为 10 站半至 12 站，莲花、砂硃二厂至永局 12 站，则月亮岩厂至綦江铅局的路程应为 10 站半。

綦江县属四川重庆府，地处四川盆地南缘的綦江畔，被誉为"渝南门户"，沿江而下至江津县入长江。月亮岩厂采冶分离，炼厂在今绥阳县宽阔镇附近，西与桐梓县马鬃乡相连。明清时期，桐梓是渝黔驿道的一段，境内设播川、夜郎、桐梓、松坎四驿。因此，月亮岩厂运铅可能由炼厂向西过桐梓县城，再折向北，沿渝黔驿道至綦江，然后装船下水，直达重庆。但是，乾隆十四年，月亮岩厂即因"洞老山空"

---

① 《大清高宗皇帝实录》卷八十二，乾隆三年十二月，户部覆议贵州总督兼管巡抚事张广泗疏报。

② 《大清高宗皇帝实录》卷一百十四，乾隆五年四月，户部议准贵州总督兼管巡抚事张广泗疏请。

③ 乾隆七年四月初四日，协理户部事务纳亲《题为会查黔省莲花等厂收存课余铅斤数目及存剩工本等银数目事》，中国第一历史档案馆藏，档号：02 - 01 - 04 - 13450 - 013。

而封闭。

三　赤水河道

为了缓解威宁道的运输压力，贵州建议另开运道以分流。乾隆十年，贵州总督张广泗奏："黔省威宁、大定等府州县，崇山峻岭，不通舟楫，所产铜铅，陆运维艰，合之滇省运京铜，每年千余万斤，皆取道于威宁、毕节，驮马短少，趱运不前。查有大定府毕节县属之赤水河，下接遵义府仁怀县属之猿猱地方，若将此河开凿通舟，即可顺流直达四川、重庆水次。委员勘估，水程五百余里，计应开修大小六十八滩，约需银四万七千余两。此河开通，每年可省脚价银一万三四千两，以三年余之节省，即可抵补开河工费。"① 一年之后，赤水河工程完竣。关于赤水河道路线、路况及运铅情形，乾隆十九年，贵州巡抚定长曾委派粮驿道沈迁、黔西协副将孟绍先率同该府县前往查勘，兹将结果摘录如下：

> 兹据委员等详称，公同前赴，除白沙以上之天鼓岩等滩鳞次栉比，久经改由白沙河为运铅口岸，毋庸再议外，本道协等由白沙下船，历鸡心等滩，挨次查勘。自白沙河至鱼塘，河身既窄，且以发源未远，水性汹怒，其中猪圈门等滩乱石冲塞，水势陡险，扯吊费力，有碍舟行，请改由鱼塘河下船；起运至新龙滩，河宽水平，滩势亦稳，虽间有沙石，扯吊可行；其自新龙至螺蛳等七滩，乱石冲塞，前经奏废有案；又自抬盘子至二郎等七滩，两岸插天石壁，河水湍流一线，舟行上水维坚，应请将下水运铅由新龙滩上之石家沱起剥，共计二十五里，至二郎滩下之大湾上船，现在商盐船只俱停泊于此，两截剥运，民力亦便；其二郎滩以下之游洪滩起至鸡心滩止，河面颇宽，水流亦缓，内有一二滩乱石碍舟，然亦施人力。

> 惟是此河自川而上，仅通黔属之大定、遵义二郡，地瘠民贫，除

---

① 《大清高宗皇帝实录》卷二百三十九，乾隆十年四月，工部议复贵州总督张广泗疏称。

商贩盐斤之外，别无他货贸迁。且川省行销黔盐，引额岁有定数，销售口岸又有定所，载运盘剥，往来船只亦有限制，不能增添。即使官为造船，专为下水运铅之计，则上水舵手日食无出，转辗筹画，实有不能将岁运四百余万京铅统由水运之势。今按计商船岁可运铅一百五六十万斤，以每百斤节省银二钱一厘零计算，每年约可得三千两，与从前造报节省之数亦不相符。

惟查乾隆十五年间，因毕节县知县凌均力能承办，经司道议，将威宁水城应运铅斤俱运赴毕节交卸，总归凌均合办等因。奉前院批行，遵照办理在案。但查自毕节承办以来，铅数既多，转运不易，一人兼办，大费周章，犹幸铅船无误，而应还开河之项俱已报完。无如凌均于上年病故，接手之员办理更属掣肘。莫若照旧分运，庶众擎易举。应请将威宁州每年应运铅二百万斤、水城通判应运铅一百万斤，仍令该厅州自行雇募马匹，直运永宁，其毕节县所管之福集厂运铅一百五十万斤，仍令该县由水路挽运兑交，以免延误。①

可见，虽然赤水河工程完竣后即开始运铅，但赤水河上游的航运状况并不理想。原定起运码头为赤水渡，在今叙永县赤水镇附近，但因天鼓岩等地滩多难行，下移到80里外的白沙河，白沙河口在今毕节市七星关区田坎乡白沙河村附近。因白沙以下水流湍急，滩石丛生，航道险阻，故定长建议起运码头再次下移至黔西州的鱼塘。鱼塘位于今金沙县清池镇鱼河村附近，起运码头又向下推移了60余里。鱼塘以下，新隆滩至二郎滩还需陆运。二郎滩在今习水县习酒镇的赤水河对岸，推算新龙滩可能在今仁怀市沙滩乡两江村附近。此外，赤水河来往商船有限，下水运铅多借用上水盐船回程运输，运力有限，每年最多运铅150余万斤，故定长建议，赤水河每年仅水运毕节转运铅150万斤，其余京楚二运铅斤仍由威宁道陆运。定长的建议得到政府批准②，如乾隆二十一年四月至乾隆二十二年三月，贵州"发运鱼塘河铅一百六十四万三千四百八十一斤，每百斤用脚费银一两

---

① 乾隆十九年九月十六日，贵州巡抚定长《奏参赤水河工程事》，《宫中档乾隆朝奏折》第9辑，第577~580页。
② 《大清高宗皇帝实录》卷四百七十三，乾隆十九年九月，贵州巡抚定长奏。

二钱八分五厘七毫零"①。按陆运每百斤每站价银一钱二分九厘二毫计算，毕节至鱼塘距离10站。乾隆《毕节县志》亦载："毕邑设局在（福集）厂收铅，每年奉拨运京一百五十万斤，自厂起运，由赤水渔塘河转运至重庆府兑交委员接收，熔化运赴京局供铸。"② 此应为乾隆十九年以后赤水河运铅情形。

由此可见，赤水河道二郎滩以上仍多陆运，下游水运虽可畅行，但因下水运铅借助上水而来的运盐船，每年运铅能力仅为150余万斤。由于仍多陆运，且运力有限，故运费节省与原估差异甚大。因此，早在乾隆十四年年底，贵州巡抚爱必达就曾弹劾过赤水河工程。据乾隆十五年上谕称："贵州巡抚爱必达所奏，该省赤水河工程，动过银一万七千余两。查自乾隆十一年试运至今，统计节省铅运脚价一万四百余两。但原议二年抵补，迄今仅有此数，应著令原办之人赔补。"③ 虽然皇帝没有对此事过于追究，但是赤水河运铅并未持续多长时间。

乾隆二十六年已不见黔铅转运鱼塘的记载。④ 道光《仁怀直隶厅志》亦载，嗣因赤水河铅运"节省无多，今仍陆运至永宁下船，运至泸州"⑤。

四　湘黔道

早在乾隆三年，因威宁道运输迟缓，贵州总督即将乾隆四年京铅"改由贵阳直达楚省"⑥。笔者简称此路为湘黔道。然贵阳至镇远段皆为陆运，费重运迟。故乾隆十一年，贵州总督张广泗奏："查贵阳府城外有南溟河

---

① 乾隆二十四年正月二十一日，署贵州巡抚周人骥《题为详明筹办厂务等事》，中国第一历史档案馆藏，档号：02 – 01 – 04 – 15200 – 002。

② 乾隆《毕节县志》卷四《赋役志》铅运条。

③ 《大清高宗皇帝实录》卷三百五十七，乾隆十五年正月，上谕。

④ 乾隆二十七年十二月二十日，贵州巡抚乔光烈《题为黔省莲花等铅厂乾隆二十六年收铅工本及运存销售支用等银两事》，中国第一历史档案馆藏，档号：02 – 01 – 04 – 15507 – 003。

⑤ 道光《仁怀直隶厅志》卷二《地理志·山川》赤水河条。

⑥ 《大清高宗皇帝实录》卷八十二，乾隆三年十二月，户部议复贵州总督兼管巡抚事张广泗疏报。

一道，若能疏凿通舟，可以下达川、楚两省，实为边地无穷之利。臣于乾隆四年曾经奏请开修，估需银四十三万余两，未免浮多，今确加堪估，约共需银九万八千余两，即可集事。"① "南滇河"即今南明河，属于乌江支流，发源于平坝县，穿贵阳城而过，溯其支流可至贵定县城。张广泗乾隆四年所请，可能与湘黔道运铅有关。乾隆十一年，赤水河开通运铅，故张广泗再提开凿南明河。然此后不见于文献记载，推测张广泗的奏请可能未获批准。

乾隆二十年以后，因綦江道、赤水河道先后停运，黔铅外运重归威宁道，京楚二运多有延误。乾隆二十四年，工部引贵州巡抚周人骥原奏称："窃臣前闻黔省积铅甚多，又悬帑本，川运险远，办理维艰，爰特川湘道里相较，可以节缩运费，开通本省下游河道，俾利疏销，会同督臣爱必达恭折具奏，经部臣复准，奉旨：依议，钦此。"其路线"自省城南明河起，至瓮城河口水路二百余里"，"自瓮城河至旧州陆路一百二十里"，"由黄平旧州经诸葛洞入镇远府之镇阳江而东，总归于湖南黔阳县之洪江，始合为一"。② 瓮城河口即瓮城河与清水河（南明河下游）交汇处，在今贵定、开阳、龙里三县交界。瓮城河口至黄平旧州（今黄平县旧州镇）直线距离 50余公里，周人骥并无叙述此段具体走向。乾隆《贵州通志》载：黄平州"西门河，在城东三十里旧城西，即镇阳江之上流，可行舟直达楚沅江，因施秉诸葛洞之险滩于上下，故开而复塞"。③ 可见，主要开通诸葛洞，黔铅由黄平旧州可水运至湖南沅江。

乾隆二十五年四月至二十六年三月，贵州奏报："福集厂发运宋家湾铅二百一十四万七千三十七斤，脚费银七钱一分五厘九毫零，共银一万五千三百七十二两五钱二分七厘零，又由宋家湾转运五里桥铅七十四万七千一百八十六斤零，每百斤给水脚夫价米折银九分五毫零，共银六百七十六两四钱八厘零，又由五里桥转运襄阳桥铅五十万

---

① 朱批奏折：乾隆十一年，张廷玉《奏遵旨议奏事》中引张广泗折，引自《清代的矿业》，第 330 页。
② 乾隆二十四年十月二十九日，工部《奏为黔省开修运铅河道事》，《内阁大库档》，档号：NO 000034271。
③ 乾隆《贵州通志》卷五《地理·平越府》。

四千零七斤零，每百斤给脚价银一钱二分六厘六耗零，共银六百三十八两二钱一分七厘零，又柞子厂由南明河发运宋家湾黑铅九十三万三千五斤，自厂至宋家湾每百斤脚费银九钱六分九厘二毫零，共银九千一十二两八钱七分一厘零，又由宋家湾转运黑铅二十五万二千八百一十三斤零，自宋家湾至五里桥每百斤给水脚夫价未折银九分五毫零，共银二百二十八两八钱六分六厘零，又由五里桥转运襄阳桥黑铅二十五万二千八百一十三斤零，自五里桥至襄阳桥每百斤运脚银一钱二分六厘六毫零，共银三百二十两一钱二厘零，由襄阳桥转运瓮城河口铅二十三万三千七百三十四斤，自襄阳桥至瓮城河口每百斤给水脚夫价未折银九分五毫零，共银二百一十一两五钱九分三厘零，由瓮城河口转运黄平旧州黑铅一十二万六千二百八十五斤零，自瓮城河口至黄平旧州每百斤脚费银二钱六分三厘零，共银三百三十二两一钱七分四毫零，以上共发运永宁宋家湾五里桥襄阳桥瓮城河口黑白铅八百六十九万一千五百九十二斤，共用水陆脚费未折夫价等项银一十万九千六百三十一两五钱三厘零。"①

此段材料不但表明湘黔道所运铅斤来自福集、柞子二厂，该年转运铅达800余万斤，而且提及宋家湾、五里桥、襄阳桥、瓮城河口、黄平旧州等五处运输节点，对于考证湘黔道运输路线至关重要。按照陆运每百斤每站给银一钱二分九厘二毫；水运每百斤每站给银七分，推算福集厂至宋家湾陆运5站半，宋家湾至五里桥一站有余，五里桥至襄阳桥不足一站，总计7站半。五里桥在今清镇市百花湖乡，襄阳桥在今贵阳市内南明河边，两者相距直线距离20余公里，与上述推算距离基本相符。又推算襄阳桥至瓮城河口水路一站有余，瓮城河口至黄平旧州陆路两站，与上述周人骥所言120里相符。乾隆二十六年，周人骥奏称：楚运"每年拨运二百万斤，或有不敷，即于新开河道所办乐助、福集二厂运汉铅内分销"。② 显然，福集、柞子二厂由新开湘黔道所运铅斤，实为分担楚运。

---

① 乾隆二十七年十二月二十日，贵州巡抚乔光烈《题为黔省莲花等铅厂乾隆二十六年收铅工本及运存销售支用等银两题事》，中国第一历史档案馆藏，档号：02 - 01 - 04 - 15507 - 003。
② 《大清高宗皇帝实录》卷六百三十五，乾隆二十六年四月，贵州巡抚周人骥奏。

但是，乾隆二十六年，徐垣奏："黔省新开南明河，徒劳无益，请查勘停止。"皇帝令爱必达查奏。虽然爱必达称"至黔省各处河道，均一线溪流，今由新河运铅，实较川江为稳，惟远雇水手，未悉路径，不免浅阻耽延"。① 但次年，吏部议定："新开南明河糜费累民之原任贵州巡抚周人骥，照抚绥无术例革职。"② 显然，政府认为南明河工程得不偿失。其后，未见湘黔道运铅记载，可能就此停止。道光时期，云南巡抚吴其濬路过湖南洪江，赋诗并注曰："余既溯潕，上至镇远，渡黄平上游。考清江之源，为运铅、运木开凿之孔道，因附识于此，以见山川势，非亲历者不能确核。"③

第三节　水路长运的管理与监督

雍正十三年开始的京运和乾隆十一年开始的楚运，均由贵州委派运员，分批于永宁局领铅装船，沿永宁河、长江、运河直运汉口和京师，故文献中称为长运或水运。笔者在第二章中对京楚二运的运输量及其变化已有研究，而京运的运输制度、运输路线、运输过程及其影响，笔者亦有专文论述。④ 因此，本节结合已有的研究和新发掘的资料，主要探讨京楚二运的监管问题。

一　水运制度与运输实况

1. 运员押解与分批起运

黔铅京运每年 366 万余斤，势必无法一次性运输，故户部在决定黔铅京运之初，就确定了分批解运的原则。乾隆七年，纳亲转引雍正十一年户

①　《大清高宗皇帝实录》卷六百四十八，乾隆二十六年十一月，上谕军机大臣等。
②　《大清高宗皇帝实录》卷六百五十五，乾隆二十七年二月，吏部议奏。
③　吴其濬：《滇行纪程集》卷下《临湘县至镇宁州·洪江》，刻本。
④　参见马琦《国家资源：清代滇铜黔铅开发研究》，人民出版社，2013；《清代黔铅京运研究》，《中国历史地理论丛》2014 年第 3 期。

部议奏称："应令贵州巡抚于雍正十三年为始，遴委贤员，照数采买，分解户、工二局，每百斤给水脚银三两，照办铜之例，分为上、下两运，上运四月起解，十月到部，下运十月起解，次年三月到部。"① 雍正十三年，贵州巡抚元展成亦奏："臣查黔省本年上、下两运铅斤已于四月、九月委员解京。"②

贵州委任解运京铅的官员称为运官或运员，关系京铅运输的安全与效率。乾隆十四年，户部规定："（京铜）每年四正运，委府佐州县一员，佐杂一员。二加运，但委佐杂二员。嗣后正加运俱委府佐州县一员为正运官，佐杂一员为协运官"，并言"办解铅锡，与运铜事同一例，应均照例办理"③。黔铅京运亦照此办理，但乾隆十七年下运京铅由委员遵义府通判席健运铅 1280957 斤、普安县驿丞马玢分别领运铅 64 万斤。④ 副运官仍由杂职充任。乾隆二十七年，户部规定："贵州额解白铅四百二十四万一千九百一十四斤，上下两运，每运派府佐州县二员，分作四起运解。"⑤ 自此，京铅上下两运四起，均有同知、通判、知州、知县内选任。

选择运员的条件文献缺载。然乾隆四十年，因福建委派年近 70 的刘玉泉采买滇铜超过时限，皇帝因此上谕："凡采办滇铜必须选派明干知县，或能事之同知、通判前往，并须选择其身家殷实者充当此差，方为妥协。杂职中即有勤慎明白、堪以任差委者，亦只可令派出之丞倅、知县带往，以供奔走查催之役，断不可专派薄尉微员领办，致滋贻误。"⑥ 各省采办远非京运可比，京运运员的选择标准应不低于此。也就是说，从贵州现任县级官员中选择年富力强、精明能干、身家殷实的充任运员。按京运两运四起、楚运一运两起，贵州每年必须选择六位县级官员充任

① 乾隆七年四月初四日，协理户部事务纳亲《题为会查黔省莲花等厂收存课余铅斤数目及存剩工本等银数目事》，中国第一历史档案馆藏，档号：02 - 01 - 04 - 13450 - 013。
② 雍正十三年十月十二日，贵州巡抚元展成《奏为请旨事》，《雍正朝汉文朱批奏折汇编》第二十九册，第 500 页。
③ 《大清高宗皇帝实录》卷三百四十一，乾隆十四年五月，户部议奏酌定铜运各款。
④ 乾隆十六年八月初一日，漕运总督瑚宝《奏为奏报铅船入汛出汛日期仰祈睿鉴事》，《宫中档乾隆朝奏折》第 1 辑，第 317 页；乾隆十六年七月初六日，安徽巡抚张师载《奏为奏报铜铅船只入境出境日期仰祈圣鉴事》，《宫中档乾隆朝奏折》第 1 辑，第 69 ~ 70 页。
⑤ 嘉庆《钦定大清会典事例》卷一百七十三《户部·钱法》。
⑥ 《大清高宗皇帝实录》卷九百八十九，乾隆四十年八月，上谕军机大臣等。

运员。

虽然贵州县级官员众多，但满足运员条件的官员多身充要职。乾隆十八年，贵州巡抚定长亦奏请："窃照黔省地处苗疆，正杂各员缺半多紧要，凡遇缺出，题补委署，在在需人，兼有每年上、下两运委解京铅，往返需得两年，又坐汉销售递年更换，并一切差委事件，需员甚多。况黔省与内地不同，非山岭隔越，动多窎远，即新疆要区难令兼顾，不特印官各有民社之司，而佐杂亦有分驻之责。"① 加之运费不敷，运铅成为苦差。如嘉庆十四年（1809），贵州巡抚孙玉庭言："黔省事简，惟京铅额运甚多，运脚不敷，通省赔累，公事因之处处掣肘。向年商运，每石给脚费银五两，自改官运，减至三两，后又递减至一两五钱，而运脚益形支绌矣。"② 道光时期，曾任大定府知府的周有声言："黔中丞倅牧令，岁必有数人倾运京铅，至纳溪即入大江，行者多惮其险。余分守黔中数年，每掣签皆不与，故独免此役。"③ 可见，因黔官将运铅视为畏途，运员不得不由抽签决定。

2. 运输路线与运输时间

乾隆八年，户部议复贵州总督张广泗奏运铅事宜称："黔省起运，俱于重庆雇觅大船，载至汉口更换。"④ 即黔铅水运经重庆、汉口两地。乾隆十四年，户部定铜运时限称："查自永宁至汉口限四个月，已属宽裕。汉口抵通五个月，系照漕船例。惟在汉口、仪征换船换篓停留日期，例报地方官转详咨部扣除，运官藉词稽延"，又言"办解铅锡，与运铜事同一例，应均照例办理"。⑤ 滇铜黔铅均由永宁起运，其运输路线基本一致。因此，乾隆《钦定大清会典》称："凡铜之良者，产于云南，……由寻甸、东川水陆兼运至四川之永宁，下三峡，沿于江汉，经湖南北，江西、安

---

① 乾隆十八年十二月初四日，贵州巡抚定长《奏请拣发以资委用事》，《宫中档乾隆朝奏折》第 21 辑，第 21 页。

② 孙玉庭：《延厘堂集》第八册《自编年谱》。

③ 邓显鹤编《沅湘耆旧集》卷一百二十《周大定有声·自城都舟行至纳溪登陆回黔阳舟中偪仄得句辄忘途次补成之得五古八章》诗注，道光二十三年邓氏南村草堂刻本。

④ 《大清高宗皇帝实录》卷一百八十五，乾隆八年二月，户部议复贵州总督兼管巡抚张广泗疏奏。

⑤ 《大清高宗帝实录》卷三百四十一，乾隆十四年五月，户部议奏酌定铜运各款。

徽、江苏达于运粮河，由运粮河达于京。"① 嘉庆《钦定大清会典》的记载
更为详细："贵州京铅由厂运至永宁，运官兑领上船，至泸州易船，至重
庆铜铅皆起载，东川道督同过秤、雇船换载，并行文夔关查验，至汉口
易船，至仪征又易船，由湖北、江南护送之员盘查过秤，……由南北运
河至天津雇船起拨，起六存四，如原船破漏不能前进者全行起拨，抵通
坝，运官打包过秤，坐粮厅亲赴掣点，经纪运贮号房，大通桥监督复加掣
点，车户由朝阳门陆运赴局，钱法堂侍郎验包兑收。"② 可见，京楚二运从
永宁出发，沿永宁水运至泸州入川江，至重庆提炼后换大船起运，经夔州
关至汉口，京铅继续沿江而下，至仪征转入运河，经江苏、山东、直隶北
上，经天津至通州大通桥，再陆运至户工二局。

为了保证长运按时完成，政府还规定了由永至京的运输时间。乾隆八
年，户部议定：黔铅京运，"应解宝泉、宝源两局黑白铅斤，请分上下两
运，依限解交，于当年十月起解者，于次年三月到部；于当年四月起解
者，于九月到部，解员逾限，照例题参"。③ 也就是说，每起京运时间不能
超过六个月。户部所定时限是依据正常情形下的行船时间，并未将重庆融
化提炼和各地换船、装卸、盘剥的时间计算在内，以致京运大多违限。乾
隆十四年，户部再次议定："查自永宁至汉口限四个月，已属宽裕。汉口
抵通五个月，系照漕船例。惟在汉口、仪征换船换篓停留日期，例报地方
官转详咨部扣除，运官藉词稽延。嗣后汉口限四十日，仪征二十日。统核
自永抵通，定限十一个月。如逾一月以上，照例查参，领解官革职，委解
上司降三级留任。至守风守水，定限已宽，不准扣算。"④ 这虽仅就滇铜而
言，但"办解铅锡，与运铜事同一例，应均照例办理"，故黔铅长运由永
宁至京铅的时限增至 11 个月。

但是，黔铅长运仍经常迟延。乾隆四十年，四川总督文绶奏："滇黔
二省，办运京局铜铅，攸关鼓铸，自应实力催趱。……黔铅自永宁运至

---

① 乾隆《钦定大清会典》卷十四《户部·钱法》。
② 嘉庆《钦定大清会典》卷十四《户部·广西清吏司》。
③ 《大清高宗皇帝实录》卷一百八十五，乾隆八年二月，户部议复贵州总督兼管巡抚张广泗
　疏奏。
④ 《大清高宗皇帝实录》卷三百四十一，乾隆十四年五月，户部议奏酌定铜运各款。

渝局，镕化换载，至四川巫山县出境，例限六个月零十五日。历来运船虽俱依限具报护送，然每多逾限，不能迅速遄行，推原其故，大率藉守风守水为由，地方各官不能切实催趱所致，若不严立章程，终恐有名无实。应请严定例限，守风不得过四日，守水不得过八日。"① 政府不但进一步规定在不同特殊状况下所需时间的最高限定，而且增加了对违限官员的惩罚力度。同年，吏部奏："且运京铅锡，与铜斤事同一例，原例内专言铜斤，不及铅锡，立法亦未详备。今臣等悉心酌议，嗣后各省运京铜锡铅斤，除一切章程仍遵旧例办理。如正限之外，逾限不及一月者降一级留任，委解上司照例罚俸一年；逾限一月以上者降一级调用，两月以上者降二级调用，三月以上者降三级调用，四月以上者降四级调用，五月以上者革职，委解上司仍各降三级留任。其各省派赴滇黔等处采办铜锡铅斤，如于采买完竣起运之后，沿途无故迟延逾限不及一月者，照旧例免议；一月以上者罚俸一年，两月以上者降一级留任，三月以上者降一级调用，四月以上者降二级调用，五月以上者降三级调用，至半年以上者革职。"②

3. 运费与运价

雍正十二年，户部议定："京局鼓铸每年额办铅三百六十六万余斤，自雍正十三年为始，令贵州巡抚遴委贤员，照各厂定价，每百斤给价银一两三钱，依数采买，分解宝泉、宝源二局，每百斤给水脚银三两，其商办之铅停其采买。"③ 其中，"水脚银"是指京铅由永宁局水运至京师的运输价格。如乾隆七年，贵州总督张广泗奏：贵州"又自永宁、綦江二处转运乾隆五年分京局白铅一百八十三万斤零，每百斤定给水脚银三两，共给水脚库平银五万四千九百两"④。

每年办运京铅工本费和运费由贵州巡抚统一申请，经户部审核，一并从其他省划拨至黔。如乾隆五年，贵州总督张广泗奏请："所有黔省额运

① 《大清高宗皇帝实录》卷九百九十五，乾隆四十年闰十月，署四川总督文绶奏。
② 《大清高宗皇帝实录》卷九百九十七，乾隆四十年闰十一月，吏部奏。
③ 乾隆《钦定大清会典则例》卷四十四《户部·钱法》。
④ 乾隆七年四月初四日，协理户部事务纳亲《题为会查黔省莲花等厂收存课余铅斤数目及存剩工本等银数目事》，中国第一历史档案馆藏，档号：02–01–04–13450–013。

京铅一百八十三万斤，均于遵义府属之月亮岩厂办运，至应办辛酉年（乾隆六年）京铅，应需工本脚费共银十万三千余两，请一并题拨来黔接济。"① 乾隆元年以后，京运减半，水运运费自然减半，与原定工本脚价银总数相符。乾隆七年，恢复京运运额，其后，京运量进一步增加，水运亦随之增长。如"乾隆二十一年十月及二十二年四月，应办戊寅年上、下两运白铅三百八十四万一千九百一十四斤，……又由永宁白沙湾转运京局水脚银一十一万五千二百五十七两四钱二分"②。贵州仍然按照户部规定"每百斤给水脚银三两"申请。再如乾隆三十年四月至次年三月，贵州"又自永宁转运丙戌年下运、丁亥年上运，及加运京局白铅，并办运黑铅共四百七十四万二千一百九十九斤八两，每百斤奉部拨给水脚银三两，共银一十四万二千二百六十五两九钱八分五厘"③。

户部所定京铅由永宁至京师，水运运费每百斤价银三两，是比较商办工本运费而定。事实上，这个定价远高于实际运费。雍正十三年，贵州巡抚元展成奏："臣查黔省本年上、下两运铅斤已于四月、九月委员解京，其所用水脚虽尚未回黔核算，约略计之，尚有节省。"④ 乾隆九年，经贵州总督张广泗查奏："惟查黔省办解京铅，向系官为收采，转售京商运局，所获余息，留为本省公费、养廉。嗣于雍正十二年停止商办，令黔省动帑收买，委员解京，除陆运脚价外，每百斤照例给水脚银三两，则官运既无余息，养廉、公费无项补苴。因节据各运员册报，水脚每百斤只用一两五六钱不等，节省原定之半，经臣题请，以此节省之项留充公费、养廉。"⑤ 也就是说，水运实际运费仅为原定运价的一半，但每年仍照原定请拨，节省部分用于添补黔省公费及官员

① 乾隆五年，贵州总督兼管巡抚事务张广泗《奏为请拨京铅工本运脚银两事》，《内阁大库档》，档号：NO 000000283。

② 乾隆二十二年六月十三日，大学士管理户部事务傅恒《题为钦奉上谕事》，《明清档案》：A194 – 104。

③ 乾隆三十一年八月二十日，贵州巡抚方世儁《题为奏销黔省莲花等厂乾隆三十年四月至三十一年三月收过奉拨司库铅斤工本等项银两事》，中国第一历史档案馆藏，档号：02 – 01 – 04 – 15876 – 003。

④ 雍正十三年十月十二日，贵州巡抚元展成《奏为请旨事》，《雍正朝汉文朱批奏折汇编》第二十九册，第 500 页。

⑤ 《大清高宗皇帝实录》卷二百十八，乾隆九年六月，贵州总督张广泗议奏。

养廉。

水运路程遥远，水道情况各异，且换船盘剥需要装卸，故运费分段定价。"委员自永宁运至泸州，雇船水脚每百斤给银七分；前赴重庆每百斤给银六分五厘，沿途上船背铅换船盘拨夫价每百斤各给夫价银三厘，重庆起运堆储每百斤给夫价银一分二厘，在重庆雇船长运上船装载，每百斤给夫价银一分二厘，沿途装舱盘拨，按每百斤各给夫价银五厘，雇船水脚自重庆至汉口，每百斤。给银三钱二分六厘五毫有奇；前赴仪征每百斤。给水脚银二钱二分三厘有奇；前赴通州每百斤。给银四钱一分九厘五毫有奇。雇车运至京局，每百斤给车脚银七分三厘五毫，打捆过秤进局上堆，每捆给夫价银五厘。"① 按各段水运、盘剥卸载、陆运合计，每百斤铅由永至京需银一两二钱九分八毫，每起运铅 109 万余斤，则需运费盘剥银一万三千余两。

每起运员所管运费一万余两，乾隆四十年以前均一次性发给，由运员统筹使用。乾隆四十年，湖北巡抚陈辉祖奏："滇铜黔铅，运京车脚银，俱系拨存通永道库，俟至张家湾核发，其滇铜自汉口以下水脚银，系拨贮于湖北、江宁两藩库，俟船到汉口、仪征给领。惟黔员水脚，向系在黔全领，似未画一，请嗣后黔省运铅，自汉口至张家湾水脚银，亦如滇省运铜办理。"② 政府采纳了陈辉祖的建议，将黔铅运费分段存贮，分段分批拨给。如《钦定户部则例》载："贵州省办运京局白黑铅斤，岁需工本脚价银二十九万一千五百二十三两九分八厘，……内除各运自通州至京局运费银三千五百九十七两九钱三分七厘，又沿途拨费银五千两，由直隶藩库拨存坐粮厅备用；其自汉口至仪征水脚银数由湖北省于应归贵州售存铅价项内支给，不入奏拨，详见京铅运脚；又拨存四川永宁道库转给运铅各员水脚银三万二千两。分给四起支领，每起该银八千两。由协拨省分先行委员解交。又自仪征至通州水脚银一万一千二百十三两八钱九分六厘。分给四起支领，每起该银二千八百三两四钱七分四厘。由江南司库拨给。又拨存山东济宁道库转给运铅各员水脚银二千两。分给四起支领，每起该银五百

---

① 同治《钦定户部则例》卷三十六《钱法三·京铅运输》。

② 《大清高宗皇帝实录》卷九百九十一，乾隆四十年九月，湖北巡抚陈辉祖奏。

两。由山东藩库就近划拨。"①

4. 运输组织

四川永宁以下的铅斤运输由各起运员负责。永宁铅局领铅后，运员就地雇募船只和船夫，组织运输队伍，需要永宁本地官员协助。乾隆八年，户部议定："黔省办运京铅，系沿途雇募船只，每多勒掯耽延等弊，请令各地方官协同雇给，责成行户具结承保。"②沿途换船亦需当地官员代为雇募。乾隆四十九年，户部又定："铜铅到川，应需船只，遵旨交（川东道）沈清任率属妥办。惟查重庆以上雇船之事，沈清任止能于所辖之重庆地方照料，其自永宁至泸州，泸州至重庆，皆永宁道专管，应责令该道督同各该地方官代为雇备，并用谙练舵水管驾，如有疏虞，即将船户舵水，追价枷示。再查铜铅经过汉口、仪征两处，向系运员自行换船装运，亦应照此办理，请饬下湖北、江苏巡抚，饬属妥办。"③

永宁至泸州段沿永宁河顺流而下，然水道凶险。乾隆三十六年十月，王昶路经其地，记载了永宁河中江门峡之凶险："（十四日）亥刻抵永宁。十五日卯刻，过老军营，又三十里，巳刻过马岭，又四十里，未刻至江门驿"，"酉刻予同兵部员外郎尚安亦登舟，江出两崖间，水湍急，所谓江门峡尤悍，舟至是忽落数丈，其旁巨石如狞狮奔马，皆与船舷戛击，初见山腰远火上下，与舟人呼啸，顷之齐列峡侧，因是峡险恶，晚行尤不易，故土人把火来照。十六日寅刻起，倚船眺望，微月将坠，水云空濛，舟人指云，前纳溪县也。绕县境北行，水渐逆，是为清水河入大江处，顷之见大江从西来，冲灕渺弥。又东行二十里，午刻至泸州"④。季节影响，永宁河水量变化较大，严重影响黔铅运输。嘉庆九年曾任大定府知府的周有声称："黔中厂铅由毕节运至永宁存贮，岁以薄尉一人典司之，运官至永宁受兑，复由小溪中转运，至泸州始并入大舰。溪水涨涸不恒，运多迟滞，余守大定时，与方伯筹议，令薄尉之在永宁者，乘水涨时即先运至泸，运

---

① 同治《钦定户部则例》卷三十五《钱法二·铅本》。
② 《大清高宗皇帝实录》卷一百八十五，乾隆八年二月，户部议复贵州总督兼管巡抚张广泗疏奏。
③ 《大清高宗皇帝实录》卷一千一百九十九，乾隆四十九年二月，户部议复四川总督李世杰奏称。
④ 王昶：《蜀徼纪闻》，《春融堂杂记八种》，嘉庆十三年塾南书舍刻本。

官改于泸州受兑，条上其事，行之得免守水贻误，人多便之，数年来，此法犹未更易。"①

船至泸州入川江，永宁河小船无法在川江中航行，需换川江中常用的夹舷秃尾中船。乾隆十六年，户部议称："四川总督策楞奏：'滇黔办运铜铅，川江水急滩险，大船转运不灵，向用夹舷秃尾中船，恐满载太重，每船约载七八万斤，以八分为度。若改用小船，所载不及此数，而船多雇觅维艰，必致违限，不如照旧为便。'应如所议，仍用夹舷秃尾中船，运员不得减少船只额外装载，并私带货物，经过地方，有司实力稽查。"② 按规定船只装载量，每起京铅需夹舷秃尾中船十余艘。如乾隆四十四年，运员庄熊芝给巴县的移文称："窃敝运奉委解运辛丑年上运京铅，应交户、工二部白铅一百零九万七千九百七十八斤八两，又自出己资买备沿途硫损折耗及交部添补秤头白铅一万五千斤。在厂熔化完竣，雇募秃尾夹舷中船十六支，内十五支，每船装铅七万斤，船身入水三尺三寸，第六号船一支，装铅六万二千九百七十八斤八两，船身入水三尺三寸五分。又兵牌船一支。照例设立木牌，编列号次，填注铅条数目，船身入水尺寸，装载齐全。查于本年二月初四日自永宁开秤起，陆续运抵重庆。"③

然泸州、重庆地处长江上游重要港口，不但铜铅运输量大，而且民间商贸往来频繁，雇募船只不易，故部分运员提前在此造船。道光年间曾任黔铅运员的陈熙晋作《造船行》曰："朝造船，夕造船，牂牁长官来贡铅。铅堆百万高于屋，文书火速心茫然。我从七月来蜀道，渝州三阅蟾亏圆。江船戢耷招不得，空羡瞿塘估客日日风帆悬。船户虎逐逐，厂户蚁蠕蠕，大船中船各十二，一一议价次第编。取材如山斤斧集，沙嘴一呼人工千。肉如林，酒如川，醉饱无赖横索钱。巴山十日九日雨，使我肠断两眼穿。嗟哉！船尚未沾尺寸水，坐令万金销铄随云烟。"④ 打造船只价格不菲，但能按时运铅。如道光四年，船工袁继沛向巴县大堂禀状称："章主在泸雇

① 邓显鹤：《沅湘耆旧集》卷一百二十《周大定有声》，《自城都舟行至纳溪登陆回黔阳舟中偶仄得句辄忘途次补成之得五古八章》注，道光二十三年邓氏南村草堂刻本。
② 《大清高宗皇帝实录》卷三百九十七，乾隆十六年八月，户部遵旨议复四川总督策楞奏称。
③ 四川省档案馆编《清代巴县档案汇编》（乾隆卷），档案出版社，1991，第356～358页。
④ 陈晋熙：《征帆集》之《造船行》。

民打造大帮杂木中船三十只、脚划船三十只、兵牌一只、快划二只，装白铅一百五十万斤运汉销售，议给水脚银五千二百两，立有合同各据。"① 此言"章主"即负责运送楚铅的运员。

运铅队伍中除了船只还有大量船夫。道光十九年（1839），京铅委员程图南给巴县的移文称："凡有铜铅船只，向由泸州运输停泊，雇募水手推运入楚，均由饭铺选择本实水手，查明姓名、来历，开单交与船户，以防沿途逃脱稽查。"② 船夫、水手由沿途地方官府通过饭铺雇募。每只船所用船夫、水手人数，据道光时期搭乘铅船的贝青乔所言："凡遇险滩，恐桡夫畏缩，必犒以钱，名曰打宽。自重庆以下，如台盘子、折尾子、庙矶子、牛口、八斗、全盘责、新滩、空合峡八滩为最险，例打八宽，铗船大者用桡夫百人，次用四五十人，出峡后只用十余人矣。"③ 也就是说，每起运铅对位所用船夫、水手至少上百人，而船过三峡险滩，则高达千余人。

5. 铅船沉溺及守风、守水、守冻

船只沉溺是黔铅水运途中最为频繁出现的运输事故。乾隆八年，户部议定："黔省起运，俱于重庆雇觅大船，载至汉口更换，每有坏船之患，请照运铜之例，制备麻绳浮杠，以备沉溺标记。"④ 预备浮杠标记铅船沉溺地点以便于打捞，表明沉溺时有发生。乾隆十五年，户部又定："嗣后如有沉失，酌留协运之员或运员亲属家人，会同该地方文武员弁，勒限一年打捞，限满无获及捞不足数，运员赔补。所沉铜铅，听自行打捞，报明照厂价收买，不许私售。……再一年限内，运员如有升迁事故，仍留在川打捞，俟事竣分别赴任回籍。该地方文武官，照漕船失风例处分外，仍于限内停其升转，协同打捞，获过半者，免议。限满无获，或不及半，罚俸一年。至运员于满后赔补，应照江海挽运漂流米谷例，革职，限一年赔完，

---

① 四川大学历史系、四川省档案馆合编《清代乾嘉道巴县档案选编》，四川大学出版社，1989，第 435 页。
② 四川大学历史系、四川省档案馆合编《清代乾嘉道巴县档案选编》，第 440～441 页。
③ 贝青乔：《半行庵诗存稿》卷四《荆江舟行杂诗》，同治五年刻本。
④ 《大清高宗皇帝实录》卷一百八十五，乾隆八年二月，户部议复贵州总督兼管巡抚张广泗疏奏。

开复。逾年赔完，免罪不准开复。二年不完，照律治罪严追。"①

为了降低铅船沉溺的风险，除了川江陕觥船限载外，在危险地段，部分或全部铅斤由小船运载，减少大船吃水深度，避免触滩沉溺，称为盘剥。如乾隆三十七年，户部议定："川江入峡，由巴东归州至东湖县四百余里内，滩势甚险，近年铜铅船只沉溺不一，非用小艇全数起剥，难以避害。查每运滇铜七十余万，应剥十分之四，例准销银八十八两，若每运再加一百三十余两，即可全剥。黔省铅斤，亦即仿此项增费。"② 此外，《钦定户部则例》载："经过险滩，应刊刻一纸，遇铜船入境，交递运员，传知各船户水手，留心趋避，并令各州县在险滩两岸插立标记，俾免冒险行走"；"川江各险滩处所，酌募滩师四五名，按所在州县捐给工食，令其常川在滩，专放铜铅船只。"③ 将沿途险滩标出，由当地经验丰富的船户引导，避免沉溺。

但是，铅船仍然时有沉溺。如乾隆四十三年，委员贵州绥阳县知县沈世垲办运楚铅，三月"十七日辰刻，船至（巴）县属下游马岭滩，水急石多，猝遇暴风，人力难施，将五号铅船一只磕石打滚，船身脱落，沉溺铅七万斤。当即移雇水摸邹灼远等打捞起，至是月二十六日止，共捞获铅五千六百零七斤，附入正帮尾船装载。其沉溺未获铅六万四千三百九十三斤，该运员摘留亲信家人简文，协同兵役在滩看守，设法打捞"；乾隆五十七年，委员贵州清镇县知县薛清范办运京铅，"于六月十二日行至百丈梁滩，适遇江水泛涨，更兼风暴大作，漩浪汹涌，人力难施，湾泊不及，将第十五号船一只，横碰石梁打坏，沉溺白铅四万六千九百斤，黑铅四千一百斤，又二十号船一只，由百丈梁甫下段头梁遭风急浪涌，被鼓贲掀至石梁，立时碰坏，板片漂流，沉溺白铅四万六千九百斤，黑铅四百二十斤"。④

如遇长江大风、运河水浅及江河封冻等情况，为了保证运输安全，运员需停止前行，等待风平浪静、水位适合及运河解冻方可继续运送，称之为守

---

① 《大清高宗皇帝实录》卷三百七十三，乾隆十五年九月，户部议复四川总督策楞奏称。
② 《大清高宗皇帝实录》卷九百九十一，乾隆三十七年六月，户部议复湖北巡抚陈辉祖奏称。
③ 同治《钦定户部则例》卷三十六《钱法三》。
④ 四川省档案馆编《清代巴县档案汇编》（乾隆卷），档案出版社，1991，第 371～373 页。

风、守水、守冻。如乾隆十四年，户部称："至守风、守水，定限已宽，不准扣算。"① 但是其后，运铅时限从 11 个月增至 14 个月，增加了换船、熔炼、守风、守水的时间。如乾隆二十六年，户部规定："其有守风、守水之处，总以三、五日为准，不得过期。"② 乾隆四十年，四川总督文绶又奏："历来运船虽俱依限具报护送，然每多逾限，不能迅速遄行，推原其故，大率藉守风、守水为由，地方各官不能切实催趱所致，若不严立章程，终恐有名无实。应请严定例限，守风不得过四日，守水不得过八日。"③ 相对而言，守冻时间最长。如道光二十四年冬，贵州委员俞汝本运送京铅在山东台儿庄守冻，直到次年四月一日才开行。④

道光年间，诗人贝青乔搭乘运铅由四川至江苏，作诗《运铅船》，并注曰："余在峡江拟作铅船杂事诗，日所访闻，夜辄成咏，颇资当事采览，继在新崩滩失其稿，遂兴败，不复吟，今抵瓜洲，将与铅船分道而行，姑补一诗，聊存崖略云尔。"作为黔铅长运的经历者，贝青乔的诗具有较高的可信度，作为对黔铅水运制度的总结，兹摘引如下：

> 京师铸钱须用铅，铅船万里来穷边。
> 三百八滩放出峡，七十二闸挽上天。
> 一年四运有成例，前运后运迭相继。
> 给发运银万八千，制造运船二十四。
> 运官领运无休假，船丁汹汹吁可怕。
> 幸得平安官可升，脱遇风波罚无赦。
> 往往天津去拆船，变卖还须补船价。
> 农部收铅京局中，镕铅入铜炉火红。
> 铸出铅钱轮郭劣，毂链取鋊将毋同。
> 呜呼钱政何由坏，铜厂百弊言难终。
> 试上铅船点铅数，何如六运滇南铜。⑤

---

① 《大清高宗皇帝实录》卷三百四十一，乾隆十四年五月，户部议奏酌定铜运各款。
② 《大清高宗皇帝实录》卷六百三十八，乾隆二十六年六月，户部条奏铜运事宜。
③ 《大清高宗皇帝实录》卷九百九十五，乾隆四十年闰十月，署四川总督文绶奏。
④ 俞汝本：《北征诗钞》之《台庄守冻》。
⑤ 贝青乔：《半行庵诗存稿》卷五《运铅船》。

二 京铅水运动态

黔铅京运自永宁至京师，途程万里。政府虽于乾隆八年确定运输时限，但违限仍然不绝。乾隆十四年，上谕："云贵运送铜铅一事，办理日久，诸弊丛生。经朕于营私亏缺之委员严加惩处，并令该部详议定例，沿途督抚自当实力遵办。但向来铜铅运京，原有定限，委员往往逾违，及至抵京交部，又复挂欠累累，总由委员捏报事故，所至停滞，以便作弊，而各该省督抚以事不关己，虽有催趱之例，不过以行文查报了事，遂致劣员任意朦混，肆无忌惮，不思铜铅有资鼓铸，本属公事。凡运送船只由该省起程于何日出境之处，已传谕云贵督抚奏报；其沿途经过各省分督抚大吏均有地方之责，云贵督抚既鞭长莫及，而各该督抚复视同膜外，殊非急公之道。嗣后铜铅船只过境出境日期，及委员到境有无事故，并守风、守冻缘由，俱应详查明确，随时具折奏闻。"乾隆皇帝此谕旨在加强京运铜铅的过程监督，除了云贵两省外，沿途各省督抚均应将铜铅过境日期及有无事故详细奏报，以实现政府对京运的动态监管。因此，利用云贵及沿途省份督抚关于铜铅运输的奏报资料，可以再现黔铅水运的实时动态。

1. 运员田熠的运铅过程

乾隆十六年，因贵州运员田熠在京师私自售卖大量白铅，工部调查田熠长随余庆："小的系贵州布政司经历田煜长随，乾隆十四年十月内，田煜奉差解运白铅六十四万余斤，又代解官高星照带运铅交局白铅四万余斤、黑铅九千余斤，于十一月在四川永宁县领运，加耗共黑白毛铅七十二万余斤，用船载至重庆府官局镕化净铅，不知镕出多少余铅，小的主现又在重庆地方买了毛铅二万七千余斤，也在官局镕成官铅一样，于上年二月内装载起运，沿途将私铅说是加秤官铅，并未报税，至八月开到张家湾，遵例交与点验，过秤打捆。"[①] 据余庆称，田煜于乾隆十四年十月奉委押运

---

① 乾隆十六年三月九日，工部尚书何克敦《奏为奏闻事》，《内阁大库档案》，编号：000048682。

京铅，十一月在永宁铅局领运铅斤，运至重庆镕净，乾隆十五年二月自重庆起程，八月抵达通州张家湾交局。

田煜运铅反映出以下六点：其一，运员田煜官职为贵州布政司经历，属杂佐之类；其二，此次京运带有长随余庆，属于家人仆役，并非田煜一人；其三，本次京运正额白铅 64 万余斤，又带解前运员高星照挂欠黑白铅约 5 万斤，即上运运员挂欠通常由下运运员带解；其四，运员一般带解部分余铅，以备交局弥补秤头，余铅过关需纳税；其五，永宁领出的是毛铅，需要在重庆设炉镕炼纯运京；其六，田煜自永至京历时 9 个月，并未违限，且有余铅售卖，应无挂欠，属于按时、按量抵京。

2. 锦屏县知县刘允正运铅经过

贵州委员署锦屏县知县刘允正办乾隆五十五年上运白铅和乾隆五十三年上运黑铅，共计 1202588 斤。其行程："乾隆五十三年五月十九日自永宁县开兑，由泸州运至重庆熔化，于本年十月二十二日在重庆开行，至十二月初六日运出川省巫山县境，入湖北巴东县界"，又"于乾隆五十四年二月二十二日入江西德化县境，于二十四日至湖口县大湾洲阻风二日五时，二十七日至何家套阻风六日，三月初四日至彭泽县余家洲阻风三日，初八日经彭泽县护送至安徽东流县"，又"于乾隆五十四年三月初八日入安徽之东流县境，在铜陵县阻风二日，芜湖县阻风五日，于三月二十五日经当涂县交替下江之江宁县"，又"于乾隆五十四年六月十一日入直隶竟州境，二十日过天津关，……，今刘允正所运铅斤于八月初九日全数抵通。"①

刘允正此次解运京铅，途经川、鄂、赣、皖、苏、鲁、直隶七省。除了在江苏甘泉县沉溺铅 18.08 万斤全数打捞外，刘允正有惊无险，全数交兑京局。但自乾隆五十三年五月十九日至次年八月初九日，共计 15 个月 21 天，违限达两月。乾隆四十年规定："如正限之外，逾限不及一月者降

---

① 乾隆五十四年一月，工部《移会稽察房四川总督李世杰奏报黔省办运京铅过境日期恭折奏闻事》；乾隆五十四年四月，工部《移会稽察房两江总督兼署江西巡抚书麟奏为奏闻事》；乾隆五十四年五月，工部《移会稽察房安徽巡抚陈用敷奏为奏报铅斤过境日期事》；乾隆五十四年九月，工部《移会稽察房直隶总督刘峨奏为循例具奏事》，《内阁大库档案》，编号：000141924、000142504、000142745、000143830。

一级留任，委解上司照例罚俸一年；逾限一月以上者降一级调用，两月以上者降二级调用"①。刘允正面临降调之忧。

3. 乾隆十六年京铅运输动态

黔铅京运一年四起，前运未回，后运又起，势必会出现众多运员在途的情形。笔者以乾隆十七年的七份京铅过境奏销折为基础，分析一年内京铅的运输情形：

> 乾隆十六年七月初一日，山东巡抚准泰《奏为恭报铅船出境日期仰祈睿鉴事》："窃照铜铅船只过境出境各日期例应恭折奏闻。兹据布政使李谓详称，查有贵州委官修文县典吏朱宏仁领运乾隆壬申年宝泉宝源二局白铅六十四万斤，计装船六只，于乾隆十六年五月初三日辰时由江南入东省之泽县境，沿途州县稽查催赞，已于乾隆十六年六月初一日申时催出东省之德州卫境，交与直隶之景州接催北上讫。内除该船在泽县、济宁卫、嘉祥、汶上、阳谷、聊城、博平、临清、武城等境守风、守闸、守水等日期均已行查，统俟取到各结案汇申送部外，该船并无故逗留及在境生事等情，呈详到臣。臣复查无异，理合遵例奏闻，伏乞皇上睿鉴，谨奏。"

> 乾隆十六年七月初六日，安徽巡抚张师载《奏为奏报铜铅船只入境出境日期仰祈圣鉴事》："兹据东流、怀宁、贵池、铜陵、芜湖、当涂各县报称，贵州委员普安县驿丞马玢办运壬申年下运白铅六十四万斤，装船六只，于乾隆十六年闰五月十三日入东流县境，十四日入怀宁县境，守风三日，十九日经芜湖关查验，二十一日出当涂县境，……俱交下江之上元县发护催赞前进等情，臣复查无异，理合遵旨具折奏闻。"

> 乾隆十六年七月十三日，江苏巡抚王师《奏为循例奏报事》："……又贵州省委员姚培叙解部壬申年上运白铅一百二十八万九百五十七斤，于乾隆十六年二月初二日上元县入境起，由仪征等州县至沛县，于四月初八日出江南境等情前来，除将经过各州县及换船守风等项各日期开明咨部外，所有楚滇粤黔等省铜铅锡斤船只过境缘由，臣

---

① 《大清高宗皇帝实录》卷九百九十七，乾隆四十年闰十一月，吏部奏定例滇省解运京铜。

谨会同暂管总督高斌循例奏报。"

乾隆十六年七月二十一日，江南河道总督高斌《奏为奏报铅船入汛出汛日期仰祈圣鉴事》："……嗣准户部咨开，贵州委员普安县罐子窑驿丞马玢管解壬申年下运白铅行文拨护前来，臣随即檄饬河标各营拨兵接护，逐程催赞去后，兹据中营副将黄正元护理右营游击印务中军守备王国用等报称，贵州委员马玢管解乾隆壬申年下运白铅六十四万斤，装船六只，于乾隆十六年六月十二日入河标中营之山阳县清江闸汛，随即接护，沿途实力催赞，七月初八日送至山东台儿庄地方，交与东省汛弁接护北上等情，臣复查无异，所有拨护过贵州委员马玢管解铅船入汛出汛日期理合遵旨具折奏闻。"

乾隆十六年八月初一日，漕运总督瑚宝《奏为奏报铅船入汛出汛日期仰祈睿鉴事》："据淮安城守营参将李竣报称，贵州委员遵义府通判席健管解铅船十一只，内装乾隆壬申年下运白铅一百二十八万九百五十七斤，于乾隆十六年闰五月二十日入漕标金河汛，随于二十五日出汛，交给河标清江闸汛，把总段锦接护北上讫。又贵州委员普安县罐子窑驿丞马玢管解铅船六只，内装乾隆壬申年下运白铅六十四万斤，于乾隆十六年六月初四日入漕标金河汛，随于十二日出汛，交给河标清江闸汛，把总段锦接护北上讫。查各该委员管解铅船俱因在境修整蓬舵雇募纤夫暂行驻泊，是以未得迅速，合并声明等情前来，奴才复查无异，所有催赞发护过各铅船入汛出汛日期理合遵旨恭折奏闻。"

乾隆十六年九月二十一日，直隶总督方观承《奏为奏闻事》："……又贵州委员朱宏仁领运壬申年京局白铅，于六月二十日自天津西沽起剥，于七月初十日陆续抵湾，……所有董如漪沉溺铜斤全行捞获并龚锜朱宏仁陈铭铅斤三起运抵湾各缘由理合恭折奏闻。"

乾隆十六年十一月十七日，四川总督策楞《奏为循例奏闻事》："黔省委员绥阳县典史梁元臣办解癸酉年上运白铅六十四万斤，又补解马元亮沉溺白铅五万五千九十九斤，又补解己巳年下运黑铅五万斤，于乾隆十六年九月二十一日自重庆开帮起，沿途催趱，于本月三十日出川省之巫山县境，仅行十日，又黔省委员清平县县丞黄佐办运汉口销售铅一百五万斤，于乾隆十六年九月二十五日自重庆开帮起，一体催趱，于十月初七日出川省之巫山县境，仅行十二日，均未逾限等情。"①

上列七条过境奏报中，各运分别为壬申年（乾隆十七年，1752）上下运四起、癸酉年（乾隆十八年，1753）上运一起和楚运一起，船只分别出现在直隶、山东、江苏、安徽、四川五省境内以及漕运、江南河道二总督所辖水道之中。其中，乾隆壬申年京铅四运运员，朱宏仁、马玢、席健分别为典史、驿丞和通判。按规定："自乾隆七年京局加卯鼓铸，每运应解白铅一百九十二万九百五十余斤，经前司详请咨部，每运办解，或先令正运之员起解三分之二，或先令副运之员起解三分之一，分为先后押运。"② 据各人运解铅斤数量，朱宏仁、马玢属于副运员，姚培叙、席健属于正运员。

乾隆十六年出现的四起京铅并非同时发运，每运之间约有两个月的间隔，以免船只水手不敷雇募。各运虽走相同的路线，但运输时间不同，沿途所遇情况各异，并非能按序到京。如姚培叙所解二起京铅应比朱宏仁所解一起京铅晚两个月出发，但一起在山东境内已经长达20余天，而马玢所解四起京铅抵达台儿庄时，一起朱宏仁仅过去两个月。

按政府规定，黔铅由永宁至京师限一年零二十天。但运官在途会面临各种意外情况，往往需守风、守水、守冻及让漕，耽延时日，全程大多需要两年时间。那么，同一年运输在途的京铅近10起。如乾隆十六年十二月三十日夜，"汉口江岸有江西客民网子船失火，时西南风大作，顺风延烧蕲州卫头帮粮船七只，云南、贵州运京、运楚铜铅等船三十五只，又大小盐船十一只"。③ 多起京运铜铅船在汉口因火沉失，表明他们虽然出发时间不一，但在相同时间相同地点相遇。

4. 乾隆四十五年京铅运输动态

在笔者搜集的起程及过境奏报折中，乾隆四十五年运输在途的京铅共计五起，分属辛丑年和壬寅年京运：

> 乾隆四十五年四月二十八日，贵州巡抚李本奏："窃照黔省办运

---

① 《宫中档乾隆朝奏折》第1辑，第30、69~70、134~135、195、317、733、907页。

② 四川大学历史系、四川省档案馆合编《清代乾嘉道巴县档案选编》，四川大学出版社，1989，第437页。

③ 《大清高宗皇帝实录》卷四百七，乾隆十七年正月丁亥，上谕。

京局铅斤，委员由厂运至四川重庆镕化齐全，开船起程日期，例应专折奏报。兹据署布政使事粮储道德隆详称，委办辛丑年下运京铅，都匀县知县王圣维领运正加白铅一百九万七千九百七十八斤八两，又自出己资买备沿途磕损折耗及抵部添补秤头白铅一万二千斤，据该员具报，镕化齐全，于乾隆四十五年三月二十四日由重庆开船起程等语。查前项铅斤自黔省厂地运至重庆水陆二路俱有官役管押，并无盗卖缺失情弊，取具各结，详请奏咨前来，臣复查无异，除咨明户工二部并分咨经过各省督抚于一体转饬沿途地方官催趱稽查，毋许逗留外，所有辛丑年下运京铅委员王圣维由重庆开行日期理合恭折奏闻。"该年八月四日，江西巡抚赫硕又称："贵州委员都匀县知县王圣维领运辛丑年下运京局白铅一百九万七千九百七十八斤八两零，又买备添补折耗铅一万二千斤，于乾隆四十五年七月初二日戌时由湖北蕲州入江西德化县境，初七日申时送至安徽东流县交替前进。"①

乾隆四十五年七月十二日，湖北巡抚郑大进奏报贵州委员杨照领运京铅过境，七月二十四日，江西巡抚赫硕奏："贵州委员清平县知县杨照管解壬寅年上运京局白铅一百九万七千九百七十八斤零，又买备添补折耗铅一万五千斤，于乾隆四十五年六月二十一日酉时由湖北蓟州入江西德化县境，二十五日卯时入安徽东流县境。"十二月三日，山东巡抚国泰又奏："贵州委员清平县知县杨照办运乾隆壬寅年上运正加白铅一百九万七千九百七十八斤零，又自备折耗铅一万五千斤，计装船十一只，于乾隆四十五年九月十二日申时入山东泽县境，已于十月二十七日酉时出山东德州卫境，交与直隶接替前进。"②

乾隆四十五年七月二十七日，江苏巡抚吴坛奏："贵州委员锦屏

---

① 乾隆四十五年四月二十八日，暂护贵州巡抚布政使李本《奏为恭报京铅开行日期仰祈圣鉴事》，《军机处档折件》，编号：027175；乾隆四十五年八月四日，江西巡抚郝硕《奏报贵州运铅船过境日期由》，《军机处档折件》，编号：028073。

② 乾隆四十五年七月十二日，湖北巡抚郑大进《奏为贵州等省运京铜船过境并无逗留情形》，《军机处档折件》，编号：027889；乾隆四十五年七月二十四日，江西巡抚郝硕《奏为贵州运京铅船过境日期事》，《军机处档折件》，编号：027995；乾隆四十五年十二月三日，山东巡抚国泰《奏报贵州省领运壬运年上运正加白铅船只过境日期》，《军机处档折件》，编号：029162。

县知县沈常业领解乾隆辛丑年下运京局正备白铅一百十一万五千九百七十八斤零，于乾隆四十五年三月十五日入江南省上元县境，五月十六日出江南省沛县境。"①

乾隆四十五年十一月十五日，贵州巡抚李本奏："委办壬寅年上运京铅天柱县知县赵万里，领运白铅一百九万七千九百七十八斤八两，又自出己资，买备沿途磕损折耗及交部添补秤头白铅一万五千斤，据该员具报，镕化齐全，于乾隆四十五年九月二十六日由重庆开船起程。"②

乾隆四十五年十一月二十二日，贵州巡抚孙永清奏："承办壬寅年下运京铅，台拱同知宫绮紬领运正加白铅一百九万七千九百七十八斤八两，并带解前运托灵阿挂欠白铅四万一千三百九十五斤十两，又带解叶相兼挂欠白铅二万一千四百三十四斤九两五钱，黑铅一万三千二百一十八斤九两，又自出己资买备沿途磕损折耗及交部添补秤头白铅一万斤，据该员具报，镕化齐全，于乾隆四十五年十月初十日由重庆开船起程。"③

乾隆四十五年和乾隆十六年相比，京铅运输出现了较大变化。其一，运员不再有正副之分，统一派遣府佐州县充任，每起运铅定额 1097978.5 斤，四起共计 4391914 斤，这与黔铅京运量增加有关。自乾隆二十七年开始，"贵州省办运京铅无分正副，将每运应解之数通融均算，分派府佐州县领解"。④ 其二，京铅发运更加密集，时间更为明确，每年分上下两运，上运二起于春季发运，下运二起于秋季发运。因乾隆三十年后征缅战役及第二次金川战役，大量征用川滇黔地区驮马运送军需物资，贵州运力下降明显，永宁存铅不敷，京铅被迫延迟。如乾隆三十二年，因"黔省接送京

---

① 乾隆四十五年七月二十七日，江苏巡抚吴坛《奏为贵州省运京局白铅船只过境日期由》，《军机处档折件》，编号：027967。
② 乾隆四十五年十一月十五日，贵州巡抚李本《奏为黔省办运京局铅斤开行日期具奏》，《军机处档折件》，编号：029096。
③ 乾隆四十五年十一月二十二日，护理贵州巡抚布政使孙永清《奏报京铅开行日期》，《军机处档折件》，编号：029426。
④ 《清代乾嘉道巴县档案选编》，道光十二年十月初八日川督鄂山札，第437页。

兵，采办马匹"，"难以兼顾"京运，贵州巡抚鄂宝请停运汉口铅斤，部议暂停半年京铅运输。① 虽然乾隆三十四年贵州巡抚良卿奏称："上年驮马缺乏，稽迟铅运，臣同道府等均干吏议，共知猛省，殚力筹催，赶赴例限，所有积滞京铅，现已趱运清楚，嗣后不致再有贻误。"② 但却将楚铅运输严重推迟。乾隆三十五年，湖北巡抚奏称："黔省铅斤，因近年驮马稀少，先尽京运办解，致楚铅未能克期运贮汉口"，以致"浙省委员巡检孔传望、主簿温颂先后赴楚采办铅斤，迄今二年尚未运回"。③

---

① 《大清高宗皇帝实录》卷七百九十三，乾隆三十二年八月甲申，上谕军机大臣等。
② 《大清高宗皇帝实录》卷八百三十七，乾隆三十四年六月，贵州巡抚良卿奏。
③ 《大清高宗皇帝实录》卷八百六十五，乾隆三十五年七月己巳，上谕军机大臣等。

第五章

清代黔铅矿业与贵州经济发展

作为清代国家战略资源，黔铅开发受到政府的大力扶持，持续时间长、生产规模大、分布地域广，与滇铜一起，成为清代矿业大发展的主要代表。同时，大规模、持续性的矿业开发所需的人力、物资、资金、技术、交通、市场等要素，又对矿产地提出了更高的要求。作为黔铅产地，贵州在满足这些要素的同时，带动了诸如农业、矿业、交通运输业、商业贸易及城镇的发展，促进了贵州经济的整体发展和产业结构的调整。

第一节　矿业人口与外来移民

中国传统时代的矿业生产基本沿用土法，开凿矿井、坑道运输、碎矿、选矿、冶炼等工序大多依赖人力，属于劳动密集型产业，清代黔铅开发亦不例外。根据清代黔铅生产规模判断，从事黔铅开发的矿业人口数量应当极为可观。如乾隆二年，贵州提督王无党奏报，黔省上游"各处俱有银、铜、铅、锡等厂，每厂少者数千人，多者二三万人"[①]。再如乾隆十三年，贵州按察使介锡周亦言："银、铜、黑白铅厂，（黔省）上下游十有余处，每厂约聚万人、数千人不等。"[②] 但是，这类记载多为概略性或描述性

---

①　朱批奏折：乾隆二年二月二十一日，贵州提督王无党《奏为谨陈开厂利弊事》，引自《清代的矿业》，第 60～61 页。

②　《大清高宗皇帝实录》卷三百十一，乾隆十三年三月，贵州按察使介锡周奏。

的内容，缺乏具体的数量统计。清代黔铅矿业人口不但包括从事开采、冶炼、运输等直接性工作的人口，而且包括从事燃料、粮食、油、铁等物资运输，与矿区生产、生活密切相关的间接性工作的人口。但限于资料，本节借助其他相关资料和理论方法，仅考察清代黔铅矿区从业者和黔铅运输者两类。

一　矿区从业者

矿区从业者是指在清代黔铅各矿区从事寻矿、开硐、采矿、运矿、碎矿、选矿、冶炼、矿硐防护、通风、排水等与采冶直接相关的人员，以及为这些人员的生产、生活提供服务的间接从业者，笔者将其通称为矿民。

雍正初年，政府对黔铅部分矿区的从业者进行过一次系统调查。雍正三年二月底，贵州大定镇总兵丁世杰命令下属营汛调查所属地方开矿情形。据回禀称："亥仲汛属一带地方，查得仅有马鬃岭塘旁边开倭铅一厂，聚集厂民五千有余，房炉两千两百余间，现在烧炉系雍正二年七月内奉文开采之厂，其余汛属一带地方，并无开采矿厂之处。……水城汛一带地方，查得汛属之播木雄现在开挖矿硐六口，厂民共有六百余人，房炉共一百二十余间；又查得发夏地方现在开挖矿硐，厂民百十余人，房炉共五十余间；又查八甲山地方亦开矿硐四口，厂民三十余人，破烂房炉共一十八间；江西沟现在开采矿硐二口，聚集厂民二百余人，房炉七十三间；又查大兴厂开挖矿硐一口，厂民三十余人，房屋七间；又查麻园沟现开矿硐一口，厂民三十余人，房屋六间；查至铜厂坡，亦有开矿硐一口，厂民二十余人，房屋四间。……普擦汛属一带地方，仅查得落龙山现今开挖矿硐一十四口，未得矿砂七口，厂民共计二千余人，房炉共有一千二百六十余间。"[①] 按大定镇中营亥仲汛、左营水城汛、右营普擦汛地，雍正十一年改属新设立的水城厅，位于今贵州六盘水市水城区东北部。

马鬃岭白铅厂设于雍正二年。次年，户部引护理贵州巡抚威宁镇总兵

---

① 雍正三年五月十三日，贵州大定镇总兵官丁士杰《奏为行查大定汛属矿厂事》，《宫中档雍正朝奏折》第4辑，第316~317页；雍正三年五月十三日，贵州大定总兵丁士杰《奏报汛属矿厂往来行查情形折》，《雍正朝汉文朱批奏折汇编》第五册，第3~8页。

石礼哈奏报称："自雍正二年九月至今，马鬃岭所抽收课铅，每月有两万余斤，每年约抽二十五六万斤。"① 按照二成抽课推算，马鬃岭厂年产铅约为125万斤，以该厂当时矿民5000余人推算，人均年产铅约250斤。据第三章研究可知，雍正三年，贵州白铅产量221万斤，推算当时从事白铅采冶的矿民大约8800余人。至于猴子黑铅厂所属落龙山子厂，据雍正三年贵州巡抚毛文铨奏："窃查黔省猴子厂于康熙五十七年具题开采以来，至康熙六十一年矿已衰微，续升布政使裴率度具详，咨部请封，嗣因部覆不准停止，管厂官无可如何，臣于是年在大定州地方另蹞一山，地名落龙硐，详明开采，帮补猴子厂，迄今又已四载，落龙硐亦复衰微。"② 可见，至雍正三年，落龙硐子厂亦已衰落，所开14个矿硐中仅有7个出矿。据第三章研究，该年猴子厂产黑铅仅6万斤，贵州全省黑铅产量10.7万斤。即使猴子厂课铅全部由落龙硐子厂承担，去除在未出矿的矿硐作业的一半矿民，人均年产铅仅60斤，推算当时从事黑铅采冶的矿民应不少于2600人。

值得注意的是，丁士杰提及的九处矿产地，除了马鬃岭、落龙山之外，还有播木雄、发戛、八甲山、江西沟、大兴厂、麻园沟、铜厂坡七处。虽然江西沟、大兴二处在其后正式设厂，但在雍正三年，这七处均属私采，其产量并不在政府统计范围之内。这七处矿点有矿民1000余人，占此次调查矿民总数的12.5%。当时正处于黔铅开发的初始阶段，私开铅矿并非大定一处。如雍正三年四月，贵州威宁镇总兵石礼哈奏报："王日生又同（贵州巡抚金世扬）至黔省，到威宁府开采天桥、腻书、阿都、柞子等厂，至四川重庆府发卖。"③ 而据第二章研究可知，除了腻书、阿都二厂设于雍正二年外，天桥、柞子二厂当时并未设立，应属王日生私开。

由此可见，雍正三年，实际从事黔铅采冶的矿民可能接近1.3万人，

---

① 户科史书：雍正三年九月初二日，总理户部事务和硕怡亲王允祥等《题为详请开采等事》，引自《清代的矿业》，第314~315页。

② 雍正三年五月初一日，贵州巡抚毛文铨《奏猴子厂落龙硐矿砂衰微将尽续采有弊无益折》，《雍正朝汉文朱批奏折汇编》第四册，第871页。

③ 雍正三年四月二十二日，贵州威宁镇总兵石礼哈《奏报恶棍王日生开矿贩卖等劣迹事》，《雍正朝汉文朱批奏折汇编》第四册，第813页。

人均年产铅约为 178 斤。雍正年间处于黔铅开发初期，矿石品位高，矿硐短浅，矿区物价低，采冶成本相对较低，人均矿产量相对较高。如以上述人均年产铅量，根据第三章研究的铅产量，推算雍正七年至雍正十三年，黔铅矿区每年从事采冶的矿民从 2.9 万人增至 4.6 万人。

乾隆十年以后，黔铅产量再次快速增加，这与政府提高官购余铅价格直接相关。乾隆十年"题准：贵州办解京局白铅，请照课铅变价例，每百斤以一两五钱收买解京"。① 政府之所以提高余铅收购价格，是因为主要矿厂开采日久，采冶成本上升，矿民入不敷出，产量不断下降。据乾隆十年五月贵州总督张广泗奏称："查得莲花厂开采多年，硐深矿淡，煤块亦少，近于三十五里外新店山取矿驮运，质颇浓厚，……每铅百斤共用工本银一两一钱一分，除加二抽课外，余铅八十斤照每百斤给官价一两三钱计算，只得银一两零四分，尚不敷工本银七分，目下只存炉十座，各欲奔散，恳请照从前大鸡、丁头山厂之例，每余铅百斤加价二钱，共给银一两五钱，计每烧出铅百斤内，以二十斤抽课，以八十斤收买，照炉民所费工本一两一钱一分扣算，稍获余息银九分，自可添炉"；"查得砂硃厂开采年久，矿山距厂十六七里，硐深质淡，每罐出铅只八九两，……每铅百斤共用工本银一两一钱二分，除加二抽课外，余铅八十斤照每百斤给官价一两三钱计算，只得银一两零四分，尚不敷工本银八分，目今只存炉八座，亦难久留，急请每余铅百斤加价二钱，照从前大鸡、丁头山厂之例给价一两五钱，计每烧出铅百斤，内以二十斤抽课，以八十斤收买，照炉民所费工本一两一钱一分扣算，尚可获余息银八分"②。

从张广泗的奏折中可以看出，导致莲花、砂硃采冶成本上升的主要原因有三："矿淡"，即矿石平均品位降低，意味着冶炼相同的铅斤需要更多的矿石；"硐深"，即矿井深度越来越大，这不但增加了运输矿石的人工成本，而且意味着坑道中的安全防护、通风、排水等方面投入越来越大；采冶所需的煤炭、粮食、油、铁等物质的价格上涨，这些均因矿厂开采年久所致。矿民无利可图，势必减产停工。早在雍正八年，时任云贵总督的鄂

---

① 乾隆《钦定大清会典则例》卷四十四《户部·钱法》办铅锡。
② 乾隆十年五月初七日，贵州总督张广泗《题为贵州白铅不敷供铸请以乾隆十年三月为始增价收买余铅以济运解事》，中国第一历史档案馆藏，档号：02 - 01 - 04 - 13868 - 010。

尔泰就认识到这一问题："再黔省矿厂虽可有成效，然经理方始，尚未敢骤定规条。如商民获利太微，则开采者稀少；远近脚力太重，则贩卖者退缩，须权其所出之多寡、工本之轻重、驮载之远近。大局不可分歧，而调剂须别高下，必使民间于工本之外尚有利息，而在官所收铜铅亦必各有盈余，则上下均受其益，方可经久。"① 莲花、砂硃二厂每产铅百斤需成本银分别为 1.11 两和 1.12 两，余铅变卖官府之后，分别亏损银 0.07 两和 0.08 两。官购余铅每百斤增加银二钱后，分别可获利银 0.09 两和 0.08 两。如此，达到所谓"上下均受其益，（矿业）方可经久"的目的。而矿民每产矿百斤获利 0.08 ~ 0.09 两白银，正是政府认可的获利标准，亦被认为是正常生产状态下的获利水平。

由此可见，在设厂之初、生产成本上升之前，该二厂矿民的获利水平不应低于政府认可的标准。就此推论，至乾隆十年，黔铅矿厂的采冶成本相比雍正年间约上升 15%。而采冶成本上升主要表现则是人工成本，即投入更多的人力用于开矿、运矿、炼矿及矿硐防护等工作。当然，还有一部分成本用于平衡矿区物资价格的上涨。姑且暂定新增采冶成本的 2/3 用于新增人力支出，根据雍正年间人均年产铅量推算，乾隆十年前后，矿区人均年产铅量约为 162 斤。官购余铅价格的提高在一定程度上改善了矿民的经营状况，加之新矿厂的设立，黔铅迎来了发展的鼎盛时期。乾隆十三年，贵州产白铅 1716 万余斤、黑铅 16.6 万斤，根据人均年产铅量推算，矿区从事采冶的矿民急剧增加，达 10.7 万余人。

但是，政府将提高余铅收购价格作为保证矿产量的一种应急措施，并非经常性、制度性的行为，而采冶成本则伴随着开采时间逐步增加，属于矿业生产的一般规律。因此，一段时间过后，矿民又将面临采冶成本上升导致无利可图的状况，势必星散，矿产量逐渐下降。乾隆四十五年，贵州巡抚李本奏称："迩年以来，福集厂铅斤犹能采办如额，不致减缩，惟莲花一厂炉民所获铅斤虽尽售于官，而按计月额，尚不足三十万之数，办理甚形竭蹶。……经贵西道张诚基亲往该厂勘明，实因开采年久，硐深矿

---

① 雍正八年正月十三日，云南总督鄂尔泰《奏为覆奏事》，《雍正朝汉文朱批奏折汇编》第十七册，第 692 ~ 693 页。

薄，工费繁重，炉民办获铅斤尽归官买，无可通商获利，以致炉座稀少，此莲花厂必须减额之实在情形也。"① 因采冶成本上升导致矿民无利可图，莲花厂产量因而下降。但为了完成生产目标，厂官将莲花厂余铅全部收购，堵塞了矿民通过通商铅改善经营状况的途径，使矿民经营状况进一步恶化。

乾隆五十三年，贵州巡抚李庆棻以莲花、福集二厂为例，再次奏报莲黔铅产量下降的原因："缘福集厂自乾隆十一年开采，定例每铅百斤给价银一两四钱；莲花厂自雍正十二年开采，定例每铅百斤给价银一两五钱，但每百斤应抽课铅二十斤，亦悉从工本出办，炉民实得之数，计之每百斤仅得工本银一两一二钱。今开采年久，槽硐愈挖愈深，自十数里至二三十里不等，炭山亦渐远一二站之外，工费较增于前，且槽硐地势日益洼下，常有山泉灌注，必须多雇砂丁淘干积水，方能采矿，兼之食物渐昂，厂民所领铅价不敷工本，以致无力攻采，此现在铅厂不能丰旺之实情也。……应恭恳圣恩俯准，照滇省加增铜价之例，每百斤酌加价银三钱。"② 综合李本、李庆棻所言，导致采冶成本上升的原因与乾隆十年张广泗所言大同小异，但强调了矿井深远所导致的运输、排水成本的增加。

因此，李庆棻奏请将余铅收购价格从每百斤价银一两五钱提高至一两八钱。至于政府提价的幅度基本是以矿民"稍获微利"为准，以扭转黔铅产量下降的趋势，并非无限制增加，因为增加所需的资金还需政府承担。参照乾隆十年提价的旧例，推算乾隆五十三年莲花厂每产铅百斤的成本银约为 1.36 两，较之乾隆十年增加了 22.5%。如果仍以 2/3 的新增成本用于新增人力支出的话，则人均年产铅量约为 132 斤。如此，根据乾隆四十三年、乾隆五十六年、嘉庆六年的黔铅产量，推算出矿区的从业人口数量分别为 6.3 万人、4.8 万人和 5.2 万人。

矿硐进水是嘉道时期影响黔铅开采作业的重要因素。前文乾隆五十三年贵州巡抚李庆棻已经提及。嘉庆十五年，贵州巡抚鄂云布奏报：

---

① 乾隆四十五年五月二十六日，暂护贵州巡抚李本《奏为莲花厂产铅日绌请通融补剂事》，中国第一历史档案馆藏，档号：04 - 01 - 36 - 0092 - 030。

② 乾隆五十三年八月二十一日，贵州巡抚李庆棻《奏为预筹调剂厂铅以裕运务仰祈圣鉴事》，《宫中档乾隆朝奏折》第 69 辑，第 283 页。

"（福集厂）不独加办之铅不能领办，即正额亦属不敷。实因该厂硐道深远，最浅最近之处亦有百十余丈，始抵矿槽，深及地泉，时多积水，一遇春夏大雨时行，硐水不能车戽，须俟秋杪始能动车，冬底方可戽干，计一年之内仅有两三月施工，实属限于地利，非人力所能补苴。"① 春夏大雨经常导致矿硐进水，采矿作业被迫中断，必须安排人力，或拉竜，车戽，排干积水，然后继续采矿作业。鄂云布称福集厂每年仅有三个月时间进行采矿作业，这势必严重降低黔铅采冶效率，导致人均年产铅量进一步下降。

福集厂可能是受影响最为严重的矿厂，但矿硐被水影响黔铅生产应为普遍现象。时人，李宗昉称："威宁多铅厂，旧矿产铅不旺，且每岁夏时中多积水，车戽之费较昔日增"②；道光八年，贵州福集厂"新发、白岩子厂，夏间雨水过多，硐被淹，招丁车水，需费不少，炉户倍形疲乏"③。矿硐排水所需人力甚多。道光《滇南厂矿图略》载："小则皮袋提背，大则安竜递扯，然竜至十余闸后，养丁多费，每致不敷工本，得能择地开办，水洩槽硐，方为久远之计"；"曰竜：或竹或木，长自八尺以至一丈六尺，虚其中，径四五寸，另有棍，或木或铁，如其长，剪皮为垫，缀棍末，用以摄水上行，每竜每班用丁一名，换手一名，计竜一条，每日三班，共用丁六名，每一竜为一闸，每闸视水多寡，排竜若干，深可五六十闸，横可十三四排，过此则难施。"④ 虽然这是针对滇铜矿厂而言，但其技术不应因矿种而有本质的差别。按上述记载推算，福集厂矿硐排水所需人工不下千人。这些人虽不直接从事采冶，但所费甚巨，仍应计算在成本之内。

因此，道光朝以来，黔铅采冶成本不断增加，而人均年产铅量则进一步降低。道光八年，贵州巡抚嵩溥奏："兹据厂员贵西道周廷授详称：妈姑、福集等厂开采年久，硐深矿微，攻取匪易，新发、白岩子厂因夏间雨水过多，槽硐被淹，招丁车水，需费不少，且采办铅每一百斤，除抽课二

---

① 朱批奏折：嘉庆十五年八月二十四日，贵州巡抚鄂云布《奏为黔省妈姑、福集二厂开采年久出铅短缩以致缺铅情形恭请减额另觅子厂赠运事》，《清代的矿业》，第339～341页。

② 李宗昉：《黔记》卷四。

③ 《大清宣宗皇帝实录》卷一百四十八，道光八年十二月丙寅，谕内阁嵩溥奏请暂减课铅成数一折。

④ 吴其濬：《滇南厂矿图略》卷一《云南矿厂工器图略·患第十三》。

十斤不计外，其余八十斤，按例价只给工本银一两四钱，工食费用较前加增，而所领工本银两不敷烧办成本，炉户无力贴赔，以致炉座渐停，并因缴铅不足，负欠逃亡，请援照滇省办铜抽课一成之例，将课铅暂减一成，以纾厂力。"[1] 从嵩溥所引周廷授言，妈姑（即莲花）、福集二厂"开采年久，硐深矿微"，新发、白岩子厂被淹更是雪上加霜，导致矿民入不敷出。因此，嵩溥奏请政府减半抽课，即将实物矿税税率由 20% 降至 10%，商民以减免课铅作为余铅卖给政府，可以增加部分收入，缓解经营状况。

一成抽课政策施行后，矿民所售政府余铅由八成增至九成，按官购余铅每百斤价银一两八钱计算，增收银 0.18 两。如此次减税仍以矿民"稍获微利"为准的话，推算每产铅百斤成本银为 1.50 两，较之乾隆五十三年增加了 10.3%。如果仍以 2/3 的新增成本用于新增人力支出的话，则人均年产铅量约为 120 斤。如此，根据嘉庆二十一年、道光九年、道光二十五年的黔铅产量，推算出矿区的从业人口数量分别为 5.6 万人、5.7 万人和 2.3 万人。

表 5 - 1　清代中期黔铅矿区矿业人口估算

单位：万人

时　　间	矿业人口	时　　间	矿业人口
雍正十三年	1.3	嘉庆六年	5.2
乾隆十三年	10.7	嘉庆二十一年	5.6
乾隆四十三年	6.3	道光九年	5.7
乾隆五十六年	4.8	道光二十五年	2.3

表 5 - 1 所列清代中期黔铅矿区矿业人口，是根据不同时期人均年产铅量和黔铅产量估算而来。在中国传统社会，矿业是一个劳动密集型产业。一般而言，如果技术层面没有本质的变化，大致可以认为矿区从业人口数量与矿产量成正比。从表 5 - 1 可见，清代中期黔铅矿区矿业人口变化剧烈，乾隆十三年至乾隆三十年之间是矿区矿业人口最多的时期，曾经突破10 万人大关；乾隆三十年至道光朝前期，虽然黔铅产量下降，但因矿石品

---

[1]　道光八年十月二十五日，贵州巡抚嵩溥《奏为铅厂办理竭蹶恳请暂减一成课铅以纾厂力恭折奏祈圣鉴事》，中国第一历史档案馆藏，档号：04 - 01 - 35 - 1362 - 019。

位降低、矿硐深远、坑道运输和排水量增大、矿区物资价格上涨等因素影响，不得不投入更多人力以应对采冶条件的变化，故矿区矿业人口一直维持在 5 万~6 万人；道光末年，因矿源枯竭，矿区社会秩序紊乱，产量急剧下滑，矿业人口骤减。

二　矿产运输者

清代黔铅矿区辟处贵州西北一隅，而销售区域则遍及全国。据本书第四章的研究，贵州官铅外运，首先由各厂至永宁铅店，此段运输由沿途府州县负责，就近雇募人夫马匹，笔者将其称为陆路运输。清代莲花、福集、柞子三厂产量最大，莲花、柞子二厂地处威宁州妈姑镇，其运铅道路由今赫章县妈姑镇基本沿 G326 国道自西向东至毕节，再沿 G76 国道自南至北至今叙永县城；福集厂在水城厅，运铅从今水城区老鹰山镇沿 S307 道至纳雍县县城，再向北沿 S211 道至毕节县城，与莲花厂运铅道路会合再。也就是说，清代黔铅陆路运输主要由威宁、水城至永宁，运输路线以威宁道为主。

要考察黔铅陆路运输从业者的数量，首先必须了解陆运运力，尤其是威宁道马匹的运输能力。威宁、水城两地经毕节至永宁，虽然仅有 11 站路程，但沿途穿越乌蒙山区，不仅道路崎岖，通行能力差，而且与滇铜、商货运输争夺运力。乾隆三年，云南巡抚张允随在筹划滇铜京运路线时称："查滇省运铜至京，必由威宁换马，但威宁一州路当滇黔蜀三省冲衢，官运铜铅，商驮货物，均于此处换马，前因官商争雇，壅滞不前。案准贵州督臣咨：将马匹分作十分计算，酌定官六商四，又于官雇六分之中分作十分计算，若铜多铅少，则铜六铅四，若铅多铜少，则铅六铜四等因。从前各省办铜只一百余万，驮马艰难尚且如此。今查黔省现运京铅三百八十四万零；又每年运毕节铜铅四十一万零；又准四川抚臣咨，每年买滇铜三十万斤；再加以滇省办运京铜四百余万，是每年官雇六分之中，约需马五六万匹，按日轮流计算，每日必得马一百五六十匹。现今据各办员报称：威宁每日进关之马，至多不过五六十匹，少则一二十匹。"[①] 按张允随所言，

---

① 《张允随奏稿》，乾隆三年五月三十日《为奏明办解京铜事宜以速鼓铸事》。

威宁道每年需运输铜铅 855 万斤，每日需马 150 余匹。实际上，自乾隆元年开始，黔铅京运已经减半，故实际每年需运送铜铅 663 万斤，日需马 120 匹。但是，威宁每日可用马匹数量，最多时亦仅为需求的一半，故次年贵州总督张广泗称："是威宁一路每年铜铅兼运，原可办四百余万。"①

显然，威宁道繁重的铜铅外运任务并非单纯依靠马匹能够完成。因此，自乾隆五年起，云南新辟金沙江、盐井渡、罗星渡水道，并将各省采买铜斤运输改道广南—白色一线，分流滇铜京运，以缓解威宁道运输压力。乾隆十年以后，滇铜京运除了一小部分经威宁至镇雄之外，绝大部分不再走威宁道。如乾隆十一年，云南总督张允随奏报："滇省新开金沙江、盐井渡、罗星渡三处通川河道，所有京铜运道俱可改陆从水。"② 但是，黔铅外运数量已经超过威宁道马匹的运输能力。据本书第三章的研究结果，早在乾隆七年，黔铅外销量已达 488 万余斤，乾隆九年更增至 608 万斤。故贵州于乾隆五年綦江道运铅，但因乾隆十四年绥阳县月亮岩厂封闭而废弃。乾隆十一年开赤水河道，但因水道条件所限，每年运铅仅为 150 万斤，且多陆路和盘剥，至乾隆二十五年已不见赤水河运铅的记载。也就是说，乾隆十年之后，虽然部分铅斤由赤水河道水运，但大部分仍走威宁道，而乾隆二十五年后几乎全部走威宁道。而对于威宁道而言，如果每年运铅超过 400 万斤，其余部分就不得不依靠人夫背运。如道光时期，时人贝青乔称："自毕节以西五六百里间，男妇以驮负为业，背盐入黔，背铅入蜀，一路往来如织也。"③

结合以上分析及黔铅销量，可以对清代黔铅陆路运输从业者进行推算。雍正五年至雍正十一年，贵州政府收购各厂余铅，经威宁道运至永宁等地销售，每年不下 300 万斤。按莲花等厂至永宁铅店 11 站，每匹马每年可送 16.6 次。而每匹马每次驮运重量，据乾隆九年调查："脚户揽驮客货每马一匹，每驮只重一百五十斤。"④ 也就是说，每匹马年运铅约 2500

---

① 乾隆四年十一月二十日贵州总督张广泗《奏为遵旨议奏事》，《明清档案》：A91－65。
② 《大清高宗帝实录》卷二百六十九，乾隆十一年六月，云南总督兼管巡抚事张允随奏。
③ 贝青乔：《半行庵诗存稿》卷四《毕节县》，同治五年刻本。
④ 乾隆九年六月十六日，云南总督张允随《为京铜运脚不敷等事》，《明清档案》：A131－102。

斤。威宁道每年运铅 300 万斤，需用马 1200 匹。当然，马匹运货需要人来管理。嘉庆二十年，云贵总督伯麟言：马运"日赶一站，……一人仅可赶马二匹"①。伯麟虽就滇东北马帮而言，黔西北与滇东北同属乌蒙山区，马运所需人员应相差不大。如此，照料运铅马匹又需 600 人。

雍正十三年黔铅京运开启，至乾隆七年，黔铅外运量增至 488 万斤，加之部分滇铜运输亦途径威宁道，其运输任务远远超过马匹 400 万斤的运输能力，而剩余 88 万斤必然雇募人夫背运。假设黔铅中的 400 万斤由马匹运输，则年需马 1600 匹和照料马匹人员 800 人。关于人夫背运铜铅，据乾隆时期云南镇雄州知州屠述濂称："每铜一驮重一百六十八斤，例销脚价银二两，健者二夫，弱者三夫，道远途难，民情苦累。……然背负既重，日行不过半站，兼之镇雄城南三十里即威宁州所管地方，各里民夫离城远者七八站，近者三四站，自镇城至威又复五站，裹粮远涉领运一次，往返动辄月余，以及四十日不等。"② 镇雄州民夫运铜，每人一次约背 80 斤，自威宁州至镇雄州罗星渡共计 10 站，往返一次需一个月时间。虽然这是针对镇雄州运铜而言，但铜铅同为矿产，且威宁经毕节至永宁的道路与威宁至镇雄道路状况不相上下。由此推算，由黔铅各厂至永宁，每名民夫每年可运铅 880 斤，运铅 88 万斤需民夫 1000 人。乾隆二十年，黔铅外运量为 885.4 万斤。其中，赤水河道外运约 150 万斤，大多搭运回空盐船，无须单独计算，剩余 705.4 万斤铅全部由威宁道运送。走威宁道铅斤除 400 万斤由马匹运输外，剩余 305.4 万斤均需人夫背运。按每名民夫每年运铅 880 斤推算，则需民夫约 3500 人。乾隆三十一年黔铅外运 844.8 万斤，赤水河运铅早已停止，除了 400 万斤由马匹驮运外，剩余 444.8 万斤全由人夫背运，约需民夫 5000 余人。

虽然历年黔铅外运量有一定波动，但基本维持在 771 万斤上下。因此，推算清代中期贵州每年从事黔铅运输，约需民夫 4200 人、马夫 800

---

① 《军机处录副奏折》，嘉庆二十年四月十八日，云贵总督伯麟、云南巡抚孙玉庭《奏为办铜工本查照部驳核实奏闻仰祈圣鉴事》，引自《清代的矿业》，第 191～197 页。

② 屠述濂修纂：乾隆《镇雄州志》卷六《艺文》，乾隆四十一年，镇雄州知州饶梦铭《镇雄州铜运节略》，乾隆四十九年刻本。

人、马 1600 匹，矿产运输从业者合计约 5000 人。如果加上矿区从事采冶工作的人口，清代黔铅鼎盛时期的矿业人口达 11 万余人，平时约有 5 万～6 万人。

三　矿业人口与内地移民

如此庞大矿业人口从何而来？这关系清代黔铅开发的作用与影响。雍正三年，据贵州威宁镇总兵石礼哈奏报："兹查齐家湾倭铅等厂，开采之人外来者多，土著者少，各自尽力开采，并无家道殷实之人。"① 大量外来青壮人口聚集于深山僻壤，挖矿谋生，势必影响当地的社会秩序。因此，故雍正七年云贵总督鄂尔泰奏："新报厂地即劝本地苗民开采，不必多招闲人，一则使知有利可以资生，二则各有所事，自必渐为良懦。"② 但因"地彝民未识天地自然之利"，缺乏开矿所需技术，政府的引导收效甚微。如乾隆二年，贵州提督王无党奏：贵州"各处俱有银、铜、铅、锡等厂，每厂少者数千人，多者二三万人，皆系外来无艺游民"③。至于清代黔铅矿业移民的来源，乾隆十三年，贵州按察使介锡周解释粮价上涨原因时称："加以银铜黑白铅厂，上下游十有余处，每厂约聚万人、数千人不等，游民日聚。……是皆川、粤、江、楚各省之人趋黔如骛，并非土著民苗。"④ 乾隆三十四年，贵州威宁州知州刘标亏空案发，至乾隆三十九年，贵州巡抚觉罗图思德奏："计现存炉户共欠银二万零一十六两零，其籍隶本省并江苏、江西、湖南、四川、云南五省之逃亡炉户，共欠银五万八千五百二十一两零。"⑤ 可见，清代黔铅矿业人口基本来自江西、湖南、江苏、四川、广东等内地省份。

---

① 户科史书：雍正三年九月初二日，总理户部事务和硕怡亲王允祥等《题为详请开采等事》，《清代的矿业》，第 314～315 页。

② 雍正七年九月十九日，云南总督鄂尔泰《奏为请开黔省鼓铸以利民用事》，《雍正朝汉文朱批奏折汇编》第十六册，第 662～663 页。

③ 朱批奏折：乾隆二年二月二十一日，贵州提督王无党《奏为谨陈开厂利弊仰祈睿鉴事》，《清代的矿业》，第 60～61 页。

④ 《大清高宗皇帝实录》卷三百十一，乾隆十三年三月，贵州按察使介锡周奏。

⑤ 乾隆三十九年二月二十七日，贵州巡抚觉罗图思德《奏为酌请分赔炉户积欠以崇实政事》，《宫中档乾隆朝奏折》第 34 辑，第 676～678 页。

清代黔铅矿业人口以湖南、江西两省移民最多。兹以两宗案件来管窥湖南籍移民在黔铅矿厂的情形。乾隆十六年，莲花（妈姑）铅厂发生厂官龚宪臣殴毙铁匠罗奇熊一案。同年五月十六日，贵州威宁镇总兵官李琨奏："伏查威宁一州地处万山之中，……开采银铜铅诸厂，共有十余处，厂内五方杂处，其中良顽不一，而湖广桂阳州人居多，性尤强悍。内惟柞子、妈姑河二处黑白铅厂，地广人稠，向委厂员经理。……妈姑河地方保民泡毛麦地内，前经知州鹿聪豫不许起造炉房，有湖广桂阳州铁匠罗奇熊，违断起造炉房，初十日吏目龚宪臣当责十板，奇熊进屋复出，先跌仆地，即时殒命。旋有向被龚宪臣责过之厂民刘若海、黄齐天、唐二、曾高则等，借此人命，希图挟制，并闻有殴辱吏目、勒写甘结、逼用手印及交铅收票等事。"[1] 同月十九日，贵州巡抚开泰奏报："再查妈姑厂出铅旺盛，异籍谋食之人聚集最多，保民环绕而居，设厂之处本系保民山土，前曾议定，每有炉一座，岁给保民租价银三钱。缘未立地界，日久相沿，不但炉民逐渐侵越，即应给之租价，亦率以利薄为词，不肯清给。"[2] 这些矿民之所以敢公然殴辱厂官，甚至"交铅收票"，正是依仗其同乡同族的威势。乾隆皇帝在上谕中称："罗奇熊越界造炉本属多事，抗官违断，尤为强横。即使因杖致毙，罗姓房族亦不应藉命居奇，乃敢拴辱厂员，逼写甘结，种种不法。"[3] 此案反映出，妈姑厂湖南桂阳州籍矿民之所以敢欺辱官吏，刁难苗彝，实因依仗同乡同族关系，人多势众所致。

另一宗案件发生于乾隆四十七年威宁州柞子黑铅厂。此案源于湖南会同县民林卓范，赴京呈控贵州新发厂侵欺课银八万六百四十两，中央令云贵总督富纲查审。据富纲复奏："柞子铅厂民人于附近觅有新发槽硐，并非另有新发厂地，实系是铅非银"，该厂"客课雷德芳、炉户黄中玉与该犯识认，据称林卓范从前叫作林炮，四十五年曾经到厂，不过两月即往他

---

① 朱批奏折：乾隆十六年五月十六日，贵州威宁镇总兵官李琨奏，《清代的矿业》，第332页。
② 朱批奏折：乾隆十六年闰五月十九日，贵州巡抚开泰《奏为奏闻事》，《清代的矿业》，第334页。
③ 《大清高宗皇帝实录》卷三百九十一，乾隆十六年闰五月，上谕军机大臣等。

处。询以因何上控、有何凭据？该犯惟称众人获利我独折本，梦见神明令伊告状"①。该案实属林卓范诬告，但反映出威宁州柞子黑铅厂亦有一定数量的湖南籍矿民。

清代黔铅矿区人口大多来自外省，虽然人数众多，但深入黔西北崇山峻岭之中，周围苗彝环绕。如前文贵州巡抚开泰称妈姑厂"倮民环绕而居"。笔者 2006 年考察水城厅福集厂旧址，发现嘉庆二十四年重建火神庙碑一通，碑文开头即言："□先□制为祭奠，沙家庶民，缘分各尽，礼在则然，而庙立西岭。何谓也？谓西方属金，厂地之所奉也。"② 显示出福集厂矿区与周边汉夷杂处的状态。在这样的环境中，外来矿民为了保障自身安全，势必依仗同乡同族关系，壮大自身实力。除了建庙祭祀外，黔西北矿区还曾出现过众多的外省会馆。乾隆《贵州通志》载：大定府"川主庙，在府城北门外"；"万寿观，在府城内中街，黔西、平远亦有，江西人建，祀许旌阳以为会馆"。③ 乾隆《毕节县志》称："晏公庙，在东关，雍正年间江西客商建，遇公事群集于此，以为会馆。寿佛寺，在南关大定街，雍正年间湖广客商建，遇公事群集于此，以为会馆。护国寺，在寿佛寺左，湖广黄州商人建，遇公事群集于此，以为会馆。"④ 道光《大定府志》称：大定府"万寿宫在府城中街，江西人建，祀许旌阳"；平远州"万寿宫在州城南门外，前戏楼三间，正殿五间，后殿三间，江西客民新建"；黔西州"万寿宫在州署东"；毕节县"寿佛寺在南关大定街，雍正间湖广客商建，遇公事群集与此，以为会馆"，"护国寺在寿佛左，湖广黄州商人建，遇公事群集与此，以为会馆"。⑤ 另据彭润沾回忆，"文革"之前赫章县城还保存有万寿宫（江西会馆）、寿佛寺（两湖会馆）、川祖庙（四川会馆）等外省会馆。⑥

---

① 乾隆四十七年九月二十四日，云贵总督富纲《奏为查审复奏事》，《宫中档乾隆朝奏折》第 53 辑，第 135～138 页。
② 该碑位于今六盘水市水城区老鹰山镇福集厂村北田野中。
③ 乾隆《贵州通志》卷十《营建·坛庙》。
④ 乾隆《毕节县志》卷一《坛庙》。
⑤ 道光《大定府志》卷二十一《治地志三·宫室薄第二下》。
⑥ 彭润沾：《赫章九景十八庙》，中国人民政治协商会议贵州省赫章县委员会文史资料研究委员会编《赫章文史资料选辑》第 2 辑，1988。

第二节　矿区物质供给与农矿业发展

清代中期，随着黔铅开发规模的扩大，黔西北吸引了大量的矿业移民，乾隆朝前期曾达到 11 万余人。矿区人口稠密，"每厂约聚万人、数千人不等"，且"并无家道殷实之人"。因此，这些专门从事矿业生产的人口需要大量的粮食、燃料、油、铁、布匹等生产、生活物资，而这些物资的获取势必依赖于矿区周边地区。然而，黔西北地区并非经济发达之地，物资需求的增加势必导致物价上涨，进而刺激贵州相关产业的发展。本节以粮食、燃料为例，探讨清代黔铅矿区物资供给与农矿业发展的关系。

一　粮食供需与农业开发

据相关研究，雍正时期亩产谷 2.4 石，稻的加工率为 50%。[1] 乾隆《贵州通志》记载：大定府原额 24079 户，新增 5896 户，实在成熟田 170647 亩、地 40134 亩。[2] 推算雍正末年大定府粮食年产量约为 25.3 万石，户均粮食占有量约 8.44 石，如以户均 3 口人计算，人均粮食占有量仅为 2.81 石。关于清代人均年粮食消费量，学界观点各异。如江南地区的研究，高者达 3.6 石[3]，低者仅 2 石[4]。也就是说，雍正末年、乾隆初年，大定府的粮食产量基本满足本地需求，并无大量余粮。

但是，据上文研究，从雍正三年，黔铅矿区人口约 1.3 万人。矿业生产属于重体力劳动，且大多为青壮男性，故参考黄敬斌的分析[5]，将人均

---

① 吴慧：《清前期粮食的亩产量、人均占有量和劳动生产率》，《中国经济史研究》1993 年第 1 期。

② 乾隆《贵州通志》卷十三《田赋·大定府》，所在田赋数量为乾隆四年，见该书凡例。

③ 方行：《清代江南农民的消费》，《中国经济史研究》1996 年第 3 期。

④ Yeh‑Chien Wang, *Food Supply and Grain Prices in the Yangtze Delta in the Eighteenth Century*, p. 454.

⑤ 黄敬斌：《清代中叶江南粮食供需与粮食贸易的再考察》，《清华大学学报》（哲学社会科学版）2009 年第 3 期。

年粮食消费量估计为 3 石。也就是说，雍正三年因外来矿业人口增加，黔西北地区每年新增的粮食需求量为 3.9 万石，相当于大定府粮食总产量的 15.42%。显然，黔西北所产粮食仅能满足本地需求，新增的需求势必导致本地粮食供不应求、价格上涨。黔铅矿厂主要集中于大定府的威宁州，而直到乾隆四年，该州册载田地仅为 3.5 万余亩。① 因此，雍正三年，贵州威宁镇总兵石礼哈奏报：商人王日生"到威宁府开采天桥、腻书、阿都、柞子等厂，至四川重庆府发卖，……其天桥厂乃邻境贩卖米粮入威宁之大路，沿路邀接，而给开厂人食，以至米价腾贵，兵民乏食，人人怨恨"②。乾隆五年，署贵州巡抚事张允随奏："臣自滇赴黔，目睹盈宁之象，即为增贮之筹，迨抵任之后，检查通省所报七月米价，惟素不产米之威宁、水城二属，米价系一两七钱，其余总在八九钱以内。"③

如果说威宁开矿导致粮价上涨只是个案，那么，随着黔铅开发规模的扩大和矿业人口的增加，贵州粮价高昂已经成为普遍性问题。乾隆八年春夏之交，贵州部分地区粮价上涨，政府以仓储平粜，据贵州总督张广泗奏："黔省各属平粜买补出入数目，各据详报：米价稍平之思南、黎平、石阡、思州四府，定番、平远、黔西、普安、正安五州，修文、仁怀、桐梓、瓮安、施秉、天柱、清平、婺川、开泰、龙泉、铜仁十一县，并永丰州分驻之册亨州同，平粜米谷，已全数买补过米三万四千三百余石、谷五千一百余石；又南笼、平越二府，开州、威宁、永丰、三州，龙里、安南、毕节、普安、平越、余庆、清溪七县，平粜过米三万五千二百三十余石、谷二千三百八十余石、荍麦二千二百二十余石，买补过米一万八千七百一十余石、谷一千一百九十余石、荍麦一千一百一十余石；其贵阳、安顺、大定、铜仁四府，广顺、黄平二州，贵筑、贵定、清镇、普定、安平、遵义、镇远、安化、印江、玉屏十县，平粜过米七万四百四十余石、谷四千六百九十余石，各该处秋成时米价昂贵，难以买补，请俟本年秋收

---

① 乾隆《贵州通志》卷十三《田赋·大定府》。

② 雍正三年四月二十二日，贵州威宁镇总兵石礼哈《奏报恶棍王日生开矿贩卖等劣迹事》，《雍正朝汉文朱批奏折汇编》第四册，第 813 页。

③ 乾隆五年八月二十二日，张允随《奏为请乘秋收大稔增贮仓谷以重苗疆事》，《张允随奏稿》（不分卷），四川省图书馆藏抄本。

后再为买贮。"① 从起平粜买补数量看，大定、威宁、毕节等黔铅产地粮价较为高昂。利用仓谷平粜只是政府平抑粮价的措施之一，据该年六月上谕引张广泗奏称："黔省自交夏以来米价昂贵，已通饬各属察查地方情形，将仓谷减价平粜。至于无钱赴粜之人，正自不乏，其中年力未衰者尚可佣工度日，惟有鳏寡孤独以及夫男远出、只存妻子在家者，除前经收入普济堂足资存养外，尚有不愿收入普济堂者，嗷嗷待哺，急宜抚恤。臣与司道酌议，通饬各属逐一确查，按照普济堂之例，大口日给米八合，小口减半，以两月为期，可以接至秋成。"②

除了动用仓储平粜之外，贵州政府还改善川黔交通，以便川米入境接济。如乾隆十年，贵州总督张广泗奏请开凿赤水河道，户部议复："贵州总督张广泗疏称：'查有大定府毕节县属之赤水河，下接遵义府仁怀县属之猿猱地方，若将此河开凿通舟，即可顺流直达四川、重庆水次。……再黔省食盐例销川引，若开修赤水河，盐船亦可通行，盐价立见平减。大定威宁等处即偶遇丰歉不齐，川米可以运济，实为黔省无穷之利。'应如所奏办理。"③ 虽然赤水河道为运输黔铅所开，但正如张广泗所言，水运畅通之后，川盐、川米均可入境，增加了黔西北矿区的粮食供给。

但是，贵州政府低估了移民持续增加对粮食的影响。乾隆十三年，贵州米价再次上涨。贵州按察使介锡周分析称："臣于雍正四年初莅黔省，彼时京斗米一石不过四钱五分及五钱有零，省会暨冲衢各郡邑，人烟疏散，铺店无几，士庶一切酬酢率皆质朴，偏远乡曲，从无酒肆。自雍正五六年以来，新自四川割归遵义一府五属、湖南割归开泰青溪五县、广西割归永丰荔波各州县，兼以开辟古州等处新疆，添设文武弁兵驻镇其地，幅员日广；加以银铜黑白铅厂上下游十有余处，每厂约聚万人数千人不等，游民日聚。现今省会及各郡县，铺店稠密，货物堆积，商贾日集。又如士庶一切冠婚丧祭，争趋繁华，风俗日奢。且新疆大村小寨，暨各处僻乡，酿酒日多。是皆川粤江楚各省之人，趋黔如鹜，并非土著民苗。现今丰收

---

① 《大清高宗皇帝实录》卷一百八十九，乾隆八年四月，贵州总督张广泗奏。
② 《大清高宗皇帝实录》卷一百九十五，乾隆八年六月，上谕。
③ 《大清高宗皇帝实录》卷二百三十九，乾隆十年四月，工部议复贵州总督张广泗疏称。

之年，亦须七八九钱一石，岁歉即至一两一二钱至二两不等，此黔省米贵之原委也。"① 据介锡周称，贵州每石米价银从雍正四年的四钱五分增至乾隆十三年的一两有余，20 余年间增加 1.3 倍。他认为外来人口增加导致了米价上涨，这其中包括大量的矿业移民。据前文论述，该年黔铅矿业人口已达 11 万人，每年所消费粮食约 33 万石，巨大的需求导致全省粮价普遍上涨。

需要说明的是，乾隆十三年粮价上涨是全国性事件，并非贵州独有。著名经济史学家全汉昇曾专门论述，认为粮价上涨的主要因素"人口的激剧增加，白银的大量流入"，并称"云南、贵州因为山多田少，人口本来都比较稀少。可是，到了乾隆初期，四川由于荒地垦种的奖励，云南、贵州由于矿产资源的开发，自外省移入不少人口，故米粮价格也因求过于供而较前昂贵"②。这与介锡周的分析有一定相似之处。

不论是动用仓储平抑粮价、政府赈济，还是川米接济，皆属救急之策。解决人口增加导致的粮食供求矛盾，必须扩大耕地面积以增加粮食的有效供给。事实上，早在雍正五年，云贵总督鄂尔泰就贵州开矿可能产生的影响已有深刻的认识："查黔省地瘠民贫，……而开采矿厂，动聚万人，油米等项，少不接济，则商无多息，民累贵食。一旦封闭，而众无所归，则结伙为盗，不可不慎。臣以为不如开垦田亩，多积稻粮，使油米价贱，则开采不难，今犹未敢轻议也。"③ 因此，鄂尔泰建议优先发展农业，为矿业开发提供条件。

乾隆五年，贵州总督张广泗、布政使陈德荣又提出了广辟山土、增种杂粮的建议，大学士九卿会议酬议："查黔省山土既多未辟，收获惟恃稻田，应如所议。凡有可垦山土，俱报官勘验，或令业主自垦，或招佃共垦，按其勤惰分别劝惩。其无业主之官山一概招人认垦，官为立界，给照管业。至劝民随时播种杂粮之处，应令地方官酌借谷种。"④ 次年九月，署

---

① 《大清高宗皇帝实录》卷三百十一，乾隆十三年三月，贵州按察使介锡周奏米贵之由。
② 全汉昇：《乾隆十三年的米贵问题》，《中国经济史论丛》（第二册），香港中文大学新亚书院，1972，第 556、566 页。
③ 《大清世宗皇帝实录》卷五十二，雍正五年正月，云贵总督鄂尔泰《遵旨议奏候补通判管筛条陈事宜》。
④ 《大清高宗皇帝实录》卷 130，乾隆五年十一月癸酉，大学士九卿会议贵州总督张广泗、署贵州布政使陈德荣奏《黔省开垦田土、饲蚕纺绩、栽植树木》一折，酌议应行各款。

贵州总督云南巡抚张允随亦奏："黔省地鲜平畴，凡山头地角畸零地土，及山石掺杂工多获少。或依山傍岭，虽成丘段而土浅力薄，须间年休息者，悉听夷民垦种，永免升科。至有水可引，力能垦田一亩以上，照水田例六年升科，不及一亩者亦免升科。无水可引，地稍平衍，或垦为土，或垦为乾田，二亩以上照旱田例十年升科，不及二亩者亦免升科。"①

鼓励开垦的同时，贵州政府亦重视兴修水利。乾隆五年，贵州总督张广泗、署贵州布政使陈德荣上奏在贵州劝修渠堰，大力兴办水利灌溉工程。大学士九卿会议酌议禀奏："查黔地多山，泉源皆由引注，必善为经理，斯沃壤不至坐弃。应如所议：凡贫民不能修渠筑堰，及有渠堰而久废者，令各业主通力合作，计灌田之多寡分别奖赏。如渠堰甚大，准借司库银修筑。其水源稍远，必由邻人及邻邑地内开渠者，官为断价置买，无许索勒。"② 获得批准。次年三月，便开始在贵筑县的乾堰塘、麦穰寨、宋家坝三处试点，引水开渠，灌溉水田数千亩。③ 六月，张广泗的奏疏中称："黔中山稠岭复，绝少平原，凡有水道，亦皆涧泉山溪，并无广川巨浸可以灌溉。故各属田亩，导泉引水，备极人劳。其未开之田，多因泉源远隔，无力疏引之故。自官为督劝后。各属请借工本开修水田者。如贵筑、施秉、余庆、仁怀、丹江厅等处。或现在开修。或已经工竣。凡有宜用龙骨车。工匠多能制造。毋庸赴江楚雇募。"④

前文所引乾隆十三年贵州按察使介锡周在分析粮价上涨原因之后，认为其解决办法"尤在劝开垦、惩奸民、兴水利以开其源。缘黔省虽节年首报开垦，而山坡箐林尚多荒土，每有外来游民往赴力垦，无奈地棍即思攘夺，或压为佃户，或踞为本业，以致开垦无成，游民隐忍而去。而水源低下之地，或应筑坝以壅之，水源隔远之处，或应开渠以引之，小民工本无资，多致困守瘠土，更或水源须过他姓之山，更隶隔县之界，豪强出而争

---

① 《大清高宗皇帝实录》卷150，乾隆六年九月壬申，户部议覆署贵州总督云南巡抚张允随奏。
② 《大清高宗皇帝实录》卷130，乾隆五年十一月癸酉，大学士九卿会议贵州总督张广泗、署贵州布政使陈德荣奏《黔省开垦田土、饲蚕纺绩、栽植树木》一折，酌议应行各款。
③ 《大清高宗皇帝实录》卷139，乾隆六年三月，署贵州布政使陈德荣奏。
④ 《大清高宗皇帝实录》卷147，乾隆六年七月丁亥，遵旨议准云南巡抚署贵州总督张广泗奏《黔省开垦田土、饲蚕纺织、栽植树木》一折。

占，则群力废返。应饬令地方官，凡遇报垦荒山，务即亲履勘明，给照为业。其无力引水之田，则照例官借工本，限年完项，分别升科。土棍豪强，严加惩处。如此则地无遗利，家有余粟矣"。①

表 5 – 2　雍正三年至乾隆十三年（1725～1748）贵州新垦耕地

单位：顷

时　间	地　域	开垦耕地	时　间	地　域	开垦耕地
雍正三年	平越等 4 州县	151	乾隆五年	平越等府 6 州县	2
雍正七年	贵筑等 12 县	99	乾隆六年	贵阳等 16 州县	46
雍正八年	南笼等 5 州县	11	乾隆七年	贵州	172
雍正九年	安顺等府	140	乾隆八年	平越等 16 州县	76
雍正十年	永宁等 5 州县	10	乾隆九年	南笼等 18 州县	28
雍正十三年	长寨等 5 州县	8	乾隆十一年	南笼等 5 州县	4
乾隆二年	大定等府	4	乾隆十二年	修文等 4 县	2
乾隆三年	思州等 9 州县	9	乾隆十三年	修文等 5 县	8
乾隆四年	平越等府	2	合　计		772

注：以上数据据《大清世宗皇帝实录》《大清高宗皇帝实录》整理。

自雍正初年以来，通过政府引导和政策支持，贵州耕地数量有明显的增加。康熙朝中期，贵州册载田 1162555 亩、地 50827 亩②，而至乾隆四年，册载田 2518774 亩、地 77048 亩。③ 虽然有雍正年间四川、湖南、广西三省划拨州县而导致乾隆初年贵州统计范围有所扩大，但农业发展的成就不容忽视。虽然乾隆十三年全国粮价再次上涨，但贵州基于持续性开垦耕地、不断增加粮食有效供给，很快遏制住粮价的上涨势头。如乾隆十三年六月，护理贵州巡抚布政使恒文奏："黔省迩年米价虽未平减，亦不甚增，即如乾隆十一、十二、十三年以来，总不过八九钱、一两上下。缘地处山陬，米不出境，贵贱惟视岁收，现贮百四十万石，即遇偏灾，足备

① 《大清高宗皇帝实录》卷三百十一，乾隆十三年三月，贵州按察使介锡周奏米贵之由。
② 康熙《贵州通志》卷十一《田赋》。
③ 乾隆《贵州通志》卷十二《田赋》。

赈粜。"①

自此以后，内地移民持续进入贵州。据罗绕典所编《黔南职方纪略》所载，道光初年贵州各府州县有客民 74875 户，其中以兴义、都匀、大定、黎平四府最多。② 曹树基认为此客民即清代迁入贵州的移民，并据此推算，至道光初年，清代贵州移民约 30 万人。③ 但因新垦耕地亦有一定程度增加。如嘉庆《重修大清一统志》载，贵州在册田地共计 2767032 亩，较乾隆四年贵州在册耕地增加了 6.6%。故贵州全省大部分地区粮价尚称平稳。如贵州省会贵阳府城，其中米价格基本保持稳定，平均每仓石价银 0.879 两。

表 5 - 3　清代中期贵阳府中米价格

单位：银两/仓石

时　间	最高价	最低价	均　　价
乾隆三十四年八月	0.79	1.1	0.945
乾隆三十七年九月	0.56	1.54	1.05
乾隆五十三年八月	0.67	1.11	0.89
嘉庆二十一年五月	0.61	1.09	0.85
道光七年六月	0.58	1.06	0.82
道光十三年十月	0.53	1.01	0.77
咸丰二年八月	0.59	1.07	0.83

注：本表粮价数据来源于台湾中研院《军机处档》，编号：000011085、000018640、000037983、000048448、000057129、000066873、000086265。

但是，威宁州、水城厅的粮价一直维持在高位。乾隆十八年，户部引贵州巡抚开泰奏称："大定府属威宁州山多地寒，米谷稀少，近年生齿日繁，铜铅各厂人夫丛集，食者益众，兵丁领支折色自行买食，每值青黄不接，或阴雨绵连，兵民争籴，往往悬釜待炊，应为设法筹备。威宁镇标折

---

① 《大清高宗皇帝实录》卷三百十七，乾隆十三年六月，护理贵州巡抚布政使恒文复奏。
② 罗绕典：《黔南职方纪略》，沈云龙主编《近代中国史料丛刊》第五十七辑，台湾文海出版社，1966。
③ 葛剑雄主编，曹树基著《中国移民史》第六卷《清、民国时期》，福建人民出版社，1997，第156、164页。

色兵粮请改拨本色支给，所有应支本色及遇闰加支，每年应添拨不敷米三千一十二石七斗五升。"① 威宁并非产米之地，然铅厂集中与此，且威宁镇总兵驻扎地，兵丁、矿民云集一处，食者甚众，故粮价高昂。如嘉庆二十二年五月，贵州威宁镇总兵冯联科奏报："现在晚菽、菽粟以及临境禾稻俱皆长发茂盛，米粮价值较之上年稍增，每米一仓石价银一两五钱或一两五钱五分不等"。② 道光七年五月，威宁州"粮价值较之上年稍增，每米一仓石价银一两四钱五分或一两五钱不等。"③ 可见，嘉道时期，威宁州粮价长期维持在每仓石价银一两五钱左右。

福集厂所在的水城厅，粮价亦较周边州县为高。乾隆四十二年将平远州时丰凤三里划归水城厅，将该州常平仓米 4000 石改储水城厅仓。次年，平远州按每石市价银八钱一分粜银 3240 两，解交水城厅，但水城厅却迟迟不能买补归仓。据乾隆五十一年贵州巡抚李庆棻奏："臣查水城地方开设铅厂，为商民聚集之所，历来米价原不能如平远州之平减，若必待市米适符八钱一分之原价始行采买，则购补务期，仓项久悬，殊非慎重储备之意。随饬布政使汪新确查妥议去后。兹据该司复称：水城厅现在秋成中米每石价银一两一钱三分，平远州解交原价仅八钱一分，每石尚不敷银三钱二分，统计米四千石，共不敷银一千二百八十两。"④ 据布政司调查，秋收之际，水城厅中米每石价银仍高达一两一钱三分，较邻封平远州高出 39.51%。而水城厅粮价之所以高于周边州县，是因为铅厂"商民聚集"之故。

二　燃料需求与煤矿开发

清代黔铅的冶炼燃料均以煤炭为主。如雍正七年云贵总督鄂尔泰奏请

① 《大清高宗皇帝实录》卷四百三十五，乾隆十八年三月，户部议复贵州巡抚开泰疏。
② 嘉庆二十二年五月初六日，贵州威宁镇总兵冯联科《奏报麦收分数由》，《军机处档》，编号：052004。
③ 道光七年五月初一日，贵州威宁镇总兵《奏为恭报麦收分数事》，《军机处档》，编号：056179。
④ 乾隆五十一年十二月十二日，贵州巡抚李庆棻《奏为酌拨平粜盈余买补添贮谷石以实仓储事》，《宫中档乾隆朝奏折》第 62 辑，第 592~594 页。

官购余铅价格时称："如马鬃岭、砂硃、江西沟、柞子四厂，矿浅煤近，每百斤俱给银一两二钱，大鸡、丁头山二厂，煤远矿深，每百斤俱给银一两五钱。"① 雍正十年，贵州巡抚张广泗奏："雍正九年六月初八日，据毕节县知县李耀详称：县属之大鸡铅厂初旺发，但处万山之中，矿深煤远。"② 燃料是否充足是贵州新开矿厂的条件之一。如乾隆四年，贵州总督张广泗奏："遵义府属绥阳县月亮岩地方产有铅矿，铁星坪、版坪产有煤块，并无干碍田园庐墓，应请开采，照例纳课。"③ 再如乾隆四十一年，贵州巡抚裴宗锡奏："今据陆续禀报：产铜者，探有普安州属阿先冲一处；产铅者，则有大定府属水洞帖，平远州属达磨山，普安州属连发山，遵义县属新寨、波罗海，绥阳县属月亮岩，镇远府属牛塘沟，丹江厅属乌找山等处黑白兼产。尚有产金之天柱县属中峰岭一处。现皆露引呈苗，寻踪得矿，矿脉颇多深厚，兼其地面空旷，并无干碍民间田园庐墓，亦不致滋扰地方，且近山煤炭足资煎炼之用。"④ 即使矿产地没有煤炭，亦可移矿就煤。如乾隆四十二年，四川总督文绶奏："准贵州抚臣裴宗锡咨称：松桃厅属大丰厂煎铅煤不适用，查川省秀山县之厚薄湾产煤堪用，宜移炉就煤煎炼。"⑤ 可见，煤炭是清代黔铅冶炼最主要的燃料，与矿石同等重要，故清代贵州地府有关于黔铅采冶的奏折多以"奏为铅厂、矿煤两旺等事"为标题。⑥

因为铅（即金属铅和金属锌）的熔点和沸点远低于铜，以煤炭燃烧提供的热量足以满足冶炼的炉温要求，况且煤炭的价格远低于木炭。在清代，不仅黔铅冶炼燃料以煤炭为主，其他各省炼铅也依赖煤炭。如乾隆三

① 雍正七年十一月初七日，云南总督鄂尔泰《奏为奏明调剂黔省铅斤并办获滇省铅息事》，《雍正朝汉文朱批奏折汇编》第十七册，第159～160页。
② 雍正十年二月初十日，贵州巡抚张广泗《奏为封闭大鸡铅场事》，《明清档案》：A050－089。
③ 《大清高宗皇帝实录》卷九十五，乾隆四年六月，贵州总督张广泗奏。
④ 裴宗锡：《滇黔奏稿录要》（不分卷），乾隆四十一年八月十二日，《奏为筹请广采山矿以裕民生事仰祈圣训事》，全国图书馆文献缩微复制中心，2007年7月版，第271～274页。
⑤ 《大清高宗皇帝实录》卷一千三十三，乾隆四十二年五月，四川总督文绶奏。
⑥ 如乾隆三年七月三十日，贵州总督兼管巡抚事务张广泗《题为铅厂矿煤两旺等事》，中国第一历史档案馆藏，档号：02－01－04－13110－020；乾隆九年，贵州总督张广泗《奏为铅厂、矿煤两旺等事》，《内阁大库档》，档号：NO 000000331，等等。

十一年，户部引广西巡抚宋邦绥奏称："（广西融县）四顶山产白铅矿砂，因无煤炭，不能煎炼成铅。查罗城县属冷峒山，躧有煤路，可以运往，就煤煎炼。"① 七年之后，广西巡抚熊学鹏奏称："融县四顶山出产白铅矿砂，前经奏准，于县属锣西地方设厂，就煤煎炼。今该厂煤已挖尽，无凭煎炼，应请将锣西煤厂封闭。"②

关于黔铅冶炼燃料的用量。乾隆十年，贵州总督张广泗奏黔铅采冶成本时称："兹据管理厂务署威宁州知州谢国史详称：查得莲花厂开采多年，硐深矿淡，煤块亦少，近于三十五里外新店山取矿驮运，质颇浓厚，每矿一百五十斤掺用本厂旧矿一百斤，每日每炉烧罐一百二十个，每罐烧铅一十二两，共用矿二百五十斤，计新店山矿一百五十斤，用价银一钱，掺用本厂旧矿百斤，价银六分，自新店山驮矿至厂，往返一日半，脚价三钱，计矿价脚价共用银四钱六分，每炉用本厂煤七担，每担价银二分，又赴五里外罗洲渡驮煤二担掺用，每担价银三分，计用煤九担，共用银二钱，……每铅百斤共用工本银一两一钱一分，……。又据毕节县知县劳孝舆详称：查得砂硃厂开采年久，矿山距厂十六七里，硐深质淡，每罐出铅只八九两，每煎铅百斤需用矿三百五十斤，每矿百斤价银七分，脚价银七分，计矿价脚价共用银四钱九分，每炉需煤九担，每担二分，共用银一钱八分，……每铅百斤共用工本银一两一钱二分。"③ 可见，莲花厂每炼锌 90 斤，需用煤 1080 斤，燃料的采买和运输占冶炼成本的 18%；砂硃厂每炼锌 100 斤，用煤 1080 斤，燃料的采买和运输占冶炼成本的 16.1%。两厂平均，每炼锌百斤用煤 1140 斤，燃料工本运费价银二钱，占冶炼成本的 17%。因此，根据黔铅产量可推算出所需燃料的数量及其价值。

乾隆朝以后，关于单位黔铅冶炼所需燃料的用量缺乏记载。但是，根据一般矿业生产规律，随着采冶时间的延续，矿石平均品位逐渐下降，燃料的比重会逐渐增加，导致采冶成本逐渐增加，本章第一节已有明证。此

---

① 《大清高宗皇帝实录》卷七百六十四，乾隆三十一年七月，户部议复广西巡抚宋邦绥疏称。

② 《大清高宗皇帝实录》卷九百四十三，乾隆三十八年九月，户部议复广西巡抚熊学鹏奏称。

③ 乾隆十年五月初七日，贵州总督张广泗《题为贵州白铅不敷供铸请以乾隆十年三月为始增价收买余铅以济运解事》，中国第一历史档案馆藏，档号：02 - 01 - 04 - 13868 - 010。

外，开采越久，燃料产地与矿石产地之间的距离越来越远，燃料运输距离增加，也会进一步抬高采冶成本。如乾隆五十三年，贵州巡抚李庆棻以莲花、福集二厂为例，再次奏报黔铅产量下降的原因时称："今开采年久，槽硐愈挖渝深，自十数里至二三十里不等，炭山亦渐远一二站之外，工费较增于前。"①

此外，据民国时期汪允庆调查，柞子厂炼铅，"每炉每用铅渣千八百公斤，用焦炭四百五十公斤，每日晨昏出铅各一次，每日约二十八公斤。据说昔日开原矿砂炼铅时，每日可出铅四次，每次约六十公斤，并每六十公斤可得银五旧两"；炼锌每炉用锌渣 230 公斤，用无烟煤 80 公斤，烟煤 340 公斤，产锌 17.50 公斤。② 另据唐八公调查，赫章县妈姑炼铅，每铅渣 600 斤，用焦煤 350 斤，产铅 60 斤；炼锌"每一火需用矿渣一百二十斤，合两担，矿石自架子厂运来者，每百斤约价五元，运费二元，由羊角厂等地运至者则价略高，一火所用煤量约二百斤，只二、三元左右"，产锌 40 斤，并称妈姑"冶炼依附于燃料之影响过大，致一旦煤焦缺乏亦能迫使停工"。③ 可见，直到民国时期黔西北地区冶炼铅锌仍燃料以焦炭、烟煤、无烟煤为主要燃料。据上述调查推算，民国时期炼铅每百斤需煤炭 950 斤（煤炭炼焦按 70% 折算），炼锌百斤需煤炭 1450 斤。当然，民国时期黔西北铅锌冶炼以清代旧矿渣为原料，故所用燃料较多。

因此，估算清代中期，贵州每冶炼黑、白铅百斤，所需煤炭分别为 821 斤和 1295 斤。根据黔铅产量推算，清代中期贵州冶炼黔铅所需煤炭总量约 500 万吨，年均 3.8 万吨，乾隆十三年最高，达 11 万余吨。

贵州煤炭开发较早，清初已有文献记载。如许瓒曾《滇行记程》载："安南至新兴所沿路多煤山，然所产不及京师。"④ 不仅是贵州内地，即使新开苗疆已有煤矿开采。如雍正十二年，贵州巡抚元展成奏报："再查九

① 乾隆五十三年八月二十一日，贵州巡抚李庆棻《奏为预筹调剂厂铅以裕运务仰祈圣鉴事》，《宫中档乾隆朝奏折》第 69 辑，第 283 页。
② 汪允庆：《叙昆路沿线矿产调查报告（二）》，经济部矿冶研究所编《矿冶半月刊》第 4 卷第 7 ~ 16 期，1941。
③ 唐八公：《贵州西部铅锌矿业之调查》，《西南实业通讯》1942 年第 6 卷第 2 期。
④ 许瓒曾：《滇行记程·同年》，《四库全书存目丛书》史部第 128 册，齐鲁书社，1996，第 534 页。

股一带离山甚远，薪炭价贵，臣方切需，乃十月开于城工，取名石递所，忽闻出煤矿，去城仅二里余，山场广厚，出煤甚多，不特日令工匠夫役日用有资，而将来设镇驻防更为利便。……于是大小男妇竞相挖取，著即烧炼石灰，以供城工之用。"①

　　清代中期，黔铅开发规模不断扩大，对煤炭的需求亦逐渐增加，带动了黔西北地区的煤矿业发展。道光年间任大定府知府的黄宅中曾作《挖煤硐诗》，并注称："郡地苦寒，御冬之计全资煤火，煤产山中，凿硐求之，取不尽而用不竭，土人谓之煤炭，蒸炭于炉，谓之煤炉也。然挖煤于硐，苦难言状。每值严冬，拥炉而坐，念尔挖煤负炭之人，未尝不心恻隐也。"② 这是对黔西北煤矿开采的真实写照。

　　据抗战前夕贵州省调查水城银铅矿称："万福银矿在前清乾隆年间开采极盛，闻当时矿坑多至百余处，矿工数万人，取附近夹沟之煤从事冶炼，相传浓烟缭绕，飞鸟不过，可想见当时矿业之盛。"③ 唐八公调查时亦言："在架子厂一带用煤，皆仰给于妈姑，在新发厂及丫都一带，则多用水城臭煤洞或拉夫之焦煤，惟相距五日马程，其运费亦较昂云。"④ 可见，黔铅冶炼所需煤炭基本来自本地，以妈姑、水城两地为主。

　　迄今，在赫章、水城等地还保存有清代煤矿采掘的遗迹。据贵州水城区的现代调查："至今小河边防近，当年冶炼金属遗留下的矿渣堆积如山，用粘土、石墨等原料创成的冶炼用的钳锅比比皆是，当地不少农民用以修埂填沟，垒墙护院。水城附近之响水、万福厂、杉树林等地，矿碴亦随处可见，这足以证明当时对铅、锌等金属冶炼及煤炭开采之盛"；"在距离铅锌矿较近的大河边和小河边煤田的浅部主要煤层，老硐颇多，以至引起地面局部塌陷。在新中国成立后的煤炭开发中，亦多次在老硐中发现尸骨。由于当时生产条件落后，主要靠人力镐刨肩背开采，其开采对象主要是大

---

① 雍正十二年二月初四日，贵州巡抚元展成《奏报九股苗寨地方情形并报台拱开出煤矿折》，《雍正朝汉文朱批奏折汇编》第二十五册，第 846 页。
② 道光《大定府志》卷五十九，文征九，《诗第十九下》。
③ 民国《今日之贵州·贵州矿产纪要》，京滇公路周览会贵州分会宣传部印，1937。
④ 唐八公：《贵州西部铅锌矿业之调查》，《西南实业通讯》第 6 卷第 2 期，1942。

河边 0407、0109 和小河边 0202 等浅部煤层。据目前推算，采空最深层有达一百公尺者。但一般斜深则不超过五十公尺，当年开采日产量约为五至二十五吨，很少可能超过一百吨"。①

第三节　矿业带动下的交通、商业与城镇发展

产地与销售市场的分离使运输成为矿业的重要组成部分。清代中期，随着黔铅开发规模的扩大，矿产品及矿区物资的运输量急剧增加。但是，黔铅主产地所在的黔西北地区，地处云贵高原东部，与川滇黔三省交界地区的乌蒙山相邻，高山谷深、交通不便，道路通行能力有限，严重制约了黔铅的开发。本书第四章第二节所论述乾隆初年威宁道运输铜铅的拥挤状况即是明证。为了黔铅外运进行的道路建设，改善了贵州对外交通环境，促进了运输业与商业的发展，

乾隆五年，贵州在遵义府绥阳县月亮岩设铅厂，所产铅斤"即由月亮岩分路解运"②。同年四月至次年三月，贵州"拨运自砂硃、莲花、月亮岩三厂共运永宁、綦江二处新旧收买课余白铅二百八万七千九百七十一斤"③。綦江显然设有铅局以供收拨，用以运存月亮岩厂铅。月亮岩厂运铅可能由炼厂向西至过桐梓县城，再折向北，沿渝黔驿道至綦江，然后装船下水，直达重庆，这就是綦江道。虽然綦江道运铅为时很短，乾隆十四年即因月亮岩厂"硐老山空"封闭④，但綦江道作为川黔重要交通道路仍然发挥着运输作用。

乾隆十年，贵州总督张广泗又奏请开凿赤水河道运铅，并称："再黔省食盐例销川引，若开修赤水河，盐船亦可通行，盐价立见平减。大定威

---

① 周树桐：《水城矿区发展史略》，中国人民政治协商会议贵州省六盘水市委员会文史资料研究委员会编《六盘水文史资料》第 1 辑，1984。

② 《大清高宗皇帝实录》卷一百十四，乾隆五年四月，户部议准贵州总督兼管巡抚事张广泗疏请。

③ 乾隆七年四月初四日，协理户部事务纳亲《题为会查黔省莲花等厂收存课余铅斤数目及存剩工本等银数目事》，中国第一历史档案馆藏，档号：02 - 01 - 04 - 13450 - 013。

④ 《大清高宗皇帝实录》卷三百三十九，乾隆十四年四月，户部议准贵州巡抚爱必达疏称。

宁等处，即偶遇丰歉不齐，川米可以运济，实为黔省无穷之利。"① 张广泗的目的不仅是运铅以分流威宁道压力，而且为了改善川黔交通，促进商贸发展。次年，上谕引张广泗奏言："今河工已竣，用过银三万八千余两。"② 并于该年开始由赤水河运铅，每年 150 万斤。但是，赤水河并未实现全线通航，上游仍多陆运，起运码头由毕节县赤水渡下移至白沙河口，再移至黔西州鱼塘。乾隆二十五年以后，因运费节省不多，赤水河道已不见运铅的记载。③ 但是，赤水河道经过此次修凿，在一定程度上改善了航运条件，促进了川黔之间的商贸往来。如道光《仁怀直隶厅志》载："厅为水陆交会之地，与蜀密尔，拥资权子母者多托足焉，醾商自四川之富顺、荣县由合江水运至黔，大约咸阳贾客居多，竹木则由本境贸易，茶笋之利次之，铁及靛又次之，以通舟楫故也，衣食其中者踵相接矣。"④

乾隆二十四年，因黔铅积压过多，贵州巡抚周人骥原奏修凿湘黔道运铅，其路线由省城贵阳沿南明河水运至瓮城河口，陆运至黄平旧州，再水运经镇远至湖南沅江。⑤ 虽然乾隆二十六年，政府认为"黔省新开南明河，徒劳无益"⑥，遂停止湘黔道运铅，但湘黔间道路状况的改善有利于运输和商贸的发展。道光年间，吴其濬路过杨老驿（在清平县西三十五里），作诗曰："锡铜负载走先先，驿路羊肠剧苦辛，坠马石前频怅望，转移犹幸列间民。"并注："昔人悯役夫辛苦，夜中骑马经此而坠，后人立石志之，今驿修治，肩挑鱼贯，贫民藉以糊口，其不能负贩者赤身行乞，殆不知几许也。"⑦

交通道路条件的改善，促进了贵州运输业和商业贸易的发展。如黔北的正安州，"向无蚕丝，乾隆十三年州吏徐偕平自浙携蚕种来教民饲养，

---

① 《大清高宗皇帝实录》卷二百三十九，乾隆十年四月，工部议复贵州总督张广泗疏称。

② 《大清高宗皇帝实录》卷二百六十五，乾隆十一年四月，上谕军机大臣等。

③ 乾隆二十七年十二月二十日，贵州巡抚乔光烈《题为黔省莲花等铅厂乾隆二十六年收铅工本及运存销售支用等银两事》，中国第一历史档案馆藏，档号：02 - 01 - 04 - 15507 - 003。

④ 道光《仁怀直隶厅志》卷十四《风俗志》。

⑤ 乾隆二十四年十月二十九日，工部《奏为黔省开修运铅河道事》，《内阁大库档》，档号：NO 000034271。

⑥ 《大清高宗皇帝实录》卷六百四十八，乾隆二十六年十一月，上谕军机大臣等。

⑦ 吴其濬：《滇行纪程集》卷下《临湘县至镇宁州》。

因桑树稀少，先以青冈叶饲之，后亦渐植桑，食青冈者为山丝，质粗色劣，食桑叶者为家丝，质精色美，商通各省，贩运甚多"。① 黔西的普定县，"民于力田之外，皆自食其力，其能畜牛马贩蜀盐者为驼盐户，其止供客雇及为人负赁者为脚户，黔、滇、楚、蜀之货日接于道，故商贾多聚焉"。② 黔东的镇远府，"水陆冲衢，商贾辐辏，民多负贩经营"③。商税额亦有相应增加。如乾隆四年，贵州年额征落地牛、马、猪、羊等项杂税银12533 两④，至嘉庆年间，增至 13616 两⑤。

　　清代中期贵州商业贸易发展，主要表现在以下四个方面。首先，场市数量急剧增加。道光《遵义府志》中追述了孙志和陈志中遵义府辖州县的市场名数：遵义县，"按孙志载遵义场凡四：上溪场、虎场、蛇豕场、沙溪场，村凡二百八十八。陈志遵义场凡是四：虾子、老蒲、团泽、上溪、龙坪、苟家、团溪、兴隆、庆远、懒板、丰胜、小板、高坪、上庄，村同孙志。今场凡八十五"；正安州，"按孙志陈志，真安州俱不载场，只云村凡七十，今场凡六十"，桐梓县："按孙志载桐梓县场凡一：太平，村凡八十五。陈志不载场，村同孙志，今场凡五十三"，绥阳县："按孙志载绥阳县场凡四：郑家坝、赵丫头、朗山口、望草坝，不载村。陈志场同孙志，而于赵丫头、望草坝下注云'今废'，村凡五十七。今场凡三十一"⑥。"孙志" 即明万历三十九年（1611）遵义知府孙敏所修《遵义府志》，"陈志"为清康熙二十四年知府陈瑄所修《遵义府志》⑦，道光《遵义府志》的追述正反映了万历、康熙、道光三个不同时期遵义府各州县场市数量的变化情况，这是明清时期贵州场市快速发展的最好表现。另如安顺府的永宁州，原有场市 14 处，乾隆四十三年至咸丰初年新增场市达 16 处⑧，增加一倍多。清代贵州全省场市数量大增，乾隆前期有 560 余处⑨，至道咸

① 《黔南识略》卷三十二《遵义南府·正安州》。
② 《黔南识略》卷五《安顺府·普定县》。
③ 乾隆《贵州通志》卷七《风俗·镇远府》。
④ 乾隆《贵州通志》卷十四《课程·税课》。
⑤ 嘉庆《钦定大清会典事例》卷一百九十五《户部·杂赋》。
⑥ 道光《遵义府志》卷六《城池·场市》。
⑦ 道光《遵义府志·贺长龄序》。
⑧ 咸丰《安顺府志》卷三《地理志三·永宁州》。
⑨ 据《黔南识略》所载统计，其中缺 15 个县级区域市场数。

时期，仅遵义、安顺、兴义三府，场市已近 500 处①，整个贵州场市的数量早已突破 1000 大关。

其次，场市贸易的场期增加。"当农村集市进一步发展，商品供给与需求增加，随着新增集市的出现外，原有集市集期增加，集市贸易体系的地理范围缩小。"② 清代道光年间，贵州场市的场期基本都发展成为每旬两个。经济比较发达的遵义府，其场市的场期大多为每十天两日，个别乡场的场期已是每十天三日③，即每三天一集。就每个乡场而言，其场期之日，交易的时间也在延长。以前"日中为市、日落而散"的情形在很多场市已经看不到了，很多乡场在场期当天，交易一整天都在进行。如安平县平坝场"以申卯日为期，每逢申卯日，天亮时妇女俱执棉线赴黑神庙兑棉花，至辰时而散，将散时及次日早"。④ 可见此场场期时，交易时间持续近一昼夜。

再次，各种专业场市兴起。在清代中后期，贵州乡村出现了一些专门场市，专门交换某类商品。一般而言，乡村集市主要是满足农村的生产和生活资料交换的需求，是一种低级的综合性市场。随着商品经济的发展，会逐渐出现一些专门交易某种商品的市场，这是明清农村商品生产发展的结果，也是农村商品化生产进步的表现。如道光时期遵义县的茧市，是适应遵义府山蚕业快速发展的需要。还有咸丰时期安顺府的棉花市、米市、布市和安平县的棉花市和猪市。前面所举安平县的平坝场就是专门交易棉线和棉花的专门性市场。

最后，场市的商品种类也越来越多。除了传统的盐、铁、布、米等大众商品外，木材、皮革、牲畜、生漆、蓝靛、桐油、丝茧、蒲席、瓷器等商品也逐渐出现在贵州场市上。如安平县的瓷碗，"出埔龙居民以此为业，中九、杨正、马场、中七、尤箐亦有之"；大瓷缸，"出补止窑，居民百余户，专以此为业"；草纸，"出西堡、上下纸厂及底冈各寨，居民业此者不下数百户"；蒲席，"出大弄场、对门寨、桥头、上下耳贡、卢稿冲、黑石

① 据道光《遵义府志》、咸丰《安顺府志》、咸丰《兴义府志》统计。
② 龙登高：《中国传统市场发展史》，人民出版社，1997，第 410 页。
③ 道光《遵义府志》卷六《城池・场市》。
④ 咸丰《安顺府志》卷三《地理志三・安平县》。

头、抵卧、底耳、索考、水塘各寨，其利倍于种谷，故该处数百户，往往种蒲于田"，等等①。这些都是专门性的商品生产。再如兴义府，"商多江右、楚闽粤蜀之人，吴釉、粤棉、滇铜、蜀盐之类，鹿载辐至市"。② 再如黎平府，"黎郡产木极多，……，惟杉木则遍行湖广及三江等省，远商来此购买。在数十年前每岁可卖二三百万金，今虽盗伐者多，亦可卖百余万"；蓝靛，"雇船运至洪江、常德等处售卖"；生漆，"黎平近来产漆最多，往往贩出邻境"；洞花即棉花，"有售于诸境内者"；细布，"郡城外居民多织布，……，亦常以其余售诸境内"；"绒锦出古州，……，苗家每逢集场，苗女多携以出售"。③

因此，清代中期贵州场市呈现出一派繁荣的气象。如省会贵阳，"商贾则江西湖南人为多，阛阓鳞差，隆然为南土重镇，北市、蜀西市、滇东市、楚南市、粤东市则转运资于沅潕，沂潕者，至黄平陆运而达乎开州，沂沅者，至都匀陆运而达乎贵定，北市则回舟庐江，放乎永宁、仁怀，由陆而经遵义，以达于修文，南市则上古州江而至三角屯，由陆而经独山、都匀亦达于贵定，西市则全资陆运，陆运虽艰。然亦财货络绎日至也"。④ 道光《大定府志》言："雍正乾隆之时，……，力耕稼事商贾者，衣不过苎卉，食不嫌野蔬，居多茅屋柴辟，器用陶匏，宾客宴会，豆不过五，嘉庆以来此用侵异，富豪子弟视纨素若楮素，市侩贱役被文潇履锦彩如硼蝎，妇女竞饰珠翠，燕用穷极水陆，而雕墙峻宇亦渐渐相望矣。"此虽论风俗变迁，然可看出大定府商品种类繁多、市场交流繁荣。偏处黔西南的兴义府，乡村市场依然不减内地。乾隆时期南笼知府李其昌《过普坪市》诗对府北四十里的普坪场有如此描述："环山风静普坪开，四野苗人趁市米，俗尚不分男女积，货交无异盐米该，锱铢较值珍微息，霹雳豪吞酌大杯，父老久忘兵焚地（康熙二年普坪苗乱），日斜时听醉歌归。"⑤

---

① 道光《安平县志》卷四《食货志·土产》。
② 咸丰《兴义府志》卷四十《风土志·风俗》。
③ 光绪《黎平府志》卷三下《物产》。
④ 民国《贵州通志》之《风土志·风俗》。
⑤ 咸丰《兴义府志》卷十《地理志·场市》。

随着农业、矿业、运输业和商业的发展，黔铅矿区产生一批因矿而兴的城镇。例如莲花、柞子、砂硃等厂所在的威宁州妈姑地区，乾隆十六年，贵州巡抚开泰奏："再查妈姑厂出铅旺盛，异籍谋食之人聚集最多。"① 道光《大定府志》载："银厂沟旁有银铅厂，曰天桥厂，初名莲花厂。……乾隆中，普安张万高复开此厂，亦梦大士投以开采之诀。嘉庆中，威宁道伊汤安苾任时，出银极盛，每日以万马载砂。"② 随着铅矿业的发展，妈姑四方商贾云集。"道光年间，有十家大商在妈姑老厂下街开设商号，投资办厂，统购铅锌，整修石街路，迄今还有'十家号'的街名。"③ 妈姑已经成为威宁州东部的经济中心。其他一般黔铅矿厂所在，地因人口聚集，也形成了大小不等的乡村集市。据笔者统计，道光年间，大定府亲辖地已存在白蜡场、矿厂、煤洞厂、铜厂坡、马鬃岭等与矿厂有关的集贸市场，水城厅也有以福集、茨冲、万福等铅厂命名的农村市镇。④

还有一批城镇因黔铅运输而更加繁盛。如黔铅转运要道的毕节，乾隆《毕节县志》称："毕节之民迁自中州，……农人务本力田，有老死不入城市者，勿穆朴实，简陋异常，开厂设局以来，百货走集五方杂处，俗渐华靡，不类往日矣。"⑤ 乾隆三十六年王昶途经此地，称"毕节为黔滇两省铜运总汇处，市集甚盛"。⑥ 毕节因铜铅运输而人口聚集，商贸繁盛，政府治理难度增加。乾隆四十年，贵州布政使郑大进称，毕节"其地人烟稠集，商旅辐辏，威宁、水城运铅必经其境，且有本县代运之铅，料理不易，非明干之员不能胜任，当定为冲繁难相兼要缺"。⑦

除了府州县城之外，乡村集镇亦因铅运而兴盛。如大定府亲辖地的鸡场，道光年间大定府知府黄宅中作《仁育里鸡场诗》曰："万岭盘旋上，场开野市平，鸡鸣山店晓，马放草坡晴。古路修苗寨，通衢入水城，吾邦

---

① 朱批奏折：乾隆十六年闰五月十九日，贵州巡抚开泰《奏为奏闻事》，《清代的矿业》，第 334 页。
② 道光《大定府志》卷十六《疆域志六》。
③ 王明登、龙宪良：《赫章县集市贸易中心——妈姑》，中国人民政治协商会议贵州省赫章县委员会文史资料研究委员会编《赫章文史资料选辑》第 2 辑，1986。
④ 道光《大定府志》卷十三《疆域志三》。
⑤ 乾隆《毕节县志》卷一《地理志·风俗》。
⑥ 王昶：《蜀徼纪闻》，《春融堂杂记八种》，嘉庆十三年塾南书舍刻本。
⑦ 道光《大定府志》卷二十九《惠人志八·职官传第二之六》。

盐铁货，负贩此经行。"并注："（福集）铅厂自水城运毕节、州盐自毕节贩水城，路必经此。"① 水城厅的场坝因外省移民贩运铜铅而兴盛。光绪《水城厅采访册》载："场坝，离城半里许，铜、盐、铅、布，来往喧嚣，厅治箐华萃于此焉"，而且建有万寿宫、协天宫、禹王庙、广平宫、黄州会馆等多处会馆。②

---

① 道光《大定府志》卷五十九《文征九·诗第十九下》。
② 光绪《水城厅采访册》卷三《营建·场寨》。

第六章

清代黔铅矿务与贵州地方行政

　　滇铜与黔铅是清代矿业鼎盛的代表，是货币铸造和火器制造的主要原料。乾隆年间，谢圣纶称："黔中产铅最富，岁运京局数百万，以资鼓铸，与滇南铜厂均为国计民生所利赖。"[①] 有鉴于此，清代政府对滇铜、黔铅开发实行严格管控，因此，云南铜务与贵州铅务成为清代重要的政务之一。著名经济史学家严中平在论述清代滇铜时说："云南的铜产，经常供给京内二局和京外十一省，去鼓铸铜钱，每年可铸钱二百余万串，这是一件关系全国经济问题的大事，所以云南铜务的管理，自然就成为一件很重要的政务。"[②] 同样，黔铅亦为鼓铸必须之物，供京运、楚运及川黔采买，也是"重要的政务"。清代黔铅开发时间长、规模大、涉及面广，对贵州地方社会产生了重要而深远的影响。一方面，黔铅开发给贵州地方政府带来巨大的矿利收入，改善了贵州财政状况，有利于贵州地方行政和公共事业建设；另一方面，矿厂、购销、运输等矿务均委派官员进行管理，而这些官员恰恰是各地的父母官，肩负治理地方的重任，矿务与政务兼顾也给贵州地方行政带来重要的变化。

第一节　黔铅矿利与贵州财政

　　清代中期，以黔铅为代表的矿业快速发展，规模巨大，成为贵州经济

---

① 谢圣纶：《滇黔志略》卷二十四《物产》。
② 严中平：《清代云南铜政考》，沈云龙主编《近代中国史料丛刊》第56辑，台湾文海出版社，1966，第25页。

的重要组成部分。同时，矿业带来的巨额收益极大地改变了贵州的财政结构和收支状况，促进了贵州公共事业的发展。兹以清代中期贵州白铅为中心，考察产值、矿利与贵州财政变化。

一 矿业产值

一般而言，矿业产值等于矿产的市场价值，即矿产量乘以单位矿产价格。清代贵州产矿种类较多，除了铅之外，还有金、银、铜、水银、朱砂等，而以白铅为最。清代文献中的"官购余铅"价格系政府所定，远远低于市场价格，不能作为估算产值的依据，这在前文已多有论述，必须另外考证市价。

康熙五十四年，京局所需铸铅，"由（户）部给发价银，向商人、铅矿买用，每斤定价银六分二厘五毫，水脚银三分"；康熙六十一年，又因"铅价昂贵，每斤增价二分"。① 雍正二年，"湖南所报铅价每百斤六两二钱五分"②。雍正八年，户部称："京局鼓铸需用铅斤，向系商人采办，每斤价银六分二厘五毫。"③ 乾隆八年，闽浙总督那苏图奏："浙省向不产铅，又兼商贩稀少，现在各铺每铅百斤，实需价银七两上下。"④ 京师非铅产地，且需求量大，价格长期高昂，每百斤值银 6.25 两。浙江亦不产铅，其情形与京师相似。湖南虽是传统产铅大省，但湖南上报户部的铅价中包括了从湖南到京师的运输成本。

康熙年间，云贵铅矿并未大规模开发，铅价亦较高。《皇朝文献通考》记载：康熙二十三年，部定铜六铅四配铸，"惟云南铸局，是时以本地及贵州等处铅矿俱未开采，铜贱铅贵，铜价每斤五分四厘，铅价每斤五分五

---

① 乾隆《钦定大清会典》卷十四《户部·钱法》办铅锡条。
② 户科史书：雍正六年五月二十八日，总理户部事务和硕怡亲王允祥等《题为详请开采等事》，《清代的矿业》，第 315 ~ 316 页。
③ 乾隆七年四月初四日，协理户部事务纳亲《题为会查黔省莲花等厂收存课余铅斤数目及存剩工本等银数目事》中引称，中国第一历史档案馆，档号：02 - 01 - 04 - 13450 - 013。
④ 《大清高宗皇帝实录》卷二百四，乾隆八年十一月，工部议复闽浙总督那苏图疏称。

厘，准以铜八铅二配铸"。① 雍正初年，黔铅开发扩大，铅价应有所回落。雍正六年，云贵总督鄂尔泰奏："（贵州）马鬃岭等厂俱在僻壤，山路崎岖，难以通商，而开采小民又半系赤贫，苦无工本，不能久贮，每铅百斤厂价已减至八九钱一两不等"，建议官购余铅，转销汉口，"约计工本脚价盘费每百斤共银三两五钱，而汉口之价则四两五钱，每百斤实获息银一两"②。因为滞销，鄂尔泰所言厂价应与成本价相当，故黔铅市价应为官购余铅价格与转售所获余息银之和。显然，鄂尔泰低估了转销余铅的获利水平。雍正八年，贵州巡抚张广泗奏："其马鬃岭、丁头山等厂，并续开之大鸡、砂硃、大兴等厂，……各厂所费工本多寡不一，其收买价值议定每百斤一两四、五钱不等，另加驮脚盘费，运往永宁、汉口等处销售，现在时价三两七、八钱及四、五两不等，除归还买本脚价，每百斤可获余息银一两四、五钱不等。"③ 如此，雍正年间，贵州每百斤铅的市场价银应不低于2.8两。

雍正八年，四川设局鼓铸，因本省产铅不敷，每年赴永宁购买黔铅供铸。如乾隆五年，贵州"于永宁卖过砂硃、莲花二厂运存旧余铅三十四万五百斤，每百斤卖银三两九钱，……，实获余息银五千七百三十二两三分"④。即黔铅转卖四川，铅百斤获息银1.64两。而当时官购莲花、砂硃二厂余铅，每百斤仅给银1.3两，远低于生产成本，直到乾隆十年才将官价提高至1.5两。⑤ 据此推算，当时黔铅百斤市价银为2.94两。笔者据中国第一历史档案馆藏清代奏销档，将部分年份永宁售铅获利情况列如表6-1。

---

① 《皇朝文献通考》卷四十《钱币考二》。
② 雍正六年十月二十日，云南总督鄂尔泰《奏为奏明借动库项收铅运售获息情由事》，《雍正朝汉文朱批奏折汇编》第十三册，第721页。
③ 雍正八年三月二十七日，贵州巡抚张广泗《奏为奏明事》，《雍正朝汉文朱批奏折汇编》第十八册，第324~328页。
④ 乾隆七年四月初四日，协理户部事务纳亲《题为核查黔省莲花等厂收存课余铅斤数目及存剩工本等银数目事》，中国第一历史档案馆藏，档号：02-01-04-13450-013。
⑤ 乾隆十年五月初七日，贵州总督张广泗《题为贵州白铅不敷供铸请以乾隆十年三月为始增价收买余铅以济运解事》，中国第一历史档案馆藏，档号：02-01-04-13868-010。

表 6 - 1 乾嘉时期永宁局售卖黔铅情况

单位：两，斤，两/百斤

时　　间	销　量	息　银	获利水平	官购余铅价格	推算贵州市价	资料来源
乾隆五年	350500	5732.3	1.64	1.3	2.94	02 - 01 - 04 - 13450 - 013
乾隆二十一年	1020095	9873.0	0.97	1.5	2.47	02 - 01 - 04 - 15200 - 002
乾隆三十年	498000	4752.5	0.95	1.5	2.45	02 - 01 - 04 - 15876 - 003
乾隆三十九年	498000	4816.1	0.97	1.5	2.47	02 - 01 - 04 - 16890 - 005
乾隆五十六年	280000	3123.7	1.12	1.8	2.92	02 - 01 - 04 - 18309 - 002
嘉庆二十二年	266667	3106.7	1.17	1.8	2.97	02 - 01 - 04 - 20345 - 030

　　表 6 - 1 所示，乾嘉时期永宁局售铅，每百斤获息银在 0.95～1.64 两之间，平均为 1.14 两。乾隆朝中期，黔铅生产规模巨大，永宁市场铅斤供大于求，获利水平一度降至一两以下，其他时间基本保持稳定。结合官购余铅价格估算，每铅百斤，雍正初年至乾隆初年，贵州铅斤市价约为 2.87 两，乾隆朝中期约为 2.46 两，乾隆朝后期至嘉庆年间约为 2.95 两。

　　上述关于黔铅市价的推论结果，还有一些记载可以佐证。嘉庆二十三年，贵州巡抚朱理奏请核减莲花厂加办铅斤时称："若领办加办，须在马街及各处收买商铅方能足额，历任领办加办白铅，工本每百斤一两八钱，收买商铅价银二两五、六钱不等，须津贴银七八钱。"① 仅从价格而言，朱理所言 "商铅价银二两五六钱"，与前推论存在少许差距。然仔细分析资料发现，这是厂官向商人购铅的 "市价"。嘉道时期，大部分黔铅矿厂无法完成生产定额，迫于考成压力，厂员不得不购买商铅凑数，这在前文已有论述。然因官价远低于市价，差距越大，厂员倒贴的银两越多。同时，各厂通商铅的比例由厂员把握，并非严格按照制度执行，即商铅的多寡由厂员决定。因此，朱理所言 "商铅价银" 应是厂员与商人协商的结果，可能略低于真正市价。

　　如果以上估算可信，则根据前文研究的贵州白铅产量，推算出雍正二

---

① 嘉庆二十三年十月十三日，贵州巡抚朱理《奏报莲花铅厂自嘉庆二十二年六月起至二十三年五月底出铅抽课变价以及支销厂费人役工食等项铅斤银两事》，中国第一历史档案馆藏，档号：02 - 01 - 04 - 19861 - 010。

年至咸丰四年，贵州白铅年产值在 3 万～49 万两白银波动，最大值为乾隆十三年的 49 万余两，最小的为乾隆九年的 3 万余，年均 16 万余两，131 年间总产值为 2056 万两白银。当然，清代贵州矿产并非白铅一种。例如黑铅与银，本书第三章中曾论述过黑铅的产量，从康熙末年至咸丰初年均有开采，年均产量约为 70 万斤，雍正七年曾高达 205 万斤。如按每百斤价银 2.8 两计算①，年均产值约银 2 万两，最高时达 5.7 万两。

　　但是，清代前期贵州所产黑铅基本上是银厂的副产品，因为所用矿石大多为含银方铅矿，银铅并产，以银为主。如雍正七年，贵州巡抚张广泗奏报：“自雍正五年二月十六日起，连闰扣至雍正六年正月十五日止，一年限满，猴子厂抽获课银一百三十四两六钱九分一厘二毫零，腻书、阿都二厂抽获课银一百九十四两二钱七厘，……所有猴子厂雍正五年四月二十八日起至雍正六年正月十五日止，抽获炉底课铅变价银六十三两九钱四分五厘，腻书厂自雍正五年六月二十二日起至本年九月二十一日止，抽获炉底课铅变价银三百九十四两二分二厘，以上三厂抽获正课并炉底铅斤变价共银七百八十六两八钱六分五厘二毫零。”② 猴子、腻书、阿都三厂，年产银抽课 328.9 两，产黑铅抽课变价银 458 两。从康熙五十七年猴子厂设立算起③，至雍正五年已有 10 年时间，矿石含银量已严重下降。同年，张广泗又奏：“查黔省威宁府属猴子、腻书、阿都三厂，雍正四年分抽课银一千八百六十五两六钱九分零，先经原任贵州巡抚何造册题报臣部，较之雍正三年所报课银三千六百余两之数骤减一半。”④ 按照二成抽课计算，雍正四年三厂产银 0.9 万两，雍正三年则高达 1.8 万两。由此推论，康熙末年猴子厂的银产量应该更高一些。

　　雍正朝中期，随着猴子等厂的衰落，柞子厂代之而起。但随着开采时间的延续，矿石含银量逐渐降低。如乾隆四十七年，云贵总督富纲奏报：柞子厂新发硐冶炼，“牵算每铅百斤只获银五六钱不等”⑤。至道光

---

① 清代贵州黑铅生产高峰出现在雍正时期，其价格与白铅相仿，兹以每百斤价银 2.8 两计算。
② 雍正七年十二月十三日，贵州巡抚张广泗《为会堪威宁等事》，《明清档案》：A42 - 22。
③ 乾隆《钦定大清会典则例》卷四十九《户部·杂赋上》。
④ 雍正七年十二月十三日，贵州巡抚张广泗《为会堪威宁等事》，《明清档案》：A42 - 21。
⑤ 乾隆四十七年九月二十四日，云贵总督富纲奏《奏为查审复奏事》，《宫中档乾隆朝奏折》第 53 辑，第 135～138 页。

末年，据贵州巡抚贺长龄奏："至现在贵西道每年解部银课，系威宁等属柞子、砾碅塘、猓布嘎三处铅厂煎炼黑铅中之零碎银砂，约计炼铅万斤可得银八九十两。"[①] 因此，估计贵州银产量，康熙末年至雍正年间，年产因约在 1 万两左右，乾隆、嘉庆、道光三朝，每年产银约在千两以下。

此外，值得一提的是水银矿。康熙年间，贵州开州、普安、婺川、修文皆产水银。[②] 如雍正二年，贵州巡抚毛文铨奏："奴才查安顺府属之普安县土名滥木桥，原向产水银，然衰微年久，至六十年忽然大旺，该年所出不下万担。"[③] 但滥木桥厂的兴旺为时短暂，雍正四年，该年仅抽水银 1700 两，而"自康熙六十一年起至雍正五年闰三月终止，历任布政使收过税银共有三万七千余两"[④]。按该厂二成抽课，每斤水银变价银 18 两，以市价 32.5 两计算[⑤]，年均产值约银 6.3 万两。雍正十二年，普安县滥木桥厂封闭。次年，另开回龙湾厂。乾隆二十五年，普安县回龙湾、修文县红白岩二厂抽课变价银共 1337.96 两。[⑥] 当时水银市价，据乾隆三十七年上谕："黔省水银，自乾隆三十一年以前每百斤价银五十余两至四十八两不等，行之几二十年之久。"[⑦] 按回龙湾厂一成抽课、红白岩厂三成抽课推算[⑧]，当时二厂年产值约银 1.8 万两。

乾隆五十五年，贵州巡抚额勒春奏："黔省八寨厅属羊伍加河水银厂，……自乾隆五十四年正月起至十二月底，连闰计一十三个月，各炉户共烧出水银二千五百三十六斤一两，每百斤抽课三十斤，共抽课水银七百

① 贺长龄：《耐庵奏议存稿》卷十《覆奏开采银矿请随时采访折》，道光二十四年八月二十五日。
② 乾隆《钦定大清会典则例》卷四十九《户部·杂赋上》。
③ 雍正二年五月十四日，贵州巡抚毛文铨《奏为据实奏闻仰祈圣鉴事》，《雍正朝汉文朱批奏折汇编》第三册，第 53~56 页。
④ 雍正五年八月初四日，贵州布政使祖秉圭《奏报收到普安县水银厂税银数目暨照支养廉折》，《雍正朝汉文朱批奏折汇编》第十册，第 315 页。
⑤ 雍正十二年八月二十八日，贵州巡抚元展成《奏为水银厂开采有效详请题报以裕国课以益民生事》，《明清档案》：A60–33。
⑥ 乾隆二十六年七月初三日，贵州巡抚周人骥《题为天地有自然之利等事》，《内阁大库档》，编号：NO000116731。
⑦ 《大清高宗皇帝实录》卷九百九十九，乾隆三十七年十月，上谕军机大臣等。
⑧ 嘉庆《钦定大清会典事例》卷一百九十四《户部·杂赋》。

六十斤十三两一钱。"① 然水银市价已大不如前。乾隆三十七年，据湖北巡抚"访查汉口价值，乾隆三十三年以前俱在五十五两以上，自三十四年起忽减至四十两，本年正月起又减至三十二两"。苏州巡抚称："苏州水银价值，本年四五月以前每百斤卖银三十八九两及四十余两不等，七八月以后减至三十一两，询据客商及行户等称，贵州近来出产水银甚旺，贩卖来苏者多，销售有限，遂至壅滞价减。"② 如以每斤 30 两计算，乾隆五十四年羊伍加河水银厂产值约银 7.7 万两。

以上诸厂，普安县滥水桥、修文县红白岩厂开于康熙年间，雍正十三年开回龙湾厂，乾隆二十二年开安化县打厥沟厂和婺川县岩峰脚厂，乾隆三十六年又开八寨厅羊伍加河厂，除了滥水桥厂雍正十二年封闭、岩峰脚厂于乾隆四十四年封闭外，其他各厂直到嘉庆初年未见封闭的记载。③ 也就是说，雍正年间以滥水桥、红白岩厂为主，乾嘉时期以回龙湾、打厥沟、羊伍加河厂为主。估算雍正朝至乾隆朝前期，贵州水银矿年产值约银 6 万两，乾隆朝中期至嘉庆朝，年产值应约银 10 万两左右。

综合以上银、铅、水银矿的考察，适当考虑金、铜、朱砂等矿，估算雍正年间至乾隆十年，贵州矿业年均产值约银 20 万两，乾隆十年至四十年，年均产值约银 50 万两左右，乾隆四十一年至嘉道年间，年均产值约银 35 万。

二　黔铅利润及其分配

矿业虽然投资大、周期长、风险高，但其收益（或利润）远高于农业。矿业利润简称矿利，即矿业产值中减去生产成本的部分。前文考证认为，清代官购余铅的定价以矿民生产成本为基础，以矿民"稍获微利"（即每产铅百斤获银 0.08～0.09 两）为标准。但是，随着生产成本

---

① 乾隆五十五年七月二十四日，贵州巡抚额勒春《题为恳恩赏准开采等事》，《内阁大库档》，编号：NO000145966。
② 《大清高宗皇帝实录》卷九百十九，乾隆三十七年十月，上谕军机大臣等。
③ 嘉庆《钦定大清会典事例》卷一百九十四《户部·杂赋》。

的增加，矿民所得"微利"逐渐被新增成本所侵占，导致官价与成本持平，甚至低于成本。因此，政府为了稳定生产规模，不得不再次提高官价。但是，提价的幅度仍以生产成本加"微利"为准。虽然乾隆十年从每百斤价银1.3两增至1.5两、乾隆五十三年再次增至1.8两、道光九年一成抽课，但矿民获利水平并未出现大幅度提高。每次提价之后，随着生产成本的增加，矿民获利水平则呈下降趋势，从每铅百斤获银0.085两递减至零。依据乾隆十年、乾隆五十三年、道光九年三个时间节点，矿民获利水平的递减时间分别为42年和40年，推算年均获利水平为0.0425两。

当然上述推论只是从事黔铅生产的矿民的总体获利状况。事实上，黔铅矿利并非矿民独有，而是官民共享。政府通过矿课、官价、余铅收购、通商份额等方式，不但分割了矿业利润，而且将部分矿利通过运销转移到中央及其他省份。

雍正二年，贵州开丁头山、马鬃岭、齐家湾白铅矿，"其厂铅每百斤黔省例抽课二十斤，（余铅）滇省买价，每百斤丁头山议定银一两六钱，齐家湾议定银一两五钱，马鬃岭议定银一两四钱"①。这20斤矿课即政府征收的实物矿税，按市价每百斤价银2.94两计算，值银0.588两。此外，余铅80斤由云南购买鼓铸，官购均价每百斤1.5两，比市价低1.44两，低出的部分转化为云南鼓铸的铸息银，以及以制钱支付兵饷、工食而获得的银钱差价，成为云南地方财政收入的一部分。

雍正五年之后，云南不再购买黔铅，贵州政府收购余铅转销永宁、汉口等地。雍正八年，贵州巡抚张广泗奏："其马鬃岭、丁头山等厂，并续开之大鸡、砂硃、大兴等厂，每年产铅除完交课项外，尚约有余铅三四百万斤，各厂所费工本多寡不一，其收买价值议定每百斤一两四、五钱不等，另加驮脚盘费，运往永宁、汉口等处销售，现在时价三两七八钱及四五两不等，除归还买本脚价，每百斤可获余息银一两四五钱不等，通计每年收买各厂余铅三四百万斤转运销售。再各厂每年抽收课铅有七十余万

---

① 雍正六年十月二十日，云南总督鄂尔泰《奏为奏明借动库项收铅运售获息情由事》，《雍正朝汉文朱批奏折汇编》第十三册，第721页。

斤，留供鼓铸，但今开局伊始，只需用铅一十五万八千四百斤零，尚有余剩课铅五十四五万斤，应与所买余铅一并运销，除每百斤照奏销定价一两五钱扣算归还课项外，所有余息合之，每年约有银五六万两。"① 这"五六万两"余息银包含两部分，一是贵州转销官购余铅及部分课铅所得余息银，每百斤获余息银 1.45 两；二是课铅鼓铸所得铸息银。据王德泰等的研究，雍正末年，宝黔局年获铸息银约 0.5 两，乾隆朝前中期，年获铸息银约 3.8 万两，嘉道时期年获铸息银约 1.5 万两，这是官府对滇铜黔铅价格垄断的结果。② 铸钱余息与转销余铅获得余息一样，本应是矿民所创造的矿业利润，却转变为政府收益。

事实上，贵州每年所获息银远高于张广泗估算的"五六万两"。雍正十年，据贵州布政使常安引贵州巡抚张广泗奏称：雍正八年四月至九年三月，获余息银 8 万余两；雍正九年四月至十年二月，又获余息银 11 万两。③ 而雍正十二年，江西巡抚常安（原贵州布政使）又称："再黔省倭铅一项大有裨益，自奴奉旨清查以来，雍正十年获余息银一十六万三千五十余两，十一年又获余息因一十六万九千九百余两。"④ 当然，这两年所获息银 33 万余两中包含有 8 万两工本银。可见从雍正五年开始，云贵两省转销黔铅，年均获息银约在 10 万两。

从雍正十三年开始，为了筹集京铅，大规模转销黔铅基本停止，转售余息银不敷存在。雍正十三年，云贵总督尹继善奏："因倭铅奉文解运京局供铸，贵州已无此项余息可补（养廉），是以奏请每解京铅一百斤，除铅价厂费旱脚二两四钱七分外，再赏息银一两零三分，共息银三万七千六百九十余两，以为前项之用。"⑤ 尹继善此奏是基于京运实际运费低于中央确定的运价。如雍正十三年，贵州巡抚元展成奏："臣查黔省本年上下两

---

① 雍正八年三月二十七日，贵州巡抚张广泗《奏为奏明事》，《雍正朝汉文朱批奏折汇编》第十八册，第 324～328 页。
② 王德泰、强文学：《清代贵州铅局设立时间及铸钱利润考》，《历史档案》2013 年第 4 期。
③ 雍正十年六月十二日，贵州布政使常安《奏为遵旨回奏事》，《雍正朝汉文朱批奏折汇编》第三十册，第 521～534 页。
④ 雍正十二年二月初一日，江西巡抚常安《奏为奏闻事》，《雍正朝汉文朱批奏折汇编》第二十五册，第 823 页。
⑤ 雍正十三年二月初四日，云贵广西总督尹继善《奏为遵旨议奏事》，《雍正朝汉文朱批奏折汇编》第三十册，第 839～840 页。

运铅斤已于四月、九月委员解京，其所用水脚虽尚未回黔核算，约略计之，尚有节省。"① 但中央政府并未采纳尹继善的建议，而是以滇铜息银弥补贵州文官养廉银的缺额，但京运运费仍以原价如数拨付贵州，多余出来的运费成为运铅水脚节省银两，留作贵州公用。②

当然，即使按照中央政府所定余铅收购价每百斤给银 1.3 两，运费银3 两计算③，黔铅京运的成本仅为 4.3 两，远低于官商办铅，这也是黔铅京运的原因所在。如乾隆七年，户部引前奏："再京局鼓铸需用铅斤，向系商人采办，每斤价银六分二厘五毫，雍正十一年四月内，虽据各商呈请，每斤节省一分五厘，合算尚需银四分七厘五毫。查贵州巡抚题报，每年出产铅不下四五百万斤，每百斤照各厂定价一两三钱收买运售，今以每百斤一两三钱通盘计算，较之商办实多节省，商人每年额办铅三百六十六万斤零二钱，应令贵州巡抚于雍正十三年为始，遴委贤员照数采买分解户工二局，每百斤给水脚银三两，照办铜之例分为上下两运，上运四月起解，十月到部，下运十月起解，次年三月到部，如有迟误，即将承办迟误之员照例题参，是贵州解铅较之商办，每年又可节省银十二万六千二百七十两零，应将商办铅斤停其采办。"④ 黔铅京运成本之所以低于官商办铅，是因为通过政府低价收购，将矿民创造的部分矿业利润成本转化为政府收益。同时，京局又通过鼓铸，获取铸息银，再以制钱支付兵饷、俸禄、工食，获得银钱差价，这些均成为中央财政收入的一部分。以每年京铅 366 万余斤、每百斤利润 1.64 两计算，中央所获矿利高达 6 万两白银。鉴于贵州地方财政入不敷出，故每铅百斤，"赏（贵州）息银" 1.03 两，总计 3.7 万余两。可见，这实际上是中央与贵州分割黔铅矿利的结果。对贵州而言，

① 雍正十三年十月十二日，贵州巡抚元展成《奏为请旨事》，《雍正朝汉文朱批奏折汇编》第二十九册，第 500 页。
② 乾嘉时期，政府了获得更多的所谓"运铅水脚节省"银两以缓解贵州财政入不敷出的状况，致使实际运输成本一降再降，运员怨声载道，成为黔铅京运的一大难题。如嘉庆年间任贵州巡抚的孙玉庭言："黔省事简，惟铅额运甚多，运脚不敷，通省赔累，公事因之处处掣肘，向年商运，每石给脚费银五两，自改官运，减至三两，后又递减至一两五钱，而运脚益形支绌矣。"（《延厘堂集》第八册《年谱》）
③ 乾隆《钦定大清会典则例》卷四十四《户部·钱法》。
④ 乾隆七年四月初四日，协理户部事务纳亲《题为会查黔省莲花等厂收存课余铅斤数目及存剩工本等银数目事》，中国第一历史档案馆藏，档号：02 - 01 - 04 - 13450 - 013。

除了每百斤京铅息银 1.03 两之外，地方政府所得矿利仅为矿税而已。按课铅每年约 80 万斤，以银 1.5 两变价，约获银 1.2 万两。也就是说，贵州每年所得矿利约银 5.5 万两。

乾隆元年，因官铅堆积过多，各厂余铅听民销售。到乾隆七年前后，因官铅存量不足，再次施行官购余铅政策，禁止通商，官价每百斤价银 1.3 两。① 乾隆元年至乾隆七年，余铅全部通商，官铅的来源仅为课铅而已。课铅以每百斤价银 1.5 两折算，作为贵州矿税收入，每年约为 1.2 万两白银。这部分官铅的利润即官价与市价之间 1.44 两白银的差价，通过京运、永宁售卖、划拨宝黔局鼓铸等途径，被中央、四川及贵州分割。

乾隆七年以后，余铅全部官买，矿民无利可图，导致年产量快速降至 100 万斤左右。故乾隆十年，张广泗奏请提高官价为 1.5 两。官购余铅价格增加之后，矿民经营状况改善，年产量从乾隆十年的 164 万斤增至乾隆十三年的 1700 余万斤。乾隆十四年，鉴于黔铅产量过大，贵州巡抚爱必达奏请："嗣后每百斤除抽课二十斤外，余铅官买五十斤，以三十斤通商"，并组织黔铅运至汉口销售，即楚运。② 乾隆七年至乾隆十三年，因余铅全部官买，黔铅产量即官铅量，年均产量约 550 万斤。这一时期贵州地方政府的矿利包括四部分：（1）每年 110 万斤课铅，折合矿税银 1.65 万两；（2）每年京铅 454 万余斤，推算中央所赏息银约 4.67 万两；（3）宝黔局铸息银约 1.5 万两；（4）永宁局售铅所获余息银约 0.5 万两，四者合计约 8 万两。

乾隆十四年开始，余铅官商各半，而官价每铅百斤给银 1.5 两，一直持续至乾隆五十二年。这一时期黔铅年均产量 850 万斤左右，贵州地方政府矿税收入为：（1）二成课铅计 170 万斤，折算矿税银 2.6 万两；（2）本省鼓铸息银 3.8 万两；（3）永宁售铅余息银 0.6 万两；（4）楚运售铅量多有变化，每年约 260 万斤，以每铅百斤获息银 1 两计算③，年约 2.6 万两；（5）运铅节省银与卖钱余息银。据乾隆十五年，户部引贵州巡抚爱必达

---

① 乾隆十年五月初七日，贵州总督张广泗《题为贵州白铅不敷供铸请以乾隆十年三月为始增价收买余铅以济运解事》，中国第一历史档案馆藏，档号：02-01-04-13868-010。

② 《大清高宗皇帝实录》卷三百四十二，乾隆十四年六月，户部议复贵州巡抚爱必达奏称。

③ 关于楚运量参见本书第三章研究结果，其获利水平参照前文四川永宁局售铅水平。

奏："核计除汉口销售铅斤已奏销准照实需之数售卖外，其运铅节省及卖钱获息，按年约有银六万两，止需三年即可足敷抵用。"① 此处所言"卖钱获息"是指将宝黔局所铸制钱运往重庆兑换白银，因重庆银钱比价高于毕节，所得差价即为卖钱余息。乾隆十九年，贵州巡抚定长奏："窃查黔省大定府属毕节县属黔局鼓铸项下，向有秤头余铜，又局内应给官役养廉工食钱文，均于该局带铸，发运折给。缘从前毕邑每钱一串易银不及一两，炉役等不愿领钱，遂将折给之养廉工食钱文，同秤头带铸钱一并，运至四川重庆府变价，获有余息，留充地方公用。于乾隆十一年前督臣张广泗奏明，经军机大臣等议复，奉旨俞允，钦遵办理在案。……今则易银一两零五分，钱价日渐昂贵，有妨民间日用，且运京铅斤俱运赴重庆，装载北上，一遇马匹稀少，铅钱并运，每致周章，自应停运川钱，就地变价，庶于民用铅运两有利便。"② 据定长所言，以前每年卖钱获银 2133 两，兹因毕节钱价上涨，贩卖重庆以无利可图，故而奏停。由此可见，乾隆十四年以后，贵州地方政府每年可得矿利银 15.6 万两。

乾隆五十三年，官购余铅每百斤价银增至 1.8 两，课铅变价以此计算。③ 虽然乾隆朝中期以后，黔铅年均产量下降至 550 万斤左右，课铅量减少，但因变现价格提高，贵州每年矿税银仍在 2 万两左右。京铅年运量约 489 万余斤，推算中央所赏息银约 5 万两，与乾隆朝中期持平，但宝黔局年获铸息银已降至 1.5 万两。永宁售铅量大幅递减，年获余息银仅为 0.3 万两，而楚运售铅量并无太大变化，所获息银与乾隆朝中期相差不大。由此，推算乾隆五十三年至道光八年，贵州地方政府年获矿利银约 11.5 万两。

如果以上估算误差不大的话，从雍正二年至咸丰四年的 131 年中，矿民获利微弱，且波动较大。如乾隆十三年黔铅产量最高，达 1716.4 万斤，而矿民获利银仅为 1.5 万余两。按黔铅年均产量 547 万余斤计算，

---

① 乾隆十五年二月二十六日，户部尚书蒋溥《奏为预筹减拨之未议以重斟项事》，《明清档案》：A162 - 89。

② 乾隆十九年五月初八日，贵州巡抚定长《奏为停止川运钱文以利民用以疏铅运事》，《宫中档乾隆朝奏折》第 8 辑，第 452~453 页。

③ 乾隆五十六年三月二十四日，贵州巡抚额勒春《题为铅厂矿煤两旺等事》，《内阁大库档》，编号：NO000147453。

矿民所得矿利仅为银 2 千余两。事实上，黔铅矿利绝大部分为政府所夺，包括中央、贵州及其他购买黔铅的省级政府。以贵州地方政府的矿利收入为例，雍正五年至雍正十三年，每年获银 10 万两；乾隆初年降至 1.2 万两，乾隆七年后再次回升至 8 万两；乾隆十四年至乾隆五十三年，年均高达 14.5 万两；乾隆五十四年至道光九年有所下降，年均 11.5 万两，道光九年之后又有所下降。由此可见，清代中期，贵州地方政府在黔铅开发过程中，年均获利约 10 万两白银。

三　地方财政与矿税用途

每年增收 10 万两白银，对于内地赋税大省也许不值一提，但就贵州而言，无异于雪中送炭。要理解这一点，必须先理清清代贵州的财政状况。康熙《贵州通志》载：贵州布政司实在成熟田 1162555 亩、地 50887 亩，岁征米谷荞 114393 石、条编银 25914 两、马馆银 26248 两、税课银 20825 两①，如每米 1 石折银 1 两，则贵州地方政府每年财政收入银 18.7 万两。雍正初年，贵州省界调整，将四川、湖南、广西等邻省部分府卫州县划入贵州，贵州范围扩大，故乾隆十八年，贵州全省"额征银一十二万五百六十两零，本色米豆一十二万九百一十九石零"②。至嘉庆二十五年，贵州册载成熟田地 2767032 亩，年征米粮 162181 石、地丁正杂银 93821 两③，如仍按米 1 石折银 1 两计算，贵州地方政府每年财政收入银 25.6 万两。也就是说，清代中期贵州地方财政收入没有显著的增加，每年约 25 万两。

但是，贵州每年的开支却极大。例如兵饷，王燕（康熙三十七年至康熙四十二年任贵州巡抚）称："贵州一省保卫民苗，岁费兵饷，拨内地钱粮协济者，几四十万两。"④ 还有官员养廉，据乾隆二十年贵州巡抚定长奏：乾隆十九年，贵州"新收各属征解地丁、秋粮、耗羡及官租变价、铅斤节省

① 康熙《贵州通志》卷十一《田赋》。
② 乾隆十九年五月初八日，贵州巡抚定长《奏陈黔省乾隆十八年征收地丁钱粮事》，《宫中档乾隆朝奏折》第 5 辑，第 453 页。
③ 嘉庆《重修大清一统志》卷四百九十九《贵州统部》。
④ 王燕：《劝民开垦荒田疏》，乾隆《贵州通志》卷三十五《艺文志》。

核减等项共银二十万二千五百八十二两六钱五分零，开除支发各官养廉、各项公费共银一十万五千五百八十两九钱九分零"①。可见，贵州地方政府每年收入尚不敷开支官员养廉，长期仰给于内地协济兵饷发放。

因此，贵州官员对于矿税格外重视。雍正五年，贵州巡抚何世基奏："黔省土瘠民贫，不习纺织之业，复不擅商贾之资，止籍耕获营生，而山高岭峻，转运维艰，惟矿厂一项，乃天地自然之利，但能经画有方，防范得法，上可益课，下可便民。"② 次年，贵州提督杨天纵奏称："臣查黔省地丁等银以及税课每年通共约计不过十数万两。"③ 雍正八年，贵州巡抚张广泗奏："但黔省每年地丁税课仅止一十一万有零，不及腹省一大州县，并无别项羡余可以筹酌之处，惟有矿厂一项，乃天地自然之利，应为画议调剂者。"④ 与此同时，贵州官购余铅转销永宁等地，每获余息几乎与田赋税课不相上下。

有鉴于此，以后的贵州官员尤为重视矿业。乾隆六年，云南巡抚兼管贵州巡抚事张允随称："窃照黔省僻在边方，舟楫不通，耕凿之外，别无经营，民生财用，常苦匮乏，……臣思五金皆产于山，滇、黔山岭相连，银、铜各矿出产相同，而水银、朱砂二项，尤黔省所独，诚属天地自然之利、足以资边民之生计者，现在黔省，惟铅出产甚多。"⑤ 乾隆十八年，贵州巡抚定长分析省情说："臣查黔省僻处边隅，界连四省，东楚西滇，南粤北蜀，在在高山邃谷，密箐深林，处处险阻崎岖，苗蛮业杂其间，汉少夷多，流寓入籍者率皆江楚民人，力于稼穑，鲜有贸迁，而尺寸皆山，地土最为硗瘠，种植杂粮多于稻谷，年丰所产足供民食，其他薮泽之饶、桑

---

① 乾隆二十年五月二十八日，贵州巡抚定长《奏报黔省耗羡支存各数事》，《宫中档乾隆朝奏折》第 11 辑，第 539 页。

② 雍正五年闰三月二十六日，贵州巡抚何世基《奏报黔省矿厂事宜及开挖盐井折》，《雍正朝汉文朱批奏折汇编》第九册，第 509 页。

③ 雍正六年六月初四日，贵州提督杨天纵《奏为敬陈黔省行使制钱之法仰祈睿鉴事》，《雍正朝汉文朱批奏折汇编》第十二册，第 595～596 页。

④ 雍正八年三月二十七日，贵州巡抚张广泗《奏为奏明事》，《雍正朝汉文朱批奏折汇编》第十八册，第 324～328 页。

⑤ 张允随：《张允随奏稿》（不分卷），乾隆六年二月二十九日，《奏为奏明筹办厂务盐井之利以裕黔民生计事》，引自《云南史料丛刊》第八册，云南大学出版社，2001，第 527～775 页。

麻之利素非黔地所有，只藉铅砂、水银、雄黄等厂工作谋生。"① 乾隆四十一年，贵州巡抚裴宗锡针对贵州财政称："窃照黔处荒裔，连山丛莽，绝少平旷，野无百谷之繁殖，市罕估客之鲜华，数十万井田之赋所出绌比江南一大县，全资铜铅矿产裕课利民。向来铅为最，铜次之。"② 乾隆四十二年，贵州巡抚觉罗图思德称："窃黔省全区山多田少，矿厂开济实为闾阎日用攸资"③；次年又言"窃照黔处边陲，山多田薄，全赖五金之产，足以裕课利民"④。乾隆四十八年，贵州巡抚李本称："黔省田赋无几，止有铜铅可裕国课而益民生。"⑤ 道光十八年（1838），贵州巡抚贺长龄言："查黔省民贫地瘠，全赖厂务得利营生。"⑥ 可见，矿业（尤其是黔铅开发）对于贵州尤为重要，不可或缺。

当然，贵州官员重视矿业，其目的还是改善贵州财政状况。那么，这些矿利都用于何处？雍正八年，贵州巡抚张广泗奏：黔省转销铅斤余息银每年五六万两，"仰恳圣恩，将此项余息银两赏给黔省，以便补足石礼哈原议归功项内缺少之二万余两，并将各官养廉量为酌增，以及新设苗疆道厅等官，暨通省经教杂职应与养廉之处，酌议分给，又共需银二万八千二百余两外，其多余之数俱按年造册报部，存贮藩库，以备地方要务支用"。朱批："料理甚属妥协，照所请行。钦此。"⑦ 张广泗奏请将黔铅余息银归公，以此弥补黔省官员养廉银的不足，多余部分作为贵州地方政府公用经费使用，获得皇帝的肯定。

雍正十三年，云贵总督尹继善对以黔铅余息银弥补黔省官员养廉、办

---

① 乾隆十八年七月初一日，贵州巡抚定长《奏陈黔省地方民苗风土及营伍情形事》，《宫中档乾隆朝奏折》第 5 辑，第 649～651 页。

② 裴宗锡：《滇黔奏稿录要》，乾隆四十一年八月十二日，《奏为筹请广采山矿以裕民生事仰祈圣训事》，全国图书馆文献缩微复制中心，2007，第 271～274 页。

③ 乾隆四十二年十一月十五日，贵州巡抚觉罗图思德《奏为新开铅矿已著成效仰祈圣鉴事》，《宫中档乾隆朝奏折》第 41 辑，第 5 页。

④ 乾隆四十三年正月二十一日，贵州巡抚觉罗图思德《奏为新得铅矿并筹办厂地情形事》，《宫中档乾隆朝奏折》第 41 辑，第 761 页。

⑤ 乾隆四十八年四月十二日，贵州巡抚李本《奏为黑铅厂旺课增请与湖南分办解京以供鼓铸事》，《宫中档乾隆朝奏折》第 55 辑，第 648 页。

⑥ 贺长龄：《耐庵公牍存稿》卷四《试采矿告示》。

⑦ 雍正八年三月二十七日，贵州巡抚张广泗《奏为奏明事》，《雍正朝汉文朱批奏折汇编》第十八册，第 324～328 页。

公费用的由来和演变有详细的追述："臣查贵州公费养廉，升任督臣鄂尔泰原议通省岁需公费银一万二千六百三十两，各官养廉银七万一千两，又留备地方不时需用银六千余两，共需银九万两。统详通省岁收，条银、耗羡、税务盈余以及官租、官奉、黑铅盈余等项，可得银六万六千五百二十九两零，尚不敷银二万三千余两，奏明于倭铅余息动补。又经抚臣元展成续议，增给新疆添设分防各官养廉五千二百一十两，……共需银十万四千九百九十六两九钱二分。除通省岁收抵用外，共不敷银三万八千余两，俱取给于铅息。因倭铅奉文解运京局供铸，贵州已无此项余息可补，是以奏请每解京铅一百斤，除铅价厂费旱脚二两四钱七分外，再赏息银一两零三分，共息银三万七千六百九十余两，以为前项之用。"① 但是尹继善的奏请未获批准，而是以滇省铜息银来弥补。如乾隆四年，户部复核贵州总督张广泗奏称："（黔省养廉）总共一十万四千九百九十六两九千二分，除将通省岁收钱粮、耗羡耗米变价等银六万七千三百六两九钱零支给外，尚不敷银三万七千六百九十两，向在铅斤余息内拨补。嗣因铅斤运交京局鼓铸，并无余息，无项动支，于雍正十三年经升任督臣尹继善具奏准，部咨令于滇省铜息银两每年拨补银三万七千六百九十两协济在案，经令数年，官员又有添设，地方公务日益繁多，如臣抵任后，蒙圣恩加给总督养廉并学臣养廉不敷，酌议加赠，并新疆添设员弁俱应议给养廉，兼应行酌办事宜，共又新增银二万三千四百一十八两四钱三分零，连前原定续奏内应行册改各项外，实总共养廉公费银一十二万七千三百八十九两三钱五分零。查养廉公费按年递增，而岁收各项止有此数，且现在岁收项下如丁粮耗羡减，……除支给各项外，共不敷银三万八千三百三两六钱五分零，今无项可给，臣行司道酌议，惟有运铅水脚节省银内可以动支帮补，似属以公济公。"户部批文："以上养廉公费除核减之外，其应增银两，应如该督张广泗所请，于运铅水脚节省银内动支。"②

以上主要是就文官养廉而言。乾隆四十七年，贵州巡抚李本奏："臣

---

① 雍正十三年二月初四日，云贵广西总督尹继善《奏为遵旨议奏事》，《雍正朝汉文朱批奏折汇编》第三十册，第 839~840 页。

② 乾隆四年五月二十八日，协理户部三库事务纳亲《奏为请旨事》，《明清档案》：A89－17。

查黔省每年额征耗羡动支文职养廉尚有不敷，年需兵饷例系题拨别省，解黔协济，今武职养廉每年需银八万四千八百四十余两。查有办运铅斤历年节省项下，截至四十六年岁底，现存银三十万二千八百余两，系奏明充公，并帮补文职养廉、工费、修理城垣之用，所有武职养廉应请即于此项银内按年动支报销。"朱批："该部知道。"① 合计鄂尔泰、张广泗、李本三次奏请，贵州矿税每年弥补贵州文武官员养廉养廉、公费银达 14.5 万两。也就是说，开支养廉成为贵州矿税的主要用途。

此外，正如前文所引，贵州矿税还用于办公经费、帮办军饷、修理城垣、疏浚河道等方面。如雍正十二年，原贵州布政使常安奏：转售黔铅银两，除工本运费外，"余存银两皆作台拱军需犒赏、安站马匹、官员公费，以及通省养廉不敷之用"。② 同年，贵州巡抚元展成引用常安前奏称："至倭铅银两，自雍正七年至雍正十一年十二月止，共收过银二十五万余两，内除历年支给过养廉公费及军务等项银二十一万余两，实存库银四万六千余两，……所有古州、清江两处改建石城最为紧要，若得现存司库之捐纳铅余银两动支，改建已足敷用。"③ 乾隆十五年，户部引贵州巡抚爱必达奏："臣伏查黔省铅斤上下两运，并六斤八斤节省及秤头铜斤，铸钱运川变卖获息，并汉口销售铅斤息银，奏准为城工、河道暨各官养廉不敷之用。……（运铅节省、卖钱余息、汉口售铅余息）三项共存库银一十四万一千三百一十九两五钱，内留接济各官养廉银二万两，尚存银一十二万一千三百一十九两五钱。臣窃思黔省河道尽可从缓，其应修平越、思州、水城、黔西、天柱等府厅州县，并续修之铜仁等处城工，共酌需工料银一十八万六千九百三十七两零，核计除汉口销售铅斤已奏销准照实需之数售卖外，其运铅节省及卖钱获息，按年约有银六万两，止需三年即可足敷抵用。"④

---

① 乾隆四十七年三月十三日，贵州巡抚李本《奏为拨支武职养廉兵丁赏恤银款事》，《宫中档乾隆朝奏折》第 51 辑，第 201 页。

② 雍正十二年二月初一日，江西巡抚常安《奏为奏闻事》，《雍正朝汉文朱批奏折汇编》第二十五册，第 823 页。

③ 雍正十二年二月初四日，贵州巡抚元展成《奏为遵旨覆奏事》，《雍正朝汉文朱批奏折汇编》第二十五册，第 845 页。

④ 乾隆十五年二月二十六日，户部尚书蒋溥《奏为预筹减拨之未议以重帑项事》，《明清档案》：A162－89。

综上所述，清代中期，贵州每年所获矿利约银 10 万两，几乎与额征丁税银相当，成为地方政府田赋之外的最大收入来源，极大改变了地方财政入不敷出的局面。贵州将这些收入用于官员养廉、政府办公、修理城垣、疏通河道等方面的支出，不但增加了文武官员的待遇，提高基层官吏的积极性，而且补贴办公经费，优化行政条件，还用于开展挖河、修桥、筑城等公共工程建设，改善贵州社会发展条件，甚至帮补军需，促进社会安定。因此，清代黔铅开发在贵州社会、经济发展过程中发挥着不可或缺的重要作用。

第二节　矿政兼顾下的地方行政

清代黔铅开发属于"朝廷重务"，管理矿务成为贵州地方政府的重要职责之一。因此，不论是政区的幅员、等次及职官设置，还是官员任免、调署和考成，乃至粮赋征收、社会治安等方面，只要是与黔铅开发、运输、管理发生冲突，势必要进行必要的调整和变通，以利于黔铅矿务管理，保证国家资源供给。

一　政区调整

铅务管理对政区的影响以水城厅最为典型。水城之地原属大定。雍正十年三月，兵部议复云贵广西总督鄂尔泰奏称："'黔楚交界之生苗久居化外，今铜仁所属坡东、坡西向化归诚者一百五十一寨，均宜设协安营，移兵驻扎，……移正大营同知驻扎松桃、大定府通判驻扎水城。'均应如所请。"[①] 新设水城厅幅员狭小，"东至平远州比歹界五十里，西至威宁州木东河界六十五里，南至平远州把郎界四十五里，北至大定府猓箐界七十里"[②]。水城厅户口稀少，仅有常平、永顺二里。

---

① 《大清世宗皇帝实录》卷一百十六，雍正十年三月，兵部议复升任云贵广西总督鄂尔泰疏言。
② 乾隆《贵州通志》卷四《地理·疆域》。

乾隆十年，该厅常平里设立福集白铅厂。乾隆十四年，贵州巡抚爱必达奏称："至总理厂务仍委该通判兼管，毋庸加给养廉，惟该厂座厂抽收稽查偷漏仍应照例委佐杂官一员，以资弹压，……该厂自乾隆十三年四月初一日起至十四年三月底止，共抽获课铅八十九万七千九百二十五斤十二两八钱，……今水城新开猓木底、福集两厂铅斤旺发，每月发运三四十万余斤。"① 福集厂是仅次于莲花厂的大型白铅厂，最高年产量达450万斤。这些铅斤中的绝大部分要运往永宁铅局，以供外销，而由水城厅通判和厂员组织协调，依靠当地运力。如果马匹不敷，还需征调民夫背运，经大定、毕节以至永宁。道光年间，贝青乔诗云："岩户由来健步多，相君之背贵如何。入时原不宜强项，俯偻都成郭囊驼。一笑群姓结队来，弓鞋飞步乱山限。倘逢桴鼓梁红玉，娘子军应领背岧。"并注曰："自毕节以西五六百里间，男妇以驮负为业，背盐入黔，背铅入蜀，一路往来如织也，戏赠以诗。"② 贝青乔虽言毕节，水城应与此相似。

然水城地狭民稀，故乾隆四十一年贵州巡抚裴宗锡奏请："窃照黔省岁运京外铅斤最关紧要，连年办运屡致稽迟。臣到任后细加体察，非铅斤短少之故，实由挽运艰难。随与司道等悉心商酌，设法调剂。查有大定府属之水城通判管理福集厂铅斤办运事务，该厅所辖仅府属之常平、永顺二里地，烟户无多，从前办运已形竭蹶。今每年额运铅二百二十余万斤，本处夫马不敷应用，须临近之平远州协济办理，隔属呼应不灵，每虞掣肘，不得已令平远州兼署水城通判，俾得通融调拨，然终非长策。查平远州所辖境壤广阔，内有时丰、岁稔、崇信三里即在水城厅外，而距州甚远，士民完粮、考试俱以跋涉为苦。若以此三里地方就近拨归水城通判管辖，既于士民称便，而该厅岁办铅斤所需夫马雇觅较易，实于运务有益。……臣与司道等会同商酌，该厅运务必得如此调剂方能迅速，兼亦有便于民，访查舆情并称允洽，理合恭折陈奏。"③ 这一建议获得中

---

① 乾隆十四年九月二十四日，贵州巡抚爱必达《题为详请题报开采白铅矿场以济鼓铸事》，中国第一历史档案馆藏，档号：02-01-04-14331-005。
② 贝青乔：《半行庵诗存稿》卷四《毕节县》，同治五年刻本。
③ 乾隆四十一年三月十三日，贵州巡抚裴宗锡《奏为筹请拨增厅辖地方以济铅运仰祈圣鉴事》，《滇黔奏稿录要》不分卷，第177~180页。

央批准。同年六月，吏部议准："贵州巡抚裴宗锡疏称：'大定府属水城通判管理福集厂铅运，每年额解二百二十余万斤，该厅管辖地方仅常平、永顺二里，本处夫马不敷。查水城厅外有隶平远州之时丰、岁稔、崇信三里，距州甚远，请就近拨归水城通判，夫马雇觅较易，实于运务有益，该三里额征秋粮一千九百余石，应改令赴厅完纳，该州旧辖九里，额定进学十五名，今既以三里归厅，亦应裁州额三名，拨添该厅，附入府学。'从之。"①

可见，将平远州属时丰、岁稔、崇信三里划归水城厅，是为了扩大水城厅征派人夫的范围，以利于福集厂铅的运输。三里的划拨使水城厅所辖耕地、人口数量大增。据道光《大定府志》记载：乾隆三十九年，"水城自大定拨归永顺、常平二里成熟田地六千五百七十亩，自平远拨归时丰、岁稔、崇信三里成熟田地一万二千六亩，共一万六千五百九十七亩"②。光绪《水城厅采访册》称："大定拨归永顺常、平二里征地丁银三十五两七钱七分二厘，平远拨归崇信、时丰、岁稔三里征地丁银五十四两五钱八分二厘。"③

但是，政区范围扩大意味着职官的政务量增加。三里的划拨使水城厅通判顾此失彼。因此，乾隆四十三年，贵州巡抚觉罗图思德奏："窃照设官分职，各有专司，必宜实在相需，官制始得其当。兹查黔省大定府分驻水城通判，原系苗疆要缺，经前抚臣裴宗锡奏明，将接壤平远州所隶之时丰、岁稔、崇信三里地方拨增管辖，幅员加广，讼狱较繁。该通判有查催京楚铅务之责，时常公出，同城别无文员，一切仓库监狱关系綦重，且间遇斗殴、赌博、盗窃等事，无员弹压查拿，未免顾此失彼，似非慎重苗疆之道。应给照磨一员，以资佐理，庶于地方有益。臣查平越府属之平越县向有杨老驿丞，专司站务，自从改归县管之后，所设驿丞留管巡检事务，未经议裁。查平越一县四境窄隘，户口无多，既有县令、典吏，尽足办理裕如，其巡检似属冗设，莫若将兼管巡检之杨老驿丞移驻水城，改为通判照磨，专管缉捕禁狱，协防仓库钱粮，较为有裨。臣与两司筹酌，并札商

---

① 《大清高宗皇帝实录》卷一千十，乾隆四十一年六月，吏部议复贵州巡抚裴宗锡疏称。
② 道光《大定府志》卷四十《经政志第二·食货志四上》。
③ 光绪《水城厅采访册》卷四《食货志》。

督臣，意见相同，应请将杨老驿丞改为通判照磨，移驻水城，以重职守。"① 鉴于水城政务繁重，觉罗图思德建议将杨老驿驿丞改设水城厅照磨予以分担，从而使水城通判更好地办理铅务。这一建议得到中央批准。乾隆四十二年，吏部议复："贵州巡抚觉罗图思德等奏称：'大定府分驻水城通判系苗疆要缺，地广事繁，遇公出，同城别无文员，请裁平越县兼管巡检之杨老驿丞，移改通判照磨，专管捕狱，协防仓库，定为苗疆要缺，由外遴补，其现任杨老驿丞留本省，以相当缺补用照磨衙署，即将杨老驿丞旧署估建，书役工食通融改拨。'从之。"②

除了政区划拨、职官设置外，政区的等级变化也受矿务的影响。例如地处铅运要道的毕节，乾隆四十一年，贵州巡抚裴宗锡奏："窃照边省繁简各缺今昔殊形，原当因地制宜，随时酌剂。……又查毕节县当黔川门户，差务纷繁，原系题补要缺，嗣因钱局移设省城，改为部选之缺。臣察核该处情形，人烟稠密，商旅辐辏，将来铜铅充裕，仍须置局设炉，而现在水城、威宁两路运川铅斤汇出其途，兼有该县例应代运之铅料理，殊为不易，必得熟悉明干之员始能调度有方，不致误差堕运。请将毕节县仍定为冲、繁、难三项相兼要缺，在外拣调，较之初任人员自更得力，地方公务均可资整饬之益矣。"③ 毕节县县令由题补要缺变为部选，缘于宝黔局从毕节移驻贵阳；毕节县再次变为冲、繁、难的要缺，是因为地处铅运要道、兼理铅运。

二　官员选调、考核与惩处

威宁州境内不仅有莲花、柞子等铅厂，还有铜川河等铜厂，均由知州兼管。因此，威宁州知州的选任与是否熟悉矿务密切相关。乾隆十八年，贵州巡抚定长奏称："查大定府属威宁州全系猓夷，兼管厂务，逼近滇省

---

① 乾隆四十三年十一月初一日，贵州巡抚觉罗图思德《奏为请设照磨裁汰驿丞以收实效事》，《宫中档乾隆朝奏折》第45辑，第356~358页。

② 《大清高宗皇帝实录》卷一千七十七，乾隆四十四年二月，吏部等部议复贵州巡抚觉罗图思德等奏称。

③ 乾隆四十一年三月十三日，贵州巡抚裴宗锡《奏为厅县繁简今昔情形不同应请酌改更正以资整饬而核名实事》，《滇黔奏稿录要》，第181~184页。

昭通、镇雄一带，夷情顽悍，事务殷繁，黔省苗疆要缺中最为难治之区，例得升调兼行。"但贵州现任知州"或仅堪供职，或本任要地"，"而通判知县中人地相宜、年例符合者亦难其选"，不得不题请吏部"于候补人员内拣选干练之员"补授。①

乾隆三十六年，贵州巡抚李湖奏称："再现署水城通判事平远州知州李应虞准到部咨，调补威宁州缺，现署威宁州事荔波县知县崇士锦即应交卸，各赴本任。查该员等现年运铅，俱无迟误，其从前历任在途铅斤，业饬该员等彻底清查，俱有头绪，未便遽易生手，应请俟旧铅运竣后再行交卸，俾加紧筹办，铅运得以速清。"② 李应虞以平远州知州署理水城通判事，缘于水城厅属福集等厂铅运需征调邻近平远州民夫。吏部调李应虞补威宁州知州，而署理威宁州政务的荔波县知县崇士锦亦应回归本任，但因两人清厘铅运效果显著，故李湖奏请延缓，待铅运完毕后再各自交卸。

乾隆四十六年，威宁州知州李应虞升任台拱厅同知，威宁州知州需拣选调补。贵州巡抚李湖奏"查该州界连滇蜀，政务殷繁，又有铜铅各厂，开采发运，本年春间复经调任督臣福康安、云南抚臣刘秉恬与臣会折具奏，请令该州接连滇铜至镇雄州交卸，现奉俞允，正当接收转运之初，甚关紧要"。虽然修文县知县于良钧出身捐纳，且"历俸未满五年"，还有"罚俸案"在身，但因"该员才识明敏，办事勇干，现署威宁州事，三载有余，整顿地方，办理铜铅厂务，均属裕如，转运滇铜亦能实心经理，若以该员升署，实于地方及铜铅厂运均有裨益"。李湖还是奏请由其升补。③

虽然于良钧升补威宁州知州已经严重违反吏部规定，但鉴于铅务紧要，中央还是批准了李湖的奏请。然不巧的是，该员署理三年期满，于赴部引见途中病故。乾隆四十八年，贵州巡抚李本再次就威宁州知州人选上奏："臣查该州界连滇蜀，政务殷繁，又有铜铅各厂，开采发运，必须随时调剂，更兼云南办运京铜，奏定责成该州接运，一切事宜甚关紧要，非

---

① 乾隆十八年十二月二十六日，贵州巡抚定长《奏为知照事》，《贵州巡抚定长奏稿》，国图抄本。

② 乾隆三十六年七月初十日，贵州巡抚李湖《奏为清厘运铅积弊事》，中国第一历史档案馆藏，档号：04 - 01 - 30 - 0481 - 021。

③ 乾隆四十六年十一月初六日，贵州巡抚李本《奏为请升要缺知州以裨地方而速铜铅运务事》，《宫中档乾隆朝奏折》第 49 辑，第 461～463 页。

精明强干、明白厂运之员不能胜任。"提议贵筑县知县沈鹏升补，"该员才识明敏，老成历练，曾经办理厂务，小心勤慎，以之升补威宁州知州，必能措置裕如"。虽然该员"与升补之例稍有未符"，但李本看重的是该员上任后，"不特地方及铜铅厂运得资经理，且于接运云南京铜实有裨益"①。

大定府属威宁州、水城厅铅厂较多，而毕节县又地处铅运要道，故大定府知府选任更需考虑铅务因素。乾隆四十一年年底，遵义府知府员缺，上谕令汪嘉济补授。但贵州巡抚裴宗锡却奏称："伏查遵义府所辖一州四县，幅员辽阔，俗悍民刁，兼之界连川境，咽匪每易潜踪，案牍纷繁，甲于通省，俗称难治之区。近因所属遵义县地方出产白铅，……现在矿砂丰旺，试有成效，即可酌定章程，另请改拨。是遵义一府职任本剧，又值办铅创始，就目前情形而论，实为通省最要之郡，必须在黔年久，稔悉民情，而又熟练铅务者，方能经理裕如。"但"今新任知府汪嘉济系山西泽州府同知，蒙恩擢用，其居官才具固在圣明洞鉴之中，但自上年九月补授后，迄今尚未到任，且系初任黔省，恐于民情未谙，铅务亦非所娴"。因此，他奏请由大定府知府姚学瑛调补，理由是"该员才猷练达，办事认真，在黔六载，铅务熟练，尤所专长，现今遵义府属铅矿，即系该员经手勘办，立能就绪，其本任内补运堕铅亦将竣事，若即以之调补遵义府知府，不特于要郡有裨，且新厂铅务得资熟手经理，可收实效"。至于"审转命案错拟罪名，部议降一级调用"，虽然"与调补之例不符"，但"此时之遵义较大定更为要核"，故有此请。至于皇帝所定的遵义府知府汪嘉济，转而以大定府知府补授，大定府"虽有督运铅斤之责，而整顿已有规模，尚易接办"②。汪嘉济虽有钦命在身，但因不熟悉铅务，莫名其妙的变为大定府知府。

但是，姚学瑛的故事还未结束。乾隆四十二年年初，贵州巡抚裴宗锡发现，现任贵西道道员徐堂年过六旬，且"近因多病，顿不如前，精神衰惫，不能贯注"。然"贵西道一缺，驻扎威宁州，分巡上游四府二

① 乾隆四十八年五月十七日，贵州巡抚李本《奏为请升要缺知州以裨地方而益铜铅厂运事》，《宫中档乾隆朝奏折》第56辑，第168~169页。
② 乾隆四十二年一月十二日，贵州巡抚裴宗锡《奏为请调熟练知府经理新厂铅务仰恳圣恩破格允准以收实效事》第37辑，第508~510页。

十一厅州县，地广事繁，兼有经管铅务之责，职守所在均关紧要，必须精明强干之员，始足以资整饬。"因此，裴宗锡"请旨将贵西道徐堂勒令休致"，而"贵西道印务，查有大定府知府姚学瑛年富才干，熟谙铅务，堪以就近兼护"。① 可能裴宗锡的奏请未获批准。同年年底，继任贵州巡抚觉罗图思德再次奏请："窃照贵西道缺，例应请旨简放，但该道统辖四府地方，兼有督办威宁等处京楚两运铅务、稽催各厂采炼矿砂、经理收放钱粮重任，为黔省最要之缺，且现在贵西一带又增开白铅矿厂，一切事宜均须道员董率妥办，必得在黔年久，稔悉民情，而又熟练厂务者，方能办理裕如，若骤易生手，恐人地不宜，于现办铅政不克有裨。臣查遵义府知府姚学瑛原因习谙铅务，由大定府调繁，才识干练，办事精详，前护道篆，于办理初开新寨月亮岩铅厂井井有条，颇资其力，……洵为通省郡守中杰出之员。今与督臣往返札商，意见相同，合无仰恳圣恩，俯念员缺紧要，准将现护道篆之遵义府知府姚学瑛升署，俾驾轻就熟，于铅运地方两有利益。"② 姚学瑛因熟悉铅务，在大定府知府、遵义府知府、贵西道道员之间频繁调委，一路高升。

而大定府知府汪嘉济，仅任职一年，就因"失察经历刑逼锻炼故入人罪"，被题参革职，于是大定府知府员缺，"该府管辖五厅州县，幅员辽阔，壤接川滇，民苗杂处，讼狱繁多，兼隶水城威宁等处铅务，必得精明强干而又熟悉地方情形者方堪胜任"，故巡抚觉罗图思德奏请由八寨同知凌浩升补，缘于"该员才具敏练，办事认真，在黔年久，风土民情素所熟悉，自上年委署大定府印务以来，尽心经理，实力整顿，地方大有起色，而于督办铅矿事宜，查催挽运拨解，亦俱井井有条，洵称人地相宜，若即以该员升署，于办理一切政务均有裨益"。③ 但是，凌浩升署八寨同知未满年限，与例稍不符，被吏部驳回。贵州巡抚觉罗图思德复奏称：凌浩"为丞倅中杰出之员，是以臣前经奏请升署，今准部议，

---

① 乾隆四十二年一月十七日，贵州巡抚裴宗锡《奏为道员年力衰惫请旨勒休以重职守事》，《宫中档乾隆朝奏折》第 37 辑，第 542 页。

② 乾隆四十二年十二月二十日，贵州巡抚觉罗图思德《奏为道缺紧要仰恳圣恩准将熟练厂务知府破格升署以收实效事》，《宫中档乾隆朝奏折》第 41 辑，第 490 页。

③ 乾隆四十三年四月初六日，贵州巡抚觉罗图思德《奏为知府员缺紧要急需干员治理仰祈圣恩复准升署以裨地方事》，《宫中档乾隆朝奏折》第 42 辑，第 557 页。

合再仰恳天恩，俯念员缺紧要，仍准以凌浩升署大定府知府，该员感戴高厚鸿慈，倍加奋勉，实于铅务地方均多裨益。如蒙俞允，照例给咨，送部引见，恭候钦定，扣满年限，另请实授"。① 觉罗图思德建议让凌浩先行委署，等年限期满，再行实授，皆因凌浩熟悉铅务。

大丰厂的置废与松桃厅同知的选调密切相关。乾隆四十二年，贵州松桃厅境内新设大丰白铅厂，贵州巡抚裴宗锡奏："伏查新开铅厂经始固贵得人，谋终尤宜一手，今大丰厂铅矿探引寻苗，设法试采，立可见效者，皆系署松桃同知事余庆县知县吕鼎玉出力承办，……（该员）在黔年久，熟悉厂务，委署松桃同知以来，查办新厂诸事，认真勇往，不辞劳瘁，遂得速观厥成，此后因时调剂，以规永久之计，全在一手经理，惟是该员现署松桃同知，因本任同知孙良慧未运京铅，出差悬缺，仍须及派而代，未能始终其事，且孙良慧于厂务素非所娴，将来回任接办，难望先后一辙，合无仰恳圣慈，俯念新厂紧要，办员得力，准以吕鼎玉破格升署松桃同知，则用当其才，责成专重，该员感激天恩，自必加倍奋勉，更于铅政大有裨益，如蒙俞允，所有本任松桃同知现在出差之孙良慧留于黔省，遇有相当缺出，另请补授。至吕鼎玉以知县升署同知，衔小缺大，例应送部引见，但因办厂熟手，通融请升，未便转易生手，致滋贻误。"② 吕鼎玉因署理松桃厅同知期间办理厂务卓有成效，适逢松桃厅同知孙良慧运铅未回，得以从知县升署松桃厅同知。但是，大丰厂开采仅一年，就因"矿竭无成"而封闭，而"署松桃厅同知吕鼎玉，原因办理大丰铅厂，经前抚臣裴宗锡奏恳圣恩，准其升署，今既厂无成效，升擢岂容倖邀，应请撤回，仍以知县酌量补用"③。吕鼎玉因管理铅厂，从知县升署同知，而铅厂封闭后，仍降为知县。吕鼎玉的事例表明，铅务管理是影响职官选调的重要因素。

① 乾隆四十三年闰六月二十五日，贵州巡抚觉罗图思德《奏为府缺紧要亟需干员仰恳圣恩俯准格外升署以裨地方事》，《宫中档乾隆朝奏折》第44辑，第55页。
② 乾隆四十二年四月十一日，贵州巡抚裴宗锡《奏为新厂宜归一手经理恭恳圣恩破格准升以裨铅政事》，《宫中档乾隆朝奏折》第38辑，第323~325页。
③ 乾隆四十三年正月二十一日，贵州巡抚觉罗图思德《奏为新得铅矿并筹办厂地情形仰祈圣鉴事》，《宫中档乾隆朝奏折》第41辑，第761~762页。

三 官员考成与地方行政

不但职官的任免、选调与矿务相关，而且官员的考成也受矿务影响，如雍正十一年贵州省大计，卓异者五名，其中，"威宁州知州赵世燕：本官委管银铜厂务，悉心调剂，实力督率，发运滇铜供铸钱局，并无迟误"；"毕节县知县李曜劲：本官奉委办理宝黔铸局倭铅事务，实能悉心调剂，著有成效"①。赵世燕和李曜劲的功绩皆涉及矿务，甚至有官员因影响矿务而受到惩处。乾隆四十一年三月，贵州巡抚裴宗锡奏："窃照黔省大定府属威宁州、水城通判承运京外铅斤最关紧要，屡经严催赶办。近缘毕节县系运铅总路，而凯旋云贵官兵又皆由此路经过，需用人夫甚多，势难兼顾。向遇本地人夫不敷，即在同府临境雇拨协济，经该府姚学瑛禀，拨所属之黔西州人夫前赴毕节帮运铅斤，按程里给发运脚。讵该州谭秀侪者，妄分畛域，不以公事为重，推过迁延，始则面禀该府有人上控，继文屡求缓办。"② 次月，上谕："谭秀侪著革职，交与该抚提齐案犯，严审究拟具奏。"③ 黔西州知州谭秀侪因不配合派夫运铅被革职查办。

地方行政也因矿务而有所调整。以威宁州为例，乾隆十七年，贵州巡抚开泰奏："威宁一州夷猓杂居，界连四川，并与云南之东川乌蒙、昭通等处接壤，实为黔省极边要地"，吏部议准：将贵西道由安顺移驻威宁州④。贵西道驻地的变化除了因威宁州战略地位重要之外，还与矿厂众多、矿民云集、治安难度增加有关。如同年，贵州威宁镇总兵牛射方奏："威宁僻处黔边，西北界云南之昭通、镇雄，东北界四川之永宁、赤水，并所辖毕赤、水城二营，皆系崇山密箐，兼多铜铅诸厂，恐有匪徒窜处，现饬各营弁兵加意搜查。"⑤

威宁州矿民云集，导致粮价上涨。乾隆十八年，户部议复贵州巡抚开

---

① 雍正十二年十一月二十六日，贵州巡抚元展成《奏为题明事》，《明清档案》：A60－84。
② 乾隆四十一年三月十八日，贵州巡抚裴宗锡《奏为特参挟诈误公之州牧以肃功令事》，《滇黔奏稿录要》，第185～189页。
③ 《大清高宗皇帝实录》卷一千七，乾隆四十一年四月，上谕。
④ 《大清高宗皇帝实录》卷四百十九，乾隆十七年七月，吏部议准贵州巡抚开泰奏。
⑤ 《大清高宗皇帝实录》卷四百二十三，乾隆十七年九月，贵州威宁镇总兵官牛射方奏。

泰奏称："'大定府属威宁州山多地寒，米谷稀少，近年生齿日繁，铜铅各厂人夫丛集，食者益众，兵丁领支折色自行买食，每值青黄不接，或阴雨绵连，兵民争籴，往往悬釜待炊，应为设法筹备。威宁镇标折色兵粮请改拨本色支给，所有应支本色及遇闰加支，每年应添拨不敷米三千一十二石七斗五升。除威宁州按年于邻封附近州县采买一千石外，请将平远州之时丰、岁稔、崇信三里额征余米七百七十四石九斗拨赴水城厅仓，毕节县额征余米七百九十九石五斗及备支毕赤营粮米一十一石四斗六升拨黑章汛，均令威宁州接收运贮；又于大定府属之悦服里拨额征秋粮米四百二十六石八斗九升贮威宁仓，以抵镇兵不敷之数；至毕赤营兵丁遇闰应需加支月粮一百九十五石，即于大定府属之仁育里应征秋粮按年照数拨还；其大定府改拨威宁、毕节两处米请于黔西州额征余米按年照数拨还府仓，以补应支额数。'……均应如所请。"[1] 威宁州折色兵粮不得不改征本色，并从平远、毕节、大定、黔西等处协拨。威宁州矿业的发展致使钱粮征收方式进行相应的调整。

第三节　矿政冲突、协调及其影响

清代黔铅开发时间长、规模大、涉及面广、地位重要，需要大量的厂员、店员、运员，以从事矿厂、收储、运输管理。黔铅矿务管理者基本来自贵州的基层官吏，而他们自身还肩负治理地方的职责。那么，清代是如何协调黔铅矿务与贵州地方行政之间的冲突和矛盾，矿政兼顾对贵州地方行政又有什么样的影响，正是本节所要探讨的问题。

一　矿务管理者的来源与规模

1. 厂员

据康熙十四年规定："产铜及白黑铅处所，有民具呈愿采，该督抚遴

---

[1] 《大清高宗皇帝实录》卷四百三十五，乾隆十八年三月，户部议复贵州巡抚开泰疏称。

委能员监管采取。"① 官府派驻矿厂进行监督和管理的官吏称为厂员。如猴子黑铅厂设立于康熙五十七年，雍正三年贵州巡抚毛文铨追述时提及"管厂官"②。砂硃、大兴二铅厂，雍正十二年贵州巡抚元展成奏："其厂内办事人役工食，修盖房屋等项，照例于正课内动支，统于年底课铅册内登报开除，其砂朱厂委令威宁州管理，大兴厂委令大定府管理。"③ 虽然二厂分别由威宁州知州、大定府知府管理，但无法常驻矿厂，势必另委杂职座厂管理。莲花白铅厂，乾隆二年户部引贵州总督张广泗奏称："委威宁州知州赵世燕、大定府经历孟尚巇前至该厂（莲花白铅厂）试采"，并言"委管厂员大定府经历孟尚巇。"④ 月亮岩厂，乾隆六年大学士等议复贵州总督张广泗奏称："'月亮岩所获余铅，业经题请官商分买，一切发给工本必须人员经管。'应如所请，将现设铁星、坪坂二处坐厂抽收官二员，照从前各厂例给养廉。"⑤ 福集白铅厂，乾隆十四年贵州巡抚爱必达引乾隆十一年贵州巡抚张广泗奏称："至总理厂务仍委该（水城厅）通判兼管，毋庸加给养廉，惟该厂座厂抽收、稽查偷漏，仍应照例委佐杂官一员，以资弹压。"⑥ 可见，清代黔铅矿厂由所在厅州县就近兼管，另委佐杂官吏驻厂专管。根据本书第二章的研究，清代黔铅矿厂 30 余处，黔铅鼎盛时期同时存在的矿厂达 14 处，故由佐杂充任的厂员亦不少于此数。

2. 店员

雍正五年之后，贵州地方政府委员收购余铅，运至四川永宁等处销售。雍正十三年，黔铅京运开始，将各厂铅斤汇集四川永宁后再集中水运京师，永宁成为黔铅外运集散地，贵州于此设立铅局，并售卖黔铅给四川。乾隆三十六年，贵州巡抚李湖奏："查永宁设局原为存贮京楚铅

---

① 《钦定大清会典》（康熙朝）卷三十一《库藏二·钱法》。

② 雍正三年五月初一日，贵州巡抚毛文铨《奏猴子厂落龙硐矿砂衰微将尽续采有弊无益折》，《雍正朝汉文朱批奏折汇编》第四册，第 871 页。

③ 雍正十二年八月二十八日，贵州巡抚元展成《为详请题明开采铅厂以供鼓铸事》，《明清档案》：A60 - 34。

④ 乾隆二年十二月十六日，户部尚书海望《题为遵旨察核贵州总督张广泗题销威宁州莲花厂抽收课铅银两事》，中国第一历史档案馆藏，档号：02 - 01 - 04 - 12996 - 024。

⑤ 《大清高宗皇帝实录》卷一百四十，乾隆六年四月，大学士等议复署贵州总督张允随奏称。

⑥ 乾隆十四年九月二十四日，贵州巡抚爱必达《题为详请题报开采白铅矿场以济鼓铸事》，中国第一历史档案馆藏，档号：02 - 01 - 04 - 14331 - 005。

斤、兑给委员领运而设，每岁计共收兑七百余万斤，责成綦重。向来止系大定府拨发亲友家人在局管事，并无专员秤收发兑，既非慎重经理之道，……。应请于永宁局派委佐贰一员，前往驻扎，按年更换，专司收兑铅斤。"[①]自乾隆三十六年以后，永宁铅店由佐贰官充任，一年一换。此外，乾隆十年后开始的黔铅楚运，由运员在汉口设局销售。嘉庆十年规定："贵州每年运赴湖北汉口销售铅斤，黔省委员至汉口交代，湖北委员接收清楚，即行起程回黔，毋庸在汉口守候销售"[②]，由湖北委员负责管理铅店。

3. 运员

雍正十三年，黔铅京运开启。乾隆十四年，户部规定："（京铜）每年四正运，委府佐州县一员，佐杂一员。二加运，但委佐杂二员。嗣后正加运俱委府佐州县一员为正运官，佐杂一员为协运官"，并言"办解铅锡，与运铜事同一例，应均照例办理"[③]。黔铅京运亦照此办理，但乾隆十七年下运京铅由委员遵义府通判席健运铅1280957斤、普安县驿丞马玢分别领运铅64万斤。[④]副运官仍由杂职充任。乾隆二十七年，户部规定："贵州额解白铅四百二十四万一千九百一十四斤，上下两运，每运派府佐州县二员，分作四起运解。"[⑤]自此，京铅上下两运四起，均由府佐州县官充任。此外，乾隆十年之后，黔铅楚运开启，每年100万斤。至乾隆十四年增至200万斤，亦分上下两运。[⑥]如贵州委员开州知州钱维锡，领运乾隆十五年分下运办贮汉口销售各省鼓铸正耗白铅1251524斤。[⑦]按黔铅京楚二运规定，每年需运员6名，均从同知、通判、知州、知县中选派。

---

① 乾隆三十六年七月初十日，贵州巡抚李湖《奏为清厘运铅积弊事》，中国第一历史档案馆藏，档号：04 - 01 - 30 - 0481 - 021。
② 嘉庆《钦定大清会典事例》卷一百七十五《户部·钱法》。
③ 《大清高宗皇帝实录》卷三百四十一，乾隆十四年五月，户部议奏酌定铜运各款。
④ 乾隆十六年八月初一日，漕运总督瑚宝《奏为奏报铅船入汛出汛日期仰祈睿鉴事》，《宫中档乾隆朝奏折》第1辑，第317页；乾隆十六年七月初六日，安徽巡抚张师载《奏为奏报铜铅船只入境出境日期仰祈圣鉴事》，《宫中档乾隆朝奏折》第1辑，第69~70页。
⑤ 嘉庆《钦定大清会典事例》卷一百七十三《户部·钱法》。
⑥ 《皇朝文献通考》卷十七《钱币考五》，乾隆十一年，黔铅运楚销售按。
⑦ 乾隆十六年七月二十一日，策楞《奏为遵例具奏事》，《宫中档乾隆朝奏折》第1辑，第205页。

二 运员荒：矿政冲突及其协调

清代黔铅事关国家鼓铸，矿务管理成为贵州地方政府的重要政务之一，每年抽调一批地方官吏担任厂员、店员、运员，从事矿厂、收储、运输方面的管理。厂员或可就近兼管，而运员则必须离开驻地，远赴他省，旷日持久。

京运时限，据乾隆八年户部议定："黔省办解京局铅斤事宜：一、应解宝泉、宝源两局黑白铅斤，请分上下两运，依限解交，于当年十月起解者，于次年三月到部；于当年四月起解者，于九月到部，解员逾限，照例题参。"① 按户部规定，京铅从永宁铅局至京师用时 6 个月，但这一规定并不符合实际。乾隆十四年，户部奏议铜运时称："自永宁至汉口限四个月，已属宽裕；汉口抵通五个月，系照漕船例；惟在汉口、仪征换船换篓停留日期，例报地方官转详咨部扣除，运官藉词稽延。嗣后汉口限四十日，仪征二十日。统核自永抵通，定限十一个月。如逾一月以上，照例查参，领解官革职，委解上司降三级留任。"并言"办解铅锡，与运铜事同一例，应均照例办理。"② 京运时限已较乾隆八年大大拉长。嘉庆《钦定大清会典》载："贵州京铅，运官由永宁装载运至泸州限三十日，泸州换船至重庆限二十日，重庆起船储屋熔化限三月，雇船装载限二十日，自重庆开行抵通坝限八月零十日。……运官回任，部给执照，云南限一百十日，贵州限一百日，湖南限七十日。其贵州办运汉口铅斤委员，自永宁一年限内兑清之日起限，到汉口限三月。"③ 可见，运官由永宁领铅运至京师再返回黔省，超过 18 个月即算逾限。如果对运员而言，还应包括从驻地到省城申领经费、由省城赴永宁铅局、报销运费的时间，一趟京运起码在两年以上。

因此，乾隆十八年，贵州巡抚定长奏："窃照黔省地处苗疆，正杂各员缺半多紧要，凡遇缺出，题补委署，在在需人，兼有每年上下两运委解

① 《大清高宗皇帝实录》卷一百八十五，乾隆八年二月，户部议复贵州总督兼管巡抚张广泗疏奏。

② 《大清高宗皇帝实录》卷三百四十一，乾隆十四年五月，户部议奏酌定铜运各款。

③ 嘉庆《钦定大清会典》卷十四《户部·广西清吏司》。

京铅，往返需得两年，又坐汉销售，递年更换，并一切差委事件，需员甚多。况黔省与内地不同，非山岭隔越、动多纡远，即新疆要区、难令兼顾，不特印官各有民杜之司，而佐杂亦有分驻之责。现任各员中才具明练者虽有其人，但本任已居繁要，实难再令兼署。至若循分之员，仅供中简职守，安能兼署别篆。往往缺员，不得不稍为通融迁就。而部选之员程途迢递，到任需时，其间恐有贻误，则转移改委，甚费周章，此乏之难所当预为陈请者。查从前奉旨简发各员内，除陆续补用及事故外，现在止有数员，实属不敷差委，兹据布政使温福等呈详前来，相应仰恳皇上天恩，俯念苗疆要地，差委繁多，敕部于候补、候选人员内，拣发同知二员、通判二员、知州二员、知县四员、经历二员、县丞二员、从九品六员，即速来黔，以资差委。"① 虽然贵州额设府佐州县及杂职的总数远多于每年选派运员的数量，然"印官各有民杜之司，而佐杂亦有分驻之责"，且"才具明练者"少，因此"往往缺员"，不得已奏请吏部拣发官员来黔差委。

可见，作为运员必须"才具明练"，并非只要是府佐州县就可充任。至于选择运员的标准，文献缺载。然乾隆四十年，因福建委派年近70的刘玉泉采买滇铜超过时限，皇帝因此上谕："凡采办滇铜必须选派明干知县，或能事之同知、通判前往，并须选择其身家殷实者充当此差，方为妥协。杂职中即有勤慎明白、堪以任差委者，亦只可令派出之丞倅、知县带往，以供奔走查催之役，断不可专派薄尉微员领办，致滋贻误。"② 各省采办远非京运可比，京运运员的选择标准应不低于此。也就是说，从贵州现任府佐州县中，选择年富力强、精明能干、身家殷实者才能充任运员。这就不难理解定长所言"往往缺员"的问题。因此，定长奏请吏部拣发候补、候选的同知、通判、知州、知县、经历、县丞、从九品等20名来黔差委，以扩大运员的遴选范围，化解选派运员的难题。定长的奏请并非特例，以后每年吏部拣发官员来黔，都需要贵州巡抚题请。如乾隆三十九年，贵州巡抚韦谦恒奏："窃照黔省地居边远，缺少差多，每年办运京楚铅斤，派管铜、铅、砂、磺各厂，及采买滇铜各差，岁需正佐各官十数员，一经派

---

① 乾隆十八年十二月初四日，贵州巡抚定长《奏请拣发以资委用事》，《宫中档乾隆朝奏折》第7辑，第20～21页。
② 《大清高宗皇帝实录》卷九百八十九，乾隆四十年八月，上谕军机大臣等。

拨，本缺即须委员接署，兼遇事故出缺，部选之员程途遥远，赴任需时，亦应遴员署理。查从前拣发同知、通判均已补用，其县丞、从九品二项，除陆续得缺外，余俱委署，并无闲空之员，每遇缺出，差委乏人。合无仰恳皇上天恩，敕部于候补候选人员内，拣发同知二员、通判二员、县丞四员、从九品六员来黔，以备委用，实于公务有益。"① 吏部拣发来黔的官员，不只是充任京运运员，还被委任管理矿厂和充任楚运、采买滇铜的运员。

当吏部候补、候选人员不敷分发时，试用、捐纳官员亦加入分发之列。乾隆四十年八月，户部奏："云贵办运铜铅，需员实多，两省额设州县，不敷差委。查现行川运例，捐纳知县不准分发，然当此需人之际，当稍为变通，请将捐纳知县准其加捐，分发云贵二省，委运铜铅。如运完无误，遇有该省应归月选知县，无论何项出缺，俱准题补，不必拘定年限，并免其试署，至试俸仍照旧例。"② 政府允许将捐纳知县分发贵州，以应付繁重的矿务差委。次月，吏部等部议覆："又本年八月新例，以云贵铜铅需员解运，议将捐纳知县准其加捐分发云贵二省，今既各省准捐，前议自无庸另办，惟是该二省解运铜铅需员较多，若照小省应发人数而计，恐不敷委用，应请云南分发二十员，贵州分发十二员，令报捐人员通行签掣，其掣得云贵者，到省时无庸拘定一年之限，该督抚即酌量题署实缺，令其承运铜铅，如办理无误，回任时即题请实授，亦不拘年限。"③ 从当时的人口和经济而言，贵州不能称之为大省，但均超越常规分发捐纳知县，实因该地运员不敷选派。每年分发 12 位丞倅、州县及杂职派往贵州成为定例，充实了贵州地方官队伍，扩大了运员遴选的范围，在一定程度上缓解了"以官待人"的局面。

除了奏请吏部拣发人员来黔差委之外，贵州也扩大了本省遴选运员的范围。如嘉庆十五年，贵州巡抚鄂云布奏："窃查铅运攸关鼓铸，黔省在在苗疆，两须调剂得宜，庶地方铅运两不相妨，盖可收宜人之效。……查黔省向

---

① 乾隆三十九年十月十一日，贵州巡抚韦谦恒《奏为恭恳圣恩拣发丞倅佐杂人员以备差委事》，《宫中档乾隆朝奏折》第 37 辑，第 208 页。
② 《大清高宗皇帝实录》卷九百八十九，乾隆四十年八月甲辰，户部等部奏。
③ 《大清高宗皇帝实录》卷九百九十一，乾隆四十年九月庚午，吏部等部议覆。

系苗疆，人员似可派差。嗣以丞倅州县等止六十二缺，内苗疆烟瘴等有一十六缺，每年铅差多以京运四员楚运一员采买滇铜一员共需六员，往返约须三年之久，前运未回，后运又派，统计各运供须一十八员常川在途。已运人员未便继续再派，为甫经到任之员又未便即于出差，若遇升迁事故，各员不能派委。若将苗疆烟瘴之缺扣除不委，是每年铅铜差使毫无可委之人，是以苗疆腹地人员一体派委。前经咨部允准，惟令将解任月日扣除。"① 苗疆要缺亦可供选运员，可见铅运与苗疆的重要性不相上下，亦反映出运员遴选之难。

三　矿政兼顾下的地方行政

清代贵州的同知、通判、知州、知县均有治理地方之责，一旦选为运员，即无法管理所在厅州县的行政事务。如乾隆四十三年，贵州巡抚觉罗图思德奏："窃照黔省远处边疆，差务繁多，候补知县将次用完，如年额解运京楚两路铅斤，并本省采买鼓铸滇铜，均须遴遣现任州县，前运未回，后运又届，其间更有事故出缺，部选人员程途遥远，赴任需时，在在应用署员，而川运分发者多系佐杂，并无正印，遇有知县缺出，一时乏人差委，不得不递相调摄，殊于本任多有未宜。"② 乾隆五十三年，贵州巡抚抚李庆棻亦言："窃照贵州地处边隅，距京较远，凡遇升调事故出缺，选补人员非经半年不能到任，且每岁委运京楚铅斤及采买滇铜等差，共需官十数员，其本任均应委员接署。"③ 可见，府佐州县因运送铜铅无法处理地方政务，必须委员署理。

因矿务差委频繁，官员委署现象逐渐突出。乾隆四十二年，署理贵州巡抚郑大进查奏："伏思黔省同知、通判、州县等官各任地方，均有职守，即佐杂微员亦各有分防，及仓库、监狱、巡缉奸匪逃盗等事之责。若本官

---

① 嘉庆十五年九月十四日，贵州巡抚鄂云布《奏为黔省运铅苗疆腹地人员仰照圣恩俯准前计陈以示鼓励以昭平允事》，中国第一历史档案馆藏，档号：03-2145-040。
② 乾隆四十三年正月十五日，贵州巡抚觉罗图思德《奏为恭折圣鉴拣发试用知县以资差委以裨公务事》，《宫中档乾隆朝奏折》第41辑，第695页。
③ 乾隆五十三年三月初六日，贵州巡抚李庆棻《奏为恭恳圣恩拣发通判知州来黔以资差遣事》，《宫中档乾隆朝奏折》第67辑，第470页。

不常川在任，交代迭更，民情土俗未尽周知，于应办公务不无贻误，且虑规避参处，或嫌缺分平庸，钻营改委，易滋流弊，诚非政体。但黔省情形实有与各省不同者，查本省额设同知、通判、州、县六十一缺，州同、州判、经历、大使、照磨、司狱、县丞、吏目、巡检、典吏九十四缺。如运解京楚铅斤及采办供铸局铜，例应遴委同知、通判、州、县管押，京铅一年两运，一运二官，楚铅、滇铜各一年一次，一运一官，每年需委丞倅牧令共六员。再委解楚铅、委办滇铜之员，水陆程途既远，而守候、出售、兑运亦需岁月，其运解京铅自接收以至交部，历必三年藏事，此三年内各有额定岁款，前员未回，即应递行派办，始免稽迟贻误，楚铅滇铜均系照此办理。通盘计算，黔省三年至间，筹运铅、铜必须派委一十八员，又本省金、铜、铅、水银等厂一十四处，向来督率采炼、经管收放、稽查透漏、弹压砂丁，年派佐杂分司，按期更替，亦需一十四员，合计岁差需用正杂三十二员。以通省同知、通判、州、县、佐杂一百五十五缺调署，岁必三十余员，业及十分之二，加以丁忧事故出缺，接署已逾定额，设或另有紧要办差、办案要务，自不得不酌量人地，随时调剂。臣与司道悉心酌议，除铅铜等额办岁委之外，遇有必应调剂之处，正杂总不得过十分之二，以冀仰副圣主整顿吏治慎重地方之至意。"① 郑大进明白频繁调委不利于地方行政，然贵州铜铅矿务繁重，因经理矿务而需调委者已达贵州额设官员的 2/10，不得已奏请将矿务差委排除在统计范围之外。

比频繁调委更为严重的是大量捐纳人员进入贵州地方官队伍。一方面，按照乾隆四十年吏部的规定：捐纳知县分发贵州办运京楚二运，"如办理无误，回任时即题请实授，亦不拘年限"。② 捐纳人员一旦运铅无误，即免试署，不受时间限制，即可成为贵州地方正印官。另一方面，如果正印官因矿务出缺，不得不委佐杂官署理，而这些佐杂大多捐纳出身，良莠不齐。如乾隆四十三年云贵总督李侍尧所言："遇有正印缺出，现无可委闲员，不得不于佐杂官内酌量派委，此等微员多由捐纳分发，不惟吏治未谙，难期整顿，且恐廉隅不谨，贻误地方，即予严参，已成

<hr>

① 乾隆四十二年九月十三日，护理贵州巡抚郑大进《奏为奏明黔省应行调署州县佐杂情形仰祈睿鉴事》，《宫中档乾隆朝奏折》第 40 辑，第 95～97 页。
② 《大清高宗皇帝实录》卷九百九十一，乾隆四十年九月庚午，吏部等部议覆。

事后。"① 这些捐纳人员良莠不齐，其中可能不乏擅长经济事务者，管理矿务得心应手，但未必就能处理好地方行政事务，成为称职的地方官。

大量捐纳人员充斥贵州地方官队伍，在弱化贵州地方官治理能力的同时，也降低了贵州地方官员的文化水平。因为捐纳人员并非科举出身，本身不具备教化地方的能力。更有甚者，乾隆三十六年，礼部议准："署云南巡抚诺穆亲奏称，滇省现任同知、通判、知州、知县内每年办运京铜，往返奉差在外者约二十四员，其余或非科目出身，或文理荒疏，不敷选充同考官。请略为变通，遇乡试先尽科目出身州县调取，如有不敷，将暂行委署正印科目出身候补人员，准令一体考充内帘。"② 这则材料虽就云南而言，但云贵两省因运送铜铅，情况极为相似。现任正职州县官员不足，乡试考官不得不在候补、捐纳、试署人员内遴选补充，这种情况在贵州应该不可避免。

按照中央要求，贵州所选运员应是府佐州县之中的年富力强、精明能干、身家殷实者，但事实可能并非如此。乾隆四十一年，贵州巡抚裴宗锡称："黔省向于铅运一差，属员皆视为畏途。"③ 贵州官员之所以视铅运为"畏途"，在于运费不敷。嘉庆十四年，贵州巡抚孙玉庭言："黔省事简，惟京铅额运甚多，运脚不敷，通省赔累，公事因之处处掣肘，向年商运，每石给脚费银五两，自改官运，减至三两，后又递减至一两五钱，而运脚益形支绌矣。"④ 除此之外，还有运输时间长、路程远、水运凶险等方面的原因。如嘉庆十五年，贵州巡抚鄂云布奏："至铅差，厂运万里，往返数年，风餐之险、沉溺之虞、赔累之长，其劳工较之尤胜本任，不啻数倍于前。"⑤

虽然《钦定户部则例》称："黔铅运京，每年上下两运，运各二员，

---

① 乾隆四十三年十二月二十六日，大学士仍管云贵总督李侍尧、云南巡抚裴宗锡《奏为丞倅牧令等官不敷差委恭恳圣恩拣发事》，《宫中档乾隆朝奏折》第 46 辑，第 308～309 页。

② 《大清高宗皇帝实录》卷八百九十七，乾隆三十六年十一月癸亥，礼部议准署云南巡抚诺穆亲奏称。

③ 乾隆四十一年四月十八日，贵州巡抚裴宗锡《奏为奏明请旨事》，《滇黔奏稿录要》，第 209～214 页。

④ 孙玉庭：《延厘堂集》第八册《自编年谱》。

⑤ 嘉庆十五年九月十四日，贵州巡抚鄂云布《奏为黔省运铅苗疆腹地人员仰照圣恩俯准前计陈以示鼓励以昭平允事》，中国第一历史档案馆藏，档号：03-2145-040。

又楚运一员，共须五员，责成粮储道遴选一员，贵东、贵西二道各遴选二员，出具考语送司，按运委办。"① 看似仍由道员遴选，事实上并非如此。道光时期，曾任大定府知府的周有声言："黔中丞倅牧令，岁必有数人倾运京铅，至纳溪即入大江，行者多惮其险。余分守黔中数年，每掣签皆不与，故独免此役。"② 可见，因运铅艰辛，官员避之不及，运员选任不得不由抽签决定。如此一来，暗箱操作运员遴选的可能性增加，所选运员的能力无法保障，亦与中央的规定严重不符，这可能是导致运输迟缓、事故频发的重要因素。

① 《钦定户部则例》卷三十六《钱法三·运员事宜》，同治十二年校刊本。
② 邓显鹤编《沅湘耆旧集》卷一百二十《周大定有声·自城都舟行至纳溪登陆回黔阳舟中偪仄得句辄忘途次补成之得五古八章》诗注，道光二十三年邓氏南村草堂刻本。

结　语

多维视野下的清代黔铅开发

　　本书在前人研究的基础上，通过发掘大量新史料，从资源、产业、区域三个层面，对清代黔铅的生产、运输、销售过程进行了详细的考证，探讨了黔铅矿业的兴衰演变、产销矛盾与政府管控的内在关系，分析、归纳了黔铅开发对贵州区域经济发展和地方行政的作用与影响，全面、系统地研究清代黔铅开发。

　　就资源而言，清代黔铅兴衰与资源需求密切相关。铅锌不但是清代主要币材，也是军备制造的主要原料，属于国家战略资源。清代前期制钱铸造量大幅度增加、军队火器配备增加及实弹操演的实行，对铅锌的需求量明显增加。但是，受当时采冶技术的限制，内地可采资源逐渐枯竭，加以政府矿业开发政策"禁内开边"的区域性导向，铅锌开发区域逐渐向边疆，尤其是向西南边疆转移。与此同时，西南边疆的大规模改土归流，也为国家大规模资源开发创造了条件。雍正年间，黔铅开发的兴起正是在这样的背景下产生的。嘉道时期，黔铅主要矿厂开采时间已持续了半个多世纪，资源枯竭是导致采冶成本上升，厂民入不敷出。但更为严重的是，因银价上涨，铸钱利润下降，各省纷纷减铸，币材需求量下降，铅锌价格走低，导致黔铅开发无以为继。咸同战乱给黔铅开发带来致命性打击，外销道路阻梗，矿区多遭破坏，持续百年的黔铅开发自此彻底中断。

　　黔铅矿厂是清代政府管理矿业的基本单元，政府派驻矿厂的厂员不仅负责征收课铅、收买余铅、管理厂民、维护治安，而且承担各类产销、税课数据的采集和上报工作，便于政府根据奏销数据进行实时调控。本书考证清代设立的 30 余处黔铅矿厂，逐一落实各厂的置废时间和厂址所在，黔铅矿厂主要分布于威宁州与水城厅交界地带，形成以妈姑为中心的威水铅锌矿群。其中，莲花、福集、柞子三厂持续时间长、开发规模大，对其产量、抽课、厂费及管理的探讨有助于全面认识清代黔铅矿厂。

从产业方面看，清代黔铅矿业的发展演变受到政府的严格管控。在雍正年间黔铅矿业起步阶段，政府收购余铅组织外销，不但给商民提供了大量再生产资金，而且扩大了黔铅的销售市场，促使黔铅开发规模进一步扩大。雍正末年黔铅京运和乾隆初年黔铅楚运的实施，使黔铅销售遍及全国，而中央每年划拨的 30 万两铅本银，给黔铅生产带来了充足的资金。可见，黔铅矿业从贵州地方性产业到全国币材生产中心的转变，是政府塑造的结果。

通过大量奏销资料，本书复原了雍正三年（1725）到道光二十五年（1845）黔铅产量和官铅销量的年代序列，发现黔铅产量存在四次较大的波动周期，每次波动幅度各异，持续时间不一，但是官铅销量却相对稳定。也就是说，产不敷销或产大于销是黔铅产销关系的常态。这种生产波动性和需求相对稳定之间的矛盾是矿业中的普遍性问题。政府为了化解产销矛盾，借助矿厂和铅店体系，在产量旺盛之际，每年多收购余铅 300 万斤，储备于各矿厂和铅店之中，以备黔铅产量下降时满足运销需求。如乾隆二十五年（1760），黔铅储备量超过 7000 万斤，可满足近十年的官铅需求。因此，当嘉道时期黔铅产量远低于销量的情况下，黔铅仍能源源不断运送中央及省，以满足币材需求。由此可见，黔铅储备制度在调节产销矛盾方面发挥了巨大的作用，是黔铅矿业之所以能够维持百余年的关键所在。

运销是产业持续发展的重要一环。自官购余铅实施之后，清代官铅销售以满足中央及各省铸局需求为目的。清代黔铅主要产于黔西北山区，而官铅销售则遍及全国。清代政府控制官铅销售是其管控黔铅矿业的显著特征，因此跨区域矿产资源调运成为清代黔铅管理的重要任务。黔铅由矿厂到铅店的运输由厂员和沿途州县负责组织实施，通过威宁、綦江、赤水河、湘黔等道路分途运送；汇集至四川永宁总店之后，由贵州选派运员按年分批水运至京师和汉口。从选派运输官员、组织运输队伍、雇募运输工具、运输沿途监管、沉溺打捞、运费报销、运输考成等内容可以看出，清代黔铅外运实为政府实施的一项大规模、跨区域的资源运输工程。但是，对黔铅外运的研究不能仅停留在制度层面，沿途督抚奏报资料构建水运动态过程，正是揭示运输具体过程的实例。

就区域而言，清代持续百余年的大规模黔铅开发，对贵州地区的作用和影响显而易见。清代贵州以铅锌为代表的矿业产值年均约 35 万两白银，黔铅的兴盛每年给贵州地方政府带来超过 10 万两白银的矿利收入，几乎与额征丁税银相当，成为地方政府田赋之外的最大收入来源，极大地改变了地方财政入不敷出的局面。贵州将这些收入用于官员养廉、政府办公、修理城垣、疏通河道等方面的支出，不但提高了文武官员的待遇，提高基层官吏的积极性，而且补贴办公经费，优化行政条件，还用于开展挖河、修桥、筑城等公共工程建设，改善贵州社会发展条件，甚至帮补军需，促进社会安定。

黔铅的兴盛也带动了贵州相关产业的发展。清代矿业仍然沿用土法采冶，属于劳动密集型产业，黔铅矿业吸引了大量内地移民，鼎盛时期的矿区从业者和矿产物资运输者超过 10 万人。这些矿业人口基本来自江西、湖南、江苏、四川、广东等内地省份，以湖南、江西两省最多，矿区中曾经存在的大量外省会馆即是明证。这些专门从事矿业生产的人口需要大量的粮食、燃料、油、铁、布匹等生产、生活物资，而这些物资的获取势必依赖于矿区周边地区。然而，黔西北地区并非经济发达之地，粮食需求的增加导致黔西北粮价上涨。因此，政府不但动用仓储以平抑粮价，而且引导川米入黔作为接济，还鼓励垦荒，兴修水利，扩大耕地面积以增加粮食的有效供给，这在一定程度上刺激了贵州农业的发展。燃料是矿业生产的必要物资之一，清代黔铅冶炼以煤炭为主要原料。随着黔铅开发规模的扩大，对煤炭的需求亦逐渐增加。据估算，清代中期贵州冶炼黔铅所需煤炭总量约 500 万吨，最高时每年达 11 万吨，带动了黔西北地区的煤矿业发展。乾隆年间，为了便于黔铅外运，政府新辟和修缮了威宁、綦江、赤水河、湘黔等道路。贵州省内外交通道路状况的改善不仅便利了黔铅外运和矿区物资的运输，也促进了贵州商业贸易的发展，主要表现为初级场市数量增加、场期密集、专业场市兴起和商品种类繁多。此外，随着农业、工矿业、运输业和商业贸易的发展，黔铅矿区和运输沿途产生一批因矿而兴的城镇。

然而，不可忽视的是，清代黔铅开发属于"朝廷重务"，管理矿务是贵州地方政府的重要职责。一旦黔铅矿务与地方事务发生冲突，保证国家资源供给是中央与贵州的首要选择。

铅务管理对政区的影响以水城厅最为典型。因福集厂所在地水城厅运力不足，将平远州时丰、岁稔、崇信三里划归水城，便于雇募人夫；其后又以平越县杨老驿驿丞改设为水城厅照磨，以分担水城通判政务，便于其管理铅务；毕节县县令先由题补要缺降为部选，缘于宝黔局从毕节移驻贵阳；其后再次变冲、繁、难的要缺，是因为地处铅运要道、毕节县令兼理铅运所致。至于威宁州、水城厅、大定府等重要矿厂所在地官员的选调、考成，熟悉铅务是必不可少的条件之一，至于是否满足调补、升迁的规定都在其次。此外，为了便于铅务管理，官员驻地变动、粮赋征收方式等方面均可因时而变。

管理铅务的厂员、店员、运员均由贵州现任地方官兼任或选派，这些官员本身就肩负治理地方的职责。厂员或可就近兼管，而运员则必须离开驻地，远赴他省，旷日持久。以黔铅京运、楚运为例，贵州每年从本省现任同知、通判、知州、知县中选派 6 名充任运员，往返需要 3 年，前运未回，后运又出，常川在途者达 18 名，加之贵州金、银、铜、铅各厂员及店员一年一换，统计铅务管理官员多达 32 名。而选择运员需要精明能干、年富力强、身家殷实，这些人正是贵州地方官中的精英，大多身居要地，难以兼顾，于是出现了运员"不敷派委"的困境。因此，政府每年从候补、候选、试用、捐纳等人员中，向贵州分派同知、通判、知州、知县等 12 名，以解决矿务差委问题。

中央向贵州派遣官员表面上解决了矿务与政务的冲突，但实际上给贵州地方行政带来严重的负面影响。首先，清代贵州的同知、通判、知州、知县均有治理地方之责，一旦选为运员，即无法管理所在厅州县的行政事务，必须派委、调署事简州县的官员来管理，而事简州县的政务则由分派的候补、候选、试用、捐纳官员接署，由此导致贵州地方官中存在大量委署现象。乾隆朝后期，贵州因矿务管理而委署的官员占全省的 20% 以上。

显然，大量委署导致的官员频繁调动不利于贵州地方行政管理。其次，比频繁委署更为严重的是大量捐纳人员进入贵州地方官队伍。按照规定，这些人一旦运铅无误，即免试署，不受时间限制，即可成为贵州地方正印官。这些人员良莠不齐，其中不乏擅长经济事务者，管理矿务得心应手，但未必有能力处理地方行政事务，成为称职的地方父母官。最后，大量捐纳人员进入贵州地方官队伍，在弱化贵州地方官治理能力的同时，也降低了贵州地方官员的文化水平。因为捐纳人员并非科举出身，不具备教化地方的能力，对地方教育文化发展亦有影响。

综上所言，黔铅作为清代国家战略资源，其开发是国家资源需求的结果，与资源产地转移和政府政策导向密切相关，而随着资源需求的减弱和矿民经营状况的恶化，黔铅衰落在所难免，咸同战乱只是加速了黔铅的衰落。黔铅矿业的兴盛，除了贵州资源优势之外，与政府的资金支持、市场开拓、产销关系调节、产品控制、运销管理密不可分，贵州全国币材中心的形成是国家塑造的结果。清代黔铅开发利弊并存，在满足国家资源需求的同时，大量移民和物资需求，带动了贵州农业、工矿业、交通运输业、商业贸易和城镇的发展。黔铅矿业的巨大收益改善了贵州财政状况，促进了公共事业的发展。但是，黔铅矿务也给贵州地方行政带来巨大的负面影响。矿区所在地的政区变化、官员选调与考成、地方行政均受到矿务影响。尤其是当黔铅矿务与地方行政产生冲突和矛盾之时，中央通过分派候补、候选、试用、捐纳等人员，扩充贵州地方官队伍，以期达到两者兼顾的目的。但是，频繁的官员委署和捐纳官员的增加，在弱化贵州地方官治理能力的同时，也降低了贵州地方官的教化功能。

主要参考资料

一 档案与奏折

中国第一历史档案馆藏清代档案。

清代《内阁大库档案》《军机处档折件》，台湾中研院数位典藏。

中国第一历史档案馆编《康熙朝汉文硃批奏折汇编》，档案出版社，1985。

中国第一历史档案馆编《雍正朝汉文硃批奏折汇编》，江苏古籍出版社，1988。

台湾故宫博物院编《宫中档雍正朝奏折》，1979。

台湾故宫博物院编《宫中档乾隆朝奏折》，1982。

台湾故宫博物院编《宫中档光绪朝奏折》，1982。

张伟仁主编《明清档案》，台湾中研院历史与语言研究所，1986。

中国人民大学清史研究所、档案系中国政治制度史教研室合编《清代的矿业》，中华书局，1983。

四川大学历史系、四川省档案馆合编《清代乾嘉道巴县档案选编》，四川大学出版社，1989。

四川省档案馆编《清代巴县档案汇编》（乾隆卷），档案出版社，1991。

杨雍建：《抚黔奏疏》，《近代中国史料丛刊》续编第 033 册。

鄂尔泰：《鄂尔泰奏稿》，不分卷。全国图书馆文献缩微复制中心，1991。

张允随：《张允随奏稿》，十册，不分卷，抄本。

定长：《贵州巡抚定长奏稿》，国图抄本。

裴宗锡：《滇黔奏稿录要》，全国图书馆文献微缩复制中心，2007。

孙玉庭：《延厘堂集》，同治十一年刻本。

朱理：《大中丞静斋朱公奏疏》，光绪己丑季刻三余堂藏版。

贺长龄：《耐庵奏议存稿》，《近代中国史料丛刊》第三十六辑。

台湾中研院近代史研究所编《中国近代史资料汇编·矿务档》，1960。

彭泽益主编《中国近代手工业史资料》第一卷（1840～1949），中华书局，1962。

二　正史与政书

《清史稿》，中华书局点校本，1977。

《清实录》，中华书局影印本，1986。

康熙《大清会典》，《近代中国史料丛刊》三编，第711～730册。

雍正《大清会典》，《近代中国史料丛刊》三编，第761～790册。

乾隆《钦定大清会典》，文渊阁四库全书本，第619册。

嘉庆《钦定大清会典》，《近代中国史料丛刊》三编，第631～640册。

光绪《钦定大清会典》，续修四库全书本，第794册。

乾隆《钦定大清会典则例》，文渊阁四库全书本，第620～625册。

嘉庆《钦定大清会典事例》，《近代中国史料丛刊》三编，第641～700册。

光绪《钦定大清会典事例》，续修四库全书本，第798～814册。

道光《钦定户部则例》，道光十八年校刊本。

同治《钦定户部则例》，同治十二年校勘本。

刘锦藻编纂《清朝文献通考》，浙江古籍出版社，1988。

贺长龄辑《皇朝经世文编》，道光丁亥刻本。

三　地方志、笔记、游记与诗文集

卫既齐修，薛载德纂，阎兴邦补修：康熙《贵州通志》，康熙三十六年刻本。

鄂尔泰等修，靖道谟、杜诠纂：乾隆《贵州通志》，乾隆六年刻本。

爱必达、张凤孙等修撰：《黔南识略》，民国三年刻本。

谢圣纶：《滇黔志略》，抄本。

罗绕典纂：《黔南职方纪略》，道光二十七年刻本。

刘显世、谷正伦修，任可澄、杨恩元纂：民国《贵州通志》，民国三十七年铅印本。

黄宅中修、邹汉勋纂：道光《大定府志》，道光二十九年刻本。

董朱英修、路元升等纂：乾隆《毕节县志》，1965年贵州省图书馆油印本。

王正玺等修：同治《毕节县志稿》，1965年贵州省图书馆油印本。

陈昌吉修，徐廷燮纂：光绪《毕节县志》，光绪五年刻本。

苗勃然，王祖奕纂：民国《威宁县志》，1964年毕节地区档案馆油印本。

陈昌言纂：《水城厅采访册》，光绪二年纂，1965年贵州省图书馆油印本。

佚名纂：民国《水城县志》，1960年油印本。

王粤麟修，曹维祺、曹达纂：乾隆《普安州志》，1965年贵州省图书馆油印本。

曹昌祺等修，覃梦榕等纂：光绪《普安直隶厅志》，光绪十五年刻本。

郑珍、莫友芝撰：道光《遵义府志》，道光二十一年刻本。

田雯：《黔书》，《中国西南文献丛书》。

张澍：《续黔书》，《中国西南文献丛书》。

吴振棫：《黔语》，《中国西南文献丛书》。

檀萃：《黔囊》，《小方壶斋舆地丛钞》第七帙。

黄元治：《黔中杂记》，《小方壶斋舆地丛抄》第十帙。

张澍：《黔中纪闻》，《小方壶斋舆地丛抄》第十帙。

李宗昉：《黔记》，《小方壶斋舆地丛抄》第十帙。

赵翼：《瓯北集》，嘉庆十七年刻本。

王昶：《蜀徼纪闻》，《春融堂杂记八种》，嘉庆十三年塾南书舍刻本。

郑珍著，黄万机等点校：《郑珍全集》，上海古籍出版社，2012。

贝青乔：《半行庵诗存稿》，同治五年刻本。

吴其濬：《滇行纪程集》，刻本。

邓显鹤编《沅湘耆旧集》，岳麓书社，2016。

唐炯：《成山老人自纂年谱》，宣统二年刻本，《近代中国史料丛刊》第十六辑。

张应昌编《清诗铎》，中华书局标点本，1960。

四 地质、矿产调查与地图

宋应星：《天工开物》，中国社会出版社，2004。

李时珍：《本草纲目》，校点本，人民卫生出版社，1979。

方以智：《物理小识》，光绪十年刻本。

吴其濬：《滇南厂矿图略》，上海古籍出版社，2013。

〔日〕山口义胜：《调查东川各矿山报告书》，《云南实业杂志》第2卷第2期至第3卷第6期连载。

京滇公路周览会贵州分会宣传部编印《今日之贵州》之《贵州矿产纪要》，1937。

汪允庆：《叙昆路沿线矿产调查报告（二）》，经济部矿冶研究所编《矿冶半月刊》1940年第4卷第7~16期。

唐八公：《贵州西部铅锌矿业之调查》，《西南实业通讯》1942年第6卷2期。

云南省地方志编委会编《云南省志·地质矿产志》，云南人民出版社，1997。

贵州省地方志编委会编《贵州省志·地质矿产志》，贵州人民出版社，1992。

贵州省毕节地区方志编纂委员会编《毕节地区志·文物名胜志》，贵州人民出版社，1994。

顾德凤测绘、贵州测绘舆图局校《贵州全省地舆图说》，宣统元年贵州调查局本。

贵州省测绘局编《贵州省地图集》，1985。

贵州省国土资源厅、贵州省测绘局编《贵州省地图集》，2005。

柴兴仪主编《中华人民共和国地名词典·贵州省分册》，贵州人民出版社，1994。

五 论著论文

丁文江：《中国官办矿业史略》，地质调查所，1928。

马韵珂：《中国矿业史略》，开明书店，1932。

严中平：《清代云南铜政考》，中华书局，1948。

彭威信：《中国货币史》，上海人民出版社，1958。

凌惕安：《咸同贵州军事史》，沈云龙主编《近代中国史料丛刊》第13辑，台湾文海出版社，1966。

夏湘蓉等：《中国古代矿业开发史》，地质出版社，1980。

萧清：《中国古代货币史》，人民出版社，1984。

马汝琦、马大正编《清代边疆开发研究》，中国社会科学出版社，1990。

李仲均：《中国古代矿业》，天津教育出版社，1991。

韦天蛟：《贵州矿产发现史考》，贵州人民出版社，1992。

叶显恩主编《清代区域社会经济研究》，中华书局，1992。

陈桦主编《清代区域社会经济研究》，中国人民大学出版社，1996。

葛剑雄主编，曹树基著《中国移民史》第六卷《清、民国时期》，福建人民出版社，1997。

编委会编《贵州六百年经济史》，贵州人民出版社，1998。

杨端六：《清代货币金融史稿》，武汉大学出版社，2007。

李中清：《中国西南边疆的社会经济：1250～1850》，林文勋、秦树才译，人民出版社，2012。

马琦：《国家资源：清代滇铜黔铅开发研究》，人民出版社，2013。

〔日〕里井彦七郎：《清代铜、铅矿业的发展》，《桃山学院大学经济学论集》第2集，1961。

全汉昇：《乾隆十三年的米贵问题》，《中国经济史论丛》（第二册），香港中文大学新亚书院，1972。

韦庆远、鲁素：《论清初商办矿业中资本主义萌芽未能茁壮成长的原因》，《中国史研究》1982 年第 4 期。

李仲均：《中国古代采矿技术史略》，《科技史文集》第 9 集，上海科技出版社，1982。

韦庆远：《清代前期矿业政策的演变》（上、下），《中国社会经济史研究》1983 年第 3、4 期。

杨余练：《康雍时期矿业政策的演变》，《社会科学辑刊》1983 年第 2 期。

彭泽益：《清代宝泉局宝源局与铸钱工业》，《中国社会科学院经济研究所集刊》第 5 辑，中国社会科学出版社，1983。

李世瑜：《试论清雍正朝改土归流的原因和目的》，《北京大学学报》1984 年第 3 期。

李中清：《明清时期中国西南的经济发展与人口增长》，《清史论丛》第 5 辑，1985。

N. J. 威斯特：《从明到清的边疆史》，赵世瑜译，《史学选译》1985 年 2 月。

赵轶峰：《试论明代货币制度的演变及其历史影响》，《东北师范大学学报》（哲学社会科学版）1985 年第 4 期。

罗时法：《清代前、中期贵州矿业略考》，《贵州社会科学》1986 年第 4 期。

彭雨新：《清乾隆时期的矿政矿税与矿业生产发展的关系》，《中国社会科学院经济研究所集刊》第 8 集，中国社会科学出版社，1986。

李伯重：《明清江南社会生产中的铁与其他贱金属》，《中国史研究》1987 年第 2 期。

张永海、刘君：《清代川江铜铅运输简论》，《历史档案》1988 年第 1 期。

赵匡华、周卫荣、郭保章、薛婕、刘俊祺：《明代铜钱化学成分剖析》，《自然科学史研究》1988 年第 1 期。

周卫荣：《中国古代用锌历史新探》，《自然科学史研究》1991 年第 3 期。

王开玺：《清前期矿务政策述评》，《安徽史学》1992 年第 2 期。

高王菱：《关于清代矿政的几个问题》，《清史研究》1993 年第 1 期。

林满红：《嘉道钱贱现象产生原因 "钱多钱劣论" 之商榷——海上发展深入影响近代中国之一事例》，《中国海洋发展史论文集》5，中研院中山人文社会科学研究所，1993。

林满红：《银与鸦片的流通及银贵钱贱现象的区域分布（1800 ~ 1854）——世界经济多近代中国空间方面之一影响》，《中研院近代史所集刊》第 22 期，1993。

余烈海：《贵州有色金属采冶史上的几个问题辨析》，《史志报》1994 年第 1 期。

周卫荣、樊祥熹、何琳：《中国古代使用单质锌黄铜的实验证据——兼与 M. R. Cowell 商榷》，《自然科学史研究》1994 年第 1 期。

杜家骥：《清中期以前的铸钱量问题——兼论所谓清代 "钱荒" 现象》，《史学集刊》1999 年第 1 期。

邓亦兵：《清代前期政府的货币政策——以京师为中心》，《北京社会科学》2001 年第 2 期。

袁林：《论国家在中国古代社会经济结构中的地位和作用》，《陕西师范大学学报》2006 年第 6 期。

温春来：《清前期贵州大定府铅的生产与运销》，《清史研究》2007 年第 2 期。

赵珍：《中国古代政区体系与资源调控》，《中国人民大学学报》2009 年第 6 期。

马琦：《清代黔铅兴盛的原因与背景》，《贵州大学学报》（社会科学版）2010 年第 3 期。

马琦：《清代黔铅运输路线考》，《中国社会经济史研究》2010 年第 4 期。

马琦：《清代黔铅的产量与销量：兼对以销量推算产量方法的检讨》，《清史研究》2011 年第 1 期。

马琦：《矿业监管与政府调控：清代矿厂奏销制度述论》，《中国经济史研究》2011 年第 3 期。

马琦：《清代前期矿产开发中的边疆战略与矿业布局：以铜铅矿为

例》,《云南师范大学学报》(哲学社会科学版)2012 年第 5 期。

马琦:《铜铅与枪炮:清代矿业开发的军事意义》,《中国矿业大学学报》(社会科学版)2012 年第 2 期。

马琦:《"莲花"与"妈姑":清代最大矿厂名实考辨》,《贵州文史论丛》2012 年第 3 期。

马琦:《试论清代黔铅的地理分布》,周长山、林强主编《历史环境与边疆——2010 年中国历史地理国际学术研讨会论文集》,广西师范大学出版社,2012。

马琦:《清代黔铅的采冶技术及其特征》,李昆声、黄懿陆主编《中华历史文化探源:云南抚仙湖与世界文明学术研讨会论文集》,云南人民出版社,2012。

王德泰、强文学:《清代贵州铅局设立时间及铸钱利润考》,《历史档案》2013 年第 4 期。

马琦:《清代黔铅京运研究》,《中国历史地理论丛》2014 年第 2 期。

马琦:《清代皇帝矿产资源观与矿政演变:以铜铅矿为例》,《文山学院学报》2015 年第 2 期。

后　记

2011 年，我完成了博士学位论文《国家资源：清代滇铜黔铅开发研究》（同名专著由人民出版社于 2013 年出版）。但是，读博期间的研究设想并未完全实现，清代黔铅开发研究仅限于国家资源层面。博士毕业后，随着新材料的发现，使从地方、资源、产业的视野深化研究清代黔铅成为可能，2012 年即以"清代黔铅开发研究"为题申请教育部人文社科研究基金，并获得立项。本书便是在该项目的最终成果上修改而成，亦是博士学位论文的拓展之作。

我从 2007 年开始涉及清代黔铅，至今已有十年，参与并见证了清代黔铅研究的发展过程。回顾清代黔铅学术史，其研究内容不断扩展，从矿业发展本身延伸至矿业对国家和地方、经济和社会的作用和影响；其研究视野进一步扩展，包含国家、资源、产业、区域等不同层面；其研究方法推陈出新，推进了中国矿业史、中国经济史的研究。至此，清代黔铅已不再鲜为人知，清代黔铅开发已经引起中国矿业史、中国经济史学界的足够重视，滇铜黔铅作为清代矿业大发展的代表已经成为学界的共识。

本书得以出版，首先，要感谢云南省社会科学界联合会，将本书纳入《云南省哲学社会科学创新团队成果文库》，并予以资助。其次，感谢云南大学的领导、同事对我的关心、支持和帮助，使我顺利完成课题。最后，感谢社会科学文献出版社编辑的辛苦工作，使本书的错误得以减少。

马　琦

2018 年 3 月于昆明

图书在版编目（CIP）数据

多维视野下的清代黔铅开发 / 马琦著. -- 北京：
社会科学文献出版社，2018.6
（云南省哲学社会科学创新团队成果文库）
ISBN 978 – 7 – 5201 – 2317 – 4

Ⅰ.①多… Ⅱ.①马… Ⅲ.①铅矿物 – 资源开发 – 研
究 – 贵州 – 清代 Ⅳ.①F426.1

中国版本图书馆 CIP 数据核字（2018）第 037930 号

·云南省哲学社会科学创新团队成果文库·
多维视野下的清代黔铅开发

著　　者 / 马　琦

出 版 人 / 谢寿光
项目统筹 / 宋月华　袁卫华
责任编辑 / 孙美子

出　　版 / 社会科学文献出版社·人文分社（010）59367215
　　　　　　地址：北京市北三环中路甲 29 号院华龙大厦　邮编：100029
　　　　　　网址：www. ssap. com. cn
发　　行 / 市场营销中心（010）59367081　59367018
印　　装 / 三河市东方印刷有限公司

规　　格 / 开　本：787mm × 1092mm　1/16
　　　　　　印　张：17.5　字　数：274 千字
版　　次 / 2018 年 6 月第 1 版　2018 年 6 月第 1 次印刷
书　　号 / ISBN 978 – 7 – 5201 – 2317 – 4
定　　价 / 98.00 元

本书如有印装质量问题，请与读者服务中心（010 – 59367028）联系